粮食安全与宏观调控

陈诗波　余志刚　著

·北京·

图书在版编目（CIP）数据

粮食安全与宏观调控 / 陈诗波，余志刚著. —北京：科学技术文献出版社，2017.11
 ISBN 978-7-5189-1848-5

Ⅰ．①粮… Ⅱ．①陈… ②余… Ⅲ．①粮食安全—宏观经济调控—中国 Ⅳ．① F326.11

中国版本图书馆 CIP 数据核字（2016）第 208242 号

粮食安全与宏观调控

策划编辑：李 蕊　责任编辑：张 红　崔灵菲　责任校对：文 浩　责任出版：张志平

出 版 者	科学技术文献出版社
地　　址	北京市复兴路15号　邮编 100038
编 务 部	（010）58882938，58882087（传真）
发 行 部	（010）58882868，58882870（传真）
邮 购 部	（010）58882873
官方网址	www.stdp.com.cn
发 行 者	科学技术文献出版社发行　全国各地新华书店经销
印 刷 者	北京虎彩文化传播有限公司
版　　次	2017年11月第1版　2017年11月第1次印刷
开　　本	787×1092　1/16
字　　数	271千
印　　张	14
书　　号	ISBN 978-7-5189-1848-5
定　　价	58.00元

版权所有　违法必究

购买本社图书，凡字迹不清、缺页、倒页、脱页者，本社发行部负责调换

前言
Preface

古往今来，粮食安全都是治国安邦的首要之务。党的十九大报告明确提出要实施乡村振兴战略，确保国家粮食安全，把中国人的饭碗牢牢端在自己手中。近年来，我国粮食持续增产，为国内经济保持快速增长，提供了基础性支持。"粮安工程"全面实施，粮食安全省长责任制全面建立，粮食收储能力和质量安全保障水平迈上新台阶，国家粮食安全保障制度建设取得重大突破。但是，仍要清晰地认识到，当前我国是粮食消费大国和贸易大国，但还不是粮食经济强国；粮食连年丰收、粮源充裕，但粮食资源优势转化为经济发展优势的潜力尚未充分挖掘；粮油产品数量充足，品种多样，但还不能适应消费结构升级换代的新要求；粮食流通改革不断深化，但一些结构性深层次矛盾尚待破解。因此，必须在进一步提高粮食综合生产能力、千方百计调动农民种粮积极性、确保粮食生产稳定发展的基础上，继续坚持粮食市场化改革方向，统筹实施、协调运用各种强农惠农富农政策措施、粮食储备吞吐与进出口调节手段及粮食市场管理与低收入群体保障机制，进一步加强和改善我国粮食宏观调控的制度框架、运行机制和政策体系，着力增强调控的针对性和灵活性，不断提高调控的科学性、预见性和有效性。

本书结合不同产区和销区的实地调研，系统评估了现阶段我国粮食宏观调控取得的成效及存在的问题，探讨了粮食宏观调控对农民种粮增收、调动地方政府抓粮积极性和带动粮食加工产业发展及市场流通体系建设等方面的影响。研究认为：一是现阶段我国实施的粮食调控政策，基本上实现了调控目标，对保护种粮农民利益、促进粮食生产发展、保障国家粮食安全、维护粮食市场稳定、促进经济社会平稳发展发挥了重要作用。但与此同时，调控目标的多重性加重了宏观调控的难度，政策体系设计缺乏系统性导致效果相互抵消，调控主体之间利益博弈使得实施效果打折扣，市场机制被扭曲，隐含着较高的市场风险，以及不断上涨的粮价造成政府与市场的多重压力。二是主销区农民家庭人均纯收入远高于主产区，在现有粮食宏观调控机制下，粮食生产对促进地方经济发展的贡献越来越小。三是由于粮食生产对地方财政收入贡献较小，产粮大县激励政策效果较弱，加上主产区农业基础设施差、服务体系不健全，导致我国粮食主产区利益补偿机制失衡。

四是近年来我国粮油加工业得到快速发展，但由于加工企业规模小，技术装备落后，生产成本居高不下，且质量标准和质量控制体系不健全，导致粮食加工业效益与企业盈利能力整体偏低。五是我国粮食流通政策体系日益健全，粮食流通管理效能不断提高，服务宏观调控决策的水平进一步提高。但市场流通主体发育不成熟，批发市场与期货市场发展程度偏低，影响粮食市场稳定的不确定因素不断增多，粮食流通价格机制与发展软环境亟待改善。

新形势下，保障粮食安全的形势依然严峻，建立和完善粮食宏观调控体系至关重要。要毫不动摇地坚持立足国内实现粮食基本自给的方针，坚定不移地提高统筹利用国际国内两个市场、两种资源的能力。加大粮食结构性改革力度，坚持粮食市场化改革方向，以市场机制为导向，充分发挥市场机制在粮食资源配置和利益分配中的基础性作用，着力健全和完善种粮利益保护机制、粮食储备调节机制、粮食进出口调节机制、粮食需求管理机制、粮食终端市场调控机制、低收入群体粮食保障机制，综合运用市场机制和市场化导向的调控手段，稳定粮食市场供应和价格，确保国家粮食安全。要按照"市场定价、价补分离"的原则，有效发挥粮食储备吞吐、加工转化的调节作用和财政补贴的导向作用，完善推进最低收购价政策、目标价改试点及临时收储制度，加快构建供给稳定、储备充足、调控有力、运转高效的宏观调控体系和粮食安全保障体系。

本书是课题组共同努力的研究成果，限于时间与能力，书中尚有许多不足之处，但是我们力争保证书中的基本观点和判断准确、清晰，希望能够为政府粮食宏观调控部门的政策研究及制定提供参考。最后，向在课题调研与研究过程中给予大力支持的华中农业大学李崇光教授、东北农业大学郭翔宇教授、国务院发展研究中心程国强研究员、农业部人力资源开发中心王甲云副主任和河南省农业厅、江西省农业厅，以及黑龙江省方正县和兰西县、河南省滑县和长垣县、湖北省潜江市、江西省余江县、河北省肥乡区的17个乡镇39个村的受访农户、粮食企业及相关政府工作人员等致以诚挚的谢意。

目 录
Contents

第一章 导 论 1
一、粮食宏观调控的基本内涵与运行机制 1
二、研究的主要内容 6
三、研究方法与调研情况 9

第二章 我国粮食宏观调控政策体系梳理及评价 11
一、我国粮食宏观调控的体系构成与主要政策梳理 11
二、粮食宏观调控政策对保障我国粮食安全的成效 30
三、当前我国粮食宏观调控政策存在的问题与不足 33
四、本章小结 37

第三章 粮食宏观调控与农民种粮收益相关性分析 38
一、关于种粮收益与粮食安全的研究综述 38
二、我国农民种粮成本及收益分析 40
三、主产区粮食生产的成本收益变化对粮食安全的影响 55
四、主产区种粮农民的政策评价与需求
　　——基于黑、豫、鄂、赣 4 省 6 个产粮大县 400 户农户的调研 59
五、宏观调控政策在保障农民种粮收益上存在的不足 65
六、本章小结 68

第四章 粮食宏观调控对地方政府抓粮行为的影响 69
一、粮食主产区利益补偿的理论与现实分析 69
二、我国粮食主产区利益补偿政策梳理与绩效评价 75
三、粮食宏观调控对地方政府行为的影响分析
　　——基于黑、豫、鄂、赣4省产粮大县的实地调研 79
四、地方政府对粮食宏观调控政策的评价和需求 85
五、本章小结 86

第五章 宏观调控背景下我国粮食加工业发展现状及问题 87
一、粮食加工业在国家粮食宏观调控中的重要性 87
二、我国粮食加工产业发展面临的机遇和挑战 88
三、我国粮食加工产业发展基本现状 92
四、我国粮食加工产业发展存在的问题及成因 101
五、本章小结 108

第六章 我国粮食宏观调控与流通体系建设研究 109
一、我国粮食流通体系的基础条件建设情况 109
二、我国粮食流通市场体系的业务构成情况 114
三、我国粮食流通市场主体培育情况 117
四、我国粮食流通政策体系与环境建设情况 119
五、我国粮食流通体系建设存在的问题 121
六、本章小结 126

第七章 国际比较与竞争：生产、加工与贸易 128
一、世界粮食的生产布局与趋势展望 128
二、世界粮食生产成本的国际比较分析 132
三、世界粮食加工的国际比较分析 141
四、世界粮食贸易的国际比较分析 144
五、未来我国粮食国际竞争的应对策略 167
六、本章小结 169

第八章 粮食安全、生态保护与宏观调控 ... 171
一、粮食安全与生态保护的演进逻辑：一个理论框架 ... 171
二、历史时期粮食生产对生态环境的破坏 ... 172
三、生态破坏对粮食安全构成的威胁 ... 175
四、粮食宏观调控政策体系中的生态功能设计 ... 177
五、实现粮食安全生态功能的尝试：生态利益补偿 ... 180
六、本章小结 ... 184

第九章 粮食安全和宏观调控面临的新形势 ... 185
一、我国粮食供需结构特征 ... 186
二、国际粮价波动对国内市场的影响 ... 192
三、我国粮食安全面临的新形势 ... 195
四、本章小结 ... 197

第十章 新形势下我国粮食宏观调控的机制设计与政策创新 ... 198
一、总体思路与基本目标 ... 198
二、机制设计与制度构建 ... 200
三、政策选择与思路创新 ... 204
四、本章小结 ... 207

参考文献 ... 209

第一章 导 论

一、粮食宏观调控的基本内涵与运行机制

(一) 基本内涵与概念界定

粮食是中国经济发展、社会稳定和国家安全的基础,是关系全局的重大战略问题。我国是世界粮食生产、加工、消费大国,我国粮食产量由2003年的8613亿斤(1斤=0.5千克)[①]增加到2016年的12 325亿斤,且连续4年保持在12 000亿斤以上,粮食综合生产能力实现质的飞跃。但在产量大幅增长的同时,结构性矛盾越来越凸显,"高库存、高进口、高成本"的"三高"压力沉重。因此,在新形势下,研究粮食宏观调控问题,把握粮食调控的重点和关键,增强粮食调控的针对性和有效性,稳定市场预期,防范价格异动,对我国应对复杂多变和挑战严峻的国内外环境,进一步管理好通胀预期、保持经济平稳较快发展的大局具有重大意义。

关于粮食宏观调控的基本内涵,我国学者进行了深入的研究和探讨。朱晓东(2010)认为,粮食宏观调控是一个与市场机制调节相对应的概念,是一种政府运用一定的调控工具矫治市场缺陷,确保粮食安全,维护粮食市场稳定,保护粮食生产者利益的行为。钟少杰(2012)则提出,粮食宏观调控是国民经济宏观调控的有机组成部分。粮食宏观调控是指政府主要运用经济和法律手段对粮食生产和流通从宏观上进行调节和控制,是弥补市场缺陷的一种表现形式。政府通过粮食宏观调控以促进粮食生产和流通的持续、稳定和协调发展,粮食供求总量和供求结构的基本平衡,粮食市场的基本稳定,以及确保国家粮食安全。程国强(2013)指出,粮食宏观调控是指在充分发挥市场配置粮食资源的基础性作用的前提下,主要运用经济手段,辅以法律手段乃至必要的行政手段,对粮食生产、加工、流通、贸易全产业链进行引导、调节、管理和控制,以促进粮食产业持续、健康、稳定发展,保障粮食市场供求基本平衡和价格基本稳定,确保国家粮食安全。李晖(2014)认为,粮

---

① 为尊重农业行业使用习惯,本书单位仍使用常见非法定计量单位。

食市场调控手段主要包括直接补贴、价格支持和收储拍卖等。"在粮食市场集中上市、价格下行时,政府通过保护价或目标价格等政策性收购措施,直接参与或委托其他市场主体进行干预性收购,维持市场稳定,从而保持产业的健康发展;当市场供给紧缺、粮食价格快速上行时,政府有节奏适当增加供给,保持价格稳定在合理区间。"本书认为,粮食宏观调控是指"为了达到一个国家或地区中长期粮食总量和结构有效平衡的目标,而从生产、流通和消费等领域进行宏观调控的措施系统,是为了实现国家粮食有效供给、地区与品种结构均衡的目标,采取包括粮食储备、供需与生产支持等一系列措施在内的综合管理体系"。根据从生产、流通和贸易到形成农户收入的过程,可将粮食市场调控政策体系划分成生产性政策、流通性政策、收入性政策、贸易性政策。其中,生产性调控政策主要包括良种推广补贴、农机具购置补贴、产粮大县奖励政策、基础设施及科研投入等。流通性政策主要包括最低收购价政策、临时收储政策、目标价格政策、粮食储备政策、粮食销售政策、粮食深加工政策、政策性农业保险制度等。收入性政策主要包括粮食直接补贴、农资综合直补两种。贸易性政策主要指各类粮食进出口政策。

(二)主体构成及相互关系

从调控的指挥、决策与执行机制看,在中央层面,目前我国粮食宏观调控的最高决策机构为国务院,具体政策制定部门包括国家发展和改革委员会、财政部、农业部、国家粮食局等;主要指挥机构为国家发展和改革委员会和国家粮食局。而相关企业和行业组织等则是粮食调控政策的执行主体,例如,目前中央储备粮管理、粮食最低收购价政策主要由中储粮总公司负责执行,政策性收购贷款由中国农业发展银行承担;除中储粮总公司外,中粮集团、中纺集团等大型国有企业参与玉米、大豆、油菜籽临时收储措施的执行;粮食进出口政策委托中粮集团、华粮集团等具体实施;平抑粮油产品市场价格,不仅有国内企业,而且还有外资企业(如益海)也参与调控政策的执行。在地方层面,调控载体以地方储备粮管理公司或国有粮食骨干企业为主,主要根据地方政府的调控指令执行粮食收储及投放工作。

(三)目标手段与运行机制

1. 调控目标与手段

(1)调控目标

我国粮食宏观调控的目标具有多重性,其一,保护农民种粮积极性,防止"谷贱伤农";其二,防止成品粮价格过高,规范市场流通秩序,维持粮食市场稳定,避免"米贵伤民";其三,疏通粮食流通体系,配合国有粮食部门改革,促进粮食市场化配置,防止"与民争利"。有研究者认为,粮食宏观调控的目标可以从纵向和横向两个维度来论述(图1-1)。

从纵向的维度来看，目标包括近期目标、长远目标和根本目标（最终目标）。近期目标是确保市场粮食的足量供应，避免粮食价格的剧烈波动；长远目标是保护耕地面积、提高粮食综合生产能力、保证国家粮食安全；根本目标是保持我国粮食供求总量的基本平衡、稳定粮价、促进经济增长和农民增收。从横向的维度来看，目标包括保障供应、稳定价格、质量安全和低碳发展。保障供应是指保证粮食供求的基本均衡；稳定价格是指通过政策调控使粮食价格在合理区间内运行；质量安全是要求粮食的质量达到国际标准以上，主要是针对目前我国频繁出现的食品质量问题而言的；低碳发展是对粮食生产和销售中一个更高的要求，也就是非均衡基础上形成的政府安排。从效率和公平的角度来看，保障供应属于效率目标，稳定价格、质量安全和低碳发展则属于公平目标。

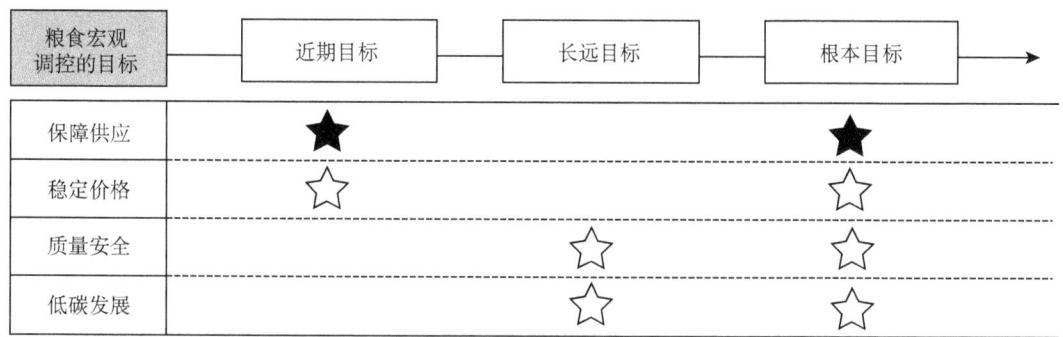

注：★表示公平目标；☆表示效率目标。

图 1-1 粮食宏观调控的目标

（2）调控手段

调控手段是粮食宏观调控体系的重要组成部分，包括：财税、金融、保险、补贴等经济手段，立法、司法等法律手段，命令、指示、规定等行政手段（表 1-1）。三种手段相互联系，相互补充，共同构成了我国粮食宏观调控体系，发挥着粮食宏观调控手段的整体功能。市场经济条件下，我国粮食市场调控应以经济手段为主体，法律手段为辅助，必要的行政手段为补充，探索实施针对性更强、指向性更明确、效果更显著的调控机制，尽可能减少对市场的干预和扭曲。

表 1-1 粮食宏观调控的手段

手段	经济手段	法律手段	行政手段
含义	经济手段是国家运用经济政策和计划，通过对经济利益的调整而影响和调节粮食流通活动的措施	国家通过制定和运用经济法律法规来调节粮食流通活动的手段	国家通过行政机关，采取行政命令、指示、指标、规定等行政措施来调节和管理粮食流通活动的手段

续表

手段	经济手段	法律手段	行政手段
内容	财税政策、货币政策、产业政策、信贷政策、收入分配政策、价格政策、汇率政策	经济立法、经济执法和法律监督	行政命令、行政指示、行政规章制度和条例
任务	合理确定粮食产业发展的战略目标，搞好预测，粮食总量调控、重大结构调整和生产力的合理布局规划，集中必要的物力财力进行重点建设，综合运用各种经济杠杆，促进粮食产业更快更好地发展	规范生产经营者的活动，维护市场经济秩序，调节国家、企业和个人之间的经济利益关系，维护经济活动参加者的合法权益	同左
调控范围	调节市场上经济活动主体的一切经济活动	同左	行政手段的运用要控制在必要的范围和限度内
特点	具有战略性、宏观性、指导性和间接性的特点。表现在其确定国民经济和社会发展的战略目标，总量调控、重大结构调整和生产力的布局，综合运用各种经济杠杆，通过调整市场主体的经济利益来影响和调节粮食流通活动	对经济主体具有普遍的约束力和严格的强制性，对经济运行的调节具有相对的稳定性和明确的规定性	具有直接、快速和强制性的特点。行政手段是国家直接向企业下达指令性计划或规范企业行为的指令，通过行政系统上下级隶属关系的强制力量进行。其作用方向是自上而下的，呈垂直性
执行的主体	立法机关和行政机关	立法机关、司法机关和行政机关	行政机关
地位	主体	辅助	补充
发展趋势	不断得到强化	同左	逐步趋向缩减（但不会最终消失）

加入世界贸易组织以来，我国粮食调控政策做出了一系列重大调整。在减免农业税的基础上，国家逐步推行了种粮直补、良种补贴、农资综合补贴和农机购置补贴的"四补贴"政策，同时适时启动稻谷、小麦最低收购价和大豆、玉米临时收储政策，以及近年来试点推动目标价格制度，并辅之一系列贸易、储备、竞价销售和批发市场建设等相关措施，初步建立起涉及生产、流通、贸易、收入分配等多领域、多角度的粮食宏观调控体系，各项政策配合使用起到了较好的效果。

2. 运行机制与体系构成

（1）运行机制

我国粮食宏观调控的运行机制如图1-2所示。

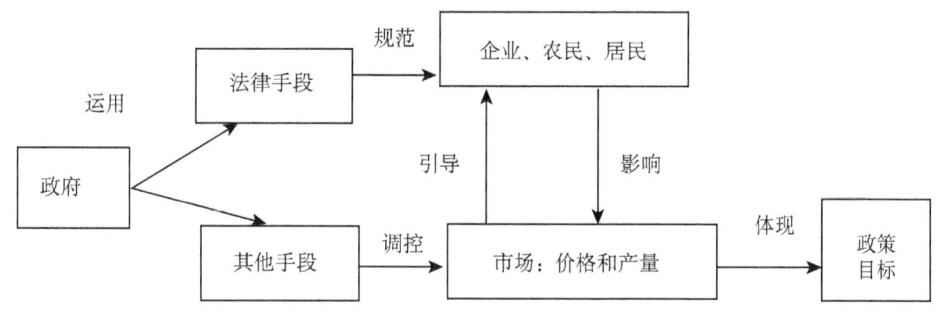

图 1-2 我国粮食宏观调控运的运行机制

(2) 体系构成

我国粮食宏观调控的运行体系主要包括粮食调控指挥体系、粮食储备体系、粮食进出口贸易体系、粮食预警及应急处理体系、粮食支持保护体系 5 个部分。

①粮食调控指挥体系。粮食调控事关国家经济安全的大事，必须建立统一、专职、专业的粮食宏观调控指挥体系，统一领导和指导全国的粮食生产经营活动。粮食宏观调控指挥部主要有以下一些职能：一是制定粮食生产发展规划，根据粮食预警机制，并运用经济手段落实各个地区的粮食生产的指导性计划。二是搞好全国粮食的供求平衡工作，主要运用粮食储备、进出口贸易等经济手段，稳定全国的粮食价格。三是负责粮食战略性储备和后备储备的工作，通过中央储备粮的抛售和增储来稳定粮食市场。四是积极筹措建立支持保护粮食生产和流通的经常基金，确保调控经济基础的稳固。五是建立粮食预警调查系统，对粮食生产资源和粮食的基本底细进行动态性的调查（该系统的建立应该以粮食市场化为前提）。六是根据预警预报，实施粮食安全预案，化解粮食安全危机。

②粮食储备体系。粮食储备是粮食宏观调控的重要工具，也是确保粮食安全的重要手段。主要有以下 3 个部分构成：一是储备管理。从调控的角度来看，储备体系的管理主体应该与宏观调控的主体统一。二是储备规模。根据联合国粮农组织的研究，粮食储备量至少要达到粮食消费量的 17%～18%，其中，后备储备占 6% 左右，周转储备占 12% 左右。三是储备机制。中央储备粮制度作为中央政府调控粮食流通的重要物质手段，主要是通过两个途径来实现的：轮换，即储备粮推陈储新；吞吐，也就是收购或抛售中央储备粮，平抑物价。市场机制下的粮食储备轮换和吞吐主要采用招标、拍卖等市场方式来完成，一方面可以降低粮食储备成本，另一方面也可以使粮食储备的运行更加科学和规范。四是储备监督。储备是一个政府性行为，经济学原理表明，由政府履行企业性行为，必然存在机会主义行为、贪渎行为和以权谋私行为。

③粮食进出口贸易体系。主要包括以下三个部分构成：一是统一粮食进出口管理机构，将内贸和外贸统一起来。由国家粮食局统一管理进出口贸易，将粮食进出口贸易与国家储备粮轮换、吞吐有机结合起来，国家粮食局根据预警机制确定粮食储备计划和粮食进

出口规模，并统一管理粮食进出口配额，使其能根据国内粮食流通状况适时调整粮食进出口量，以减少市场波动和降低储备成本，稳定国内粮食市场，确保粮食安全。二是统一组织粮食进出口贸易，尽可能实现粮食储备的"以盈补亏"。三是确定最佳粮食进口量。

④粮食预警及应急处理体系。粮食宏观调控的及时性取决于粮食的预测和预警的准确性和及时性，粮食宏观调控的成效则取决于应急有效性。粮食安全预测预警和应急机制是以建立粮食信息系统为基础，对粮食市场动态进行监测并研究其变化规律和发展趋向，当市场供求出现严重失衡时发出警戒信号，采取一定应急措施对市场进行适当调控，否则就向相反方面调控。粮食预警机制包括预警机制和应急处理机制两个部分，前者是发现问题，后者是解决问题；前者是"眼睛"，后者是"手段"，二者密不可分，互相依赖。预警机制运行包括以下几个程序：信息预测、信息收集、信息分析、形成结论、启动应急处理程序。

⑤粮食支持保护体系。粮食的弱质性、公益性和收益的外部性，决定了粮食生产者的个人收益率低于社会收益率。如果没有外部支持来提高粮食生产者的个人收益率，生产者就会放弃种植粮食，从而危及粮食的经济安全。一是收入支持政策。收入支持政策分为直接收入支持政策和间接收入支持政策。直接收入支持政策包括粮食价格的差额补贴、灾害补贴、贮藏补贴、收入稳定计划补贴和耕地转向补贴等。间接收入支持政策包括投入品（生产资料）补贴、优惠贷款补贴、作物保险补贴、运输补贴、销售补贴和检验补贴等。其中，收入支持政策最直接，支持的效果最好。二是市场价格支持政策。市场价格支持政策主要是从影响价格着手的一种支持政策，可分为国内价格支持政策和边境价格支持政策。国内价格支持政策的主要目的是保证粮食的稳定供给和提高农民的生产积极性。例如，规定粮食销售价格的最低限等。边境价格支持政策包括关税、进口配额、出口补贴、国有贸易等。三是国家宏观支持粮食的政策。即国家改善粮食生产经营的宏观环境，以达到支持粮食生产的目的。这种支持政策在国际上比较通用，符合国际惯例。主要有国家财政支农政策，如粮食科研费用的支出、基本建设支出等；国家计划项目支农政策；国家信贷支农政策；国家利用外资支农政策；国家扶贫政策；国家保险政策。

二、研究的主要内容

本研究从我国粮食宏观调控的基本内涵与作用机理入手，结合不同产区和销区的实地调研，系统评估现阶段我国粮食调控的主要措施、调控主体、机制设计和支持政策等方面取得的成效与存在的问题。与此同时，在中国特色社会主义市场经济进入新时代的背景下，围绕我国粮食供需前景与结构变化及其对调控体系的政策需求，重点从粮食宏观调控与农民种粮收益、宏观调控与地方政府抓粮积极性、宏观调控与粮食加工产业发展、宏观调控与粮食流通体系、宏观调控与国际贸易、宏观调控与农业生态环境等多个视角，深度剖析当前我国粮食宏观调控政策举措对粮食产业链各个环节主体的影响，以及我国粮食产业自身发展取得的成效和存在的突出问题。在此基础上，结合国内外粮食安全形势，研究提出新常态下改进粮食宏观调控的总体思路与机制设计，以及构建和完善新型粮食宏观调控体系的制度框架与政策选择。具体包括以下内容。

（一）现阶段我国粮食宏观调控政策的成效与问题

通过对当前我国粮食宏观调控政策体系的全面系统梳理，综合评估现阶段我国粮食宏观调控政策的目标取向、基本机制、关键手段与政策效能。重点在全国粮食主产区、主销区选取若干调查样本，通过进村入户实地调研，重点分析主要调控措施（如最低收购价、临时收储、储备投放、竞价销售等）、调控主体及调控机制设计取得的成效与存在的问题，总结调控政策的实施经验和不足之处，重点研究当前出现的过度调控与政策效应溢出问题，征询改进建议，为今后加强和改善粮食宏观调控提供实证依据。

（二）粮食宏观调控系统的利益博弈及其对调控主体的行为影响

这是本书研究的重点部分，共分为两章。一是基于对黑龙江、河南、湖北、江西、河北等省产粮大县的实地调查，对我国不同产区种粮农民的收益进行比较，并针对主产区粮食生产成本收益变化对粮食安全产生的影响，以及主产区农民对粮食安全政策的评价与需求进行分析；二是运用博弈分析法，就宏观调控政策对我国粮食主产区地方政府行为的影响，以及地方政府的政策评价与诉求等进行分析。在此基础上，对我国粮食宏观调控系统主客体间的利益冲突、行为决策、激励机制和影响因素等进行深入剖析，挖掘粮食宏观调控系统内部主客体之间的内在联系与关联效应，为下一阶段我国粮食宏观调控的系统设计和机制创新奠定基础。

（三）宏观调控背景下我国粮食加工业发展现状及问题

主要依据宏观统计数据对中国粮食加工业市场主体、产能结构、盈利能力和区域布局等方面开展分析，并结合2014年对黑龙江、河南、湖北、江西、河北5省产粮大县共15家粮食加工企业的实地调研结果，深度解析我国粮食加工业的经营发展现状。通过宏观层面的数据分析与典型企业的实地调研，归纳提炼当前我国粮食加工产业发展面临的困难和问题。

（四）基于粮食安全的宏观调控和粮食流通体系建设

通过系统分析当前我国粮食流通市场体系的基础条件建设、流通市场体系的业务构成及其功能、流通市场主体培育及流通政策体系与环境建设等情况，归纳总结我国粮食流通体系当前存在的问题和不足，研究探讨当前我国粮食流通体系对粮食宏观调控的影响、作用和需求。

（五）世界粮食形势与我国粮食安全

从国际贸易环境和粮食进出口所面临的风险与机遇的角度出发，在大量采用文献整理和数据分析方法的基础上，系统梳理了世界粮食产品结构和地域分布，比较分析了中国、美国、日本的小米、玉米、稻谷三大主要粮食的生产成本，对中国粮食加工的现状与国外典型国家的粮食加工趋势进行了探讨，系统梳理了世界粮食贸易的演变历程、发展现状和未来趋势，以及当前我国国际粮食贸易的现状和特征，并对金砖五国的粮食国际贸易情况进行了比较分析，最后从粮食综合生产力、储备规模、比较优势、流通设施和应急监测机制等角度提出相应的对策建议。

（六）粮食安全、生态保护与宏观调控政策

从粮食生产对生态环境破坏的历史和现状梳理入手，采用辩证分析方法，将粮食安全与生态保护问题置于同一分析框架中，通过数据分析和文献梳理着重从人地关系、边际垦殖、石油农业及可持续发展等角度来探讨粮食安全、生态破坏的逻辑关系，最后从粮食宏观调控的生态功能角度提出相应的对策建议。

（七）当前粮食宏观调控面临的内外环境和形势分析

重点对"十三五"及今后更长的时期我国工业化、城镇化加快发展阶段的粮食价格波动、供需结构变化进行前瞻性、趋势性研究，分析把握今后国内外复杂多变的环境，明确新形势下粮食宏观调控面临的新要求和新挑战。

（八）新形势下我国粮食宏观调控的机制设计与政策创新

基于前面的分析与评价，根据新时代、新形势和新需求，从构建和完善新型粮食宏观调控的制度框架与政策体系视角，研究提出加强粮食宏观调控顶层设计、深化建立种粮利益保护机制、探索粮食产品目标价格保护制度、完善粮食储备与进出口调节机制、探索建立粮食需求管理机制及深化粮食终端市场调控机制，以及进一步深化粮食流通体制改革，政策支持粮食加工等关联企业发展，建立市场多元化预警机制和调控预案，扩

大农业对外开口,完善粮食进出口政策等对策建议。

三、研究方法与调研情况

(一)研究方法

1. 文献资料查阅法

文献资料查阅法是本研究最基本的也是使用最多的研究方法,贯穿整个研究过程。一方面,通过对相关文献资料的收集、整理和分析,以市场供求均衡理论、宏观调控理论、系统分析理论、公平效率理论等相关理论为指导,对粮食宏观调控的基本内涵、主要内容、基本原则和根本目标、基本机制与作用机理等进行理论分析,系统总结粮食宏观调控研究的理论与方法,进而为整个项目研究构建起科学合理的理论分析框架。另一方面,通过文献查阅,研究了解国内外的研究现状和发展动态,并重点了解新中国成立以来不同历史阶段所采取的调控手段、调控政策及其实施成效和存在的问题,以及国外政府在粮食宏观调控中的做法、经验和教训等。

2. 实地访谈和问卷调查法

实地访谈和问卷调查是经济学研究的一种主要研究方法。本研究通过实地调查,对我国粮食宏观调控的实际成效、市场影响、主客体间利益博弈及其对调控政策的认知与需求、供需预测等进行实证研究,探讨新形势下我国粮食宏观调控的系统设计和政策选择。实地调查从种粮农户、农村粮食经纪人和商贩、粮食流通与加工企业、中央与地方粮食储备企业及政府粮食调控部门5个层面展开。重点了解农户在粮食宏观调控中的价格预期与惜售心理;粮食流通与加工企业对粮食宏观调控的认知与评价、政策需求、应对策略、市场行为及其影响因素等;中央和地方粮食储备企业在粮食宏观调控中的功能定位、作用机理及其影响因素;政府粮食调控部门的监管手段与制度安排,以及其调控效果与影响因素等。其中,农户问卷采取调查员进村入户与当地农户一问一答的方式进行;政府、企业、农村粮食经纪人的调查则主要采取走访、参观、座谈等形式,并由调查员同政府和企业管理人员及经纪人等进行面对面的访谈记录。

3. 博弈分析法

本研究采用实地调研获得的微观面板数据,运用博弈分析法,建立多元动态博弈模型,对我国粮食宏观调控系统内部的政府、企业、农民、经纪人等主客体间进行利益冲突、市场行为、策略选择及影响因素等进行深入剖析,挖掘粮食宏观调控系统内部主客体之间的内在联系与关联效应,为下一阶段我国粮食宏观调控的系统设计和机制创新奠定基础。

4. 典型案例研究法

对于一些不可量化的因素，如在不同层次的中央政府和地方政府之间，不同政府部门和粮食储备与管理机构之间，粮食主产区、主销区和产销平衡区之间，政府与粮食流通企业、加工企业和粮食经纪人及商贩之间，企业、经纪人与农户之间等均存在复杂的行为决策，研究者难以控制这一复杂的行为过程，因而不能从大样本的实证研究中得到充分反映。对此，本研究根据调查获得的材料开展典型案例研究，剖析政府、农户、粮食加工与贸易企业和经纪人等各利益相关主体在粮食宏观调控系统运行过程中的决策行为及影响因素，还原事情本质，全面了解复杂的社会经济现象。

（二）调研情况

本调研选取黑龙江省、河南省、湖北省、江西省4个粮食主产区农户为访谈对象，具体地点为黑龙江省方正县、兰西县，河南省滑县、长垣县，湖北省潜江市，江西省余江县，共走访17个乡镇39个村，调研农户400户，人口共计2066人，调查耕地面积共11 572.7亩（1亩≈666.7平方米）。其中，方正县位于黑龙江省哈尔滨市，主要粮食作物为稻谷，调研走访农户85户，共394人，户均人口数量为5人，调查耕地面积4741.9亩，户均耕地面积55.8亩。兰西县位于黑龙江省绥化市，主要粮食作物为玉米和稻谷，调研走访农户65户，共280人，户均人口数量为4人，调查耕地面积3759亩，户均耕地面积57.8亩。滑县位于河南省安阳市，主要粮食作物为玉米、小麦，调研走访农户69户，共377人，户均人口数量为6人，调查耕地总面积520亩，户均耕地面积7.5亩。长垣县位于河南省新乡市，主要粮食作物为玉米、小麦，调研走访农户61户，共348人，户均人口数量为6人，调查耕地面积492亩，户均耕地面积8.1亩。湖北省潜江市主要粮食作物为稻谷、小麦、大豆，调研农户61户，共297人，户均人口数量为5人，调查耕地面积954亩，户均耕地面积15.6亩。余江县位于江西省鹰潭市，主要粮食作物为稻谷，调研走访农户59户，共370人，户均人口数量为6人，调查耕地面积1105.8亩，户均耕地面积18.7亩。

第二章 我国粮食宏观调控政策体系梳理及评价

一、我国粮食宏观调控的体系构成与主要政策梳理

我国当前运行的粮食宏观调控体系开始于2004年。当年5月，国务院出台了《关于进一步深化粮食流通体制改革的意见》，旨在应对过去几年出现的"国内粮食产量和总储备量连续下滑、供需格局从供给有余转为相对偏紧"的新形势，全面放开收购市场、实行对种粮农民的直接补贴，由此开启了粮食市场调控新阶段。此后，国务院相继出台了最低收购价、取消农业税、临时收储、良种推广补贴、农机购置补贴和农资综合直补等市场调控政策，标志着我国粮食生产实现了由农业支持工业向"工业反哺农业"、国家支持由流通领域向生产和收入领域、政府干预为主向市场化为中心的根本转变。根据从生产、流通和贸易到形成农户收入的过程，可将粮食宏观调控政策体系划分出如下类型（图2-1）。

（一）我国粮食宏观调控的体系构成

1. 生产性调控政策

①良种推广补贴。良种推广补贴是我国加入世界贸易组织后，根据WTO《农业协定》有关规定出台的第一项农业补贴措施。该政策旨在通过对主产区优势品种进行补贴，引导农户选用良种，实现良种规模化连片种植，推进优势农产品区域布局、提升粮食综合生产能力和提高市场竞争力。该政策始于2002年，当年农业部组织制定《优势农产品区域布局规划（2003—2007）》，提出选择基础好、商品率高和产业化带动力强的主产县优势区域实施良种补贴，同时兼顾经济薄弱地区。由财政部、农业部启动实施对东北高油大豆的示范良种推广补贴项目。2003年该政策开始逐渐在全国实行，2004年补贴作物范围扩大到大豆、小麦、玉米和稻谷四大粮食作物，并细化了实施规则。目前，该政策已扩大到棉花和油料等经济作物，补贴范围也扩大到全国。经过15年的实施，良种补贴品

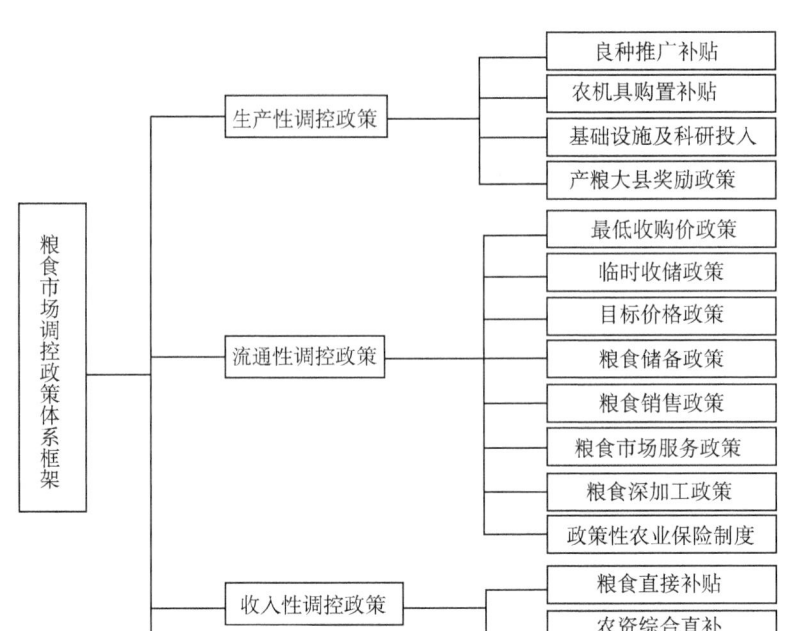

图 2-1 当前我国粮食宏观调控政策体系框架

种已逐步扩大到稻谷、小麦、玉米、油菜、马铃薯等主要农产品，其中稻谷、小麦、玉米的良种补贴实现了全面覆盖。

②农机具购置补贴。农机具购置补贴政策始于 2004 年，是国家对农民个人和直接从事农业生产的农机服务组织购买农机具给予的补贴措施，其目的在于鼓励农民购买先进农机具，促进农机化发展和提高农业生产物质装备水平。重点向粮食主产区和农业大省倾斜，向种粮大户和农机大户倾斜。补贴范围主要包括大中型拖拉机、耕作机械、种植机械、植保机械、收获机械和粮食干燥机械等。资金来源由中央、省及各级地方财政安排，补贴标准和价格由农业部和财政部确定，价格为最高限价，只能下浮不能上浮。

③基础设施及科研投入。基础设施方面，为了调动农民农田水利设施建设积极性，在增加大中型农田水利设施建设投入的同时，我国于 2005 年设立了小型农田水利设施建设补助专项资金，采取"民办公助"方式，通过以奖代补的办法，支持农民进行农田水利设施建设。2009 年中央财政用于土地治理项目资金达 133.1 亿元，占中央财政农业综合开发资金的 80.7%。此外，中央财政坚持把中低产田改造作为土地治理项目的中心，2012 年中央财政用于中低产田改造、高标准农田建设为主要内容的土地治理项目资金达 240.53 亿元，比 2011 年增加 53.09 亿元。科研投入方面，主要集中在劳动力转移培训、新型农民培训、测土配方和科技入户技术及农业科研投入等领域。为了提高农村劳动力素质，加快农村劳动力转移，中央财政于 2004 年和 2006 年先后设立了农村劳动力转移

培训和新型农民培训补助专项资金,用于对农村劳动力接受农村职业技能培训和农村实用技术学费补助。2004年起,为了促进农民科学施肥,中央财政还设立了测土配方施肥专项资金,用于各地进行土壤成分检测和配方施肥推广工作经费补贴。

此外,从2010年到2015年,连续6年时间中央财政对冬小麦"一喷三防"、东北稻谷大棚育秧和玉米抗旱"坐水种"、南方早稻集中育秧、西南玉米覆膜、三熟制油菜"一促四防"6项关键技术实施补助。与良种推广补贴等"四补贴"相比,关键技术补助强调以物化补助为主,技术要点跟着物资一同进村下田,促进粮食生产提质增效。粮食调控政策变化如表2-1所示。

表2-1 粮食调控政策变化

单位:亿元

年份	良种推广补贴	粮食直接补贴	农机具购置补贴	农资综合直补	合计
2003	3.0	—	—	—	3.0
2004	28.5	116.0	0.7	—	145.2
2005	38.7	135.0	3.0	—	173.7
2006	41.5	142.0	6.0	120.0	309.5
2007	66.6	151.0	20.0	276.0	513.6
2008	123.4	151.0	40.0	716.0	1030.4
2009	198.5	151.0	130.0	716.0	1195.5
2010	204.0	151.0	155.0	716.0	1226.0
2011	220.0	151.0	175.0	835.0	1381.0
2012	224.0	151.0	215.0	1071.0	1642.0
2013	226.0	151.0	217.5	1014.4	1608.9
2014	214.5	151.0		1071.0	
2015	203.5	140.5		1071.0	

注:2006年之后,粮食直接补贴、农资综合直补等直接补贴,逐步由生产支持转变为对农民的直接收入支持,因此称之为"农民收入补贴";良种推广补贴、农机具购置补贴等农业投入品使用补贴,称之为"农产品生产补贴"。

数据来源:《中国农业发展报告》2004—2015。

④产粮大县奖励政策。2005年,中央政府开始实施对全国500多个产粮大县实行财政奖励政策,奖励资金分配与地方发展粮食生产挂钩;2007年,加大对产粮大县的奖励

力度，增加对财政困难县乡增收节支的补助。2011年，产粮大县奖励资金规模约210亿元，奖励县数达到1000多个；2013年，将原产粮大省奖励调整为商品粮大省奖励，具体奖励办法是依据近年全国各县级行政单位粮食生产情况，测算奖励到县，引入绩效评价机制；2015年，中央财政安排产粮（油）大县奖励资金已达到371亿元。该政策的实施有效缓解了县乡财政困难，进一步调动地方政府促进粮食生产的积极性。

2. 流通性调控政策

①最低收购价政策。作为新一轮粮食宏观调控政策改革的重要措施之一，最低收购价可以看作直接补贴政策的配套措施。2004年我国实行购销市场化以来，国家主要针对稻谷和小麦两个品种实行最低收购价政策。当年发展改革委、农业部等5部门联合发布《关于印发2004年早籼稻最低收购价执行预案的通知》，首次在主产区执行早籼稻最低收购价政策，价格为1.40元/公斤，中晚籼稻1.44元/公斤，粳稻1.50元/公斤。最低收购价政策与以往实行的保护价政策存在着较大区别。第一，最低收购价是建立在放开收购价格、主体多元化、市场充分竞争的市场机制基础上的政策措施。第二，由国家指定的粮企入市收购，并不是国有粮企垄断收购。第三，最低收购价不是敞开收购，当市场价格回升到最低收购价格以上时则停止收购。第四，按最低收购价格收购的粮食，由收购企业进行销售，如因高进低出发生亏损，国家按有关规定采取补贴销售等方式处理。因此可以说，最低收购价政策的主要目的是在扭曲作用最小和财政负担最小的前提下，将粮价控制在一定水平上，保证种粮农民合理收益和确保国家粮食安全。该项政策实施几年来，根据生产成本，收购价水平逐年提高，政策执行范围逐步扩大，在保护和调动农民种粮积极性、促进生产、稳定市场、实现农民增收和确保国家粮食安全等方面取得了显著效果。

②临时收储政策。临时收储政策是国家为了稳定国产玉米和大豆收购价格而出台的市场调控政策。2008年下半年全球金融危机加剧，国际农产品价格大幅下跌，为稳定国内市场，确保农民收益，国家按照保证市场供应，不打压市场价格，择机顺价销售原则，首次在东北三省和内蒙古自治区实行临时收储政策。根据各地实际情况，收购价格和计划收购量略有不同。2009年11月，国家继续在东北地区实行玉米临时收储政策，收储价格和截止日期与2008年相同，但对收购办法做出了一些调整：一是实行敞开收购。二是增加了收购主体，除中储粮外，还鼓励南方16个省的储粮公司、饲料企业和中央直属粮食企业到东北地区收购玉米，并对执行政策性收购的企业给予70元/吨的补贴。三是调整等级指标和不设限量要求等。截至2015年，该政策连续执行8年，收购价格呈逐年提高态势（表2–2）。

第二章 我国粮食宏观调控政策体系梳理及评价

表 2-2 我国粮食最低收购价与临时收储价格

单位：元/公斤

政策	品种		执行范围	2005年	2006年	2007年	2008年	2009年	2010年	2011年	2012年	2013年	2014年	2015年
最低收购价格	小麦	白小麦	河南、河北、江苏、安徽、山东、湖北	未实施	1.44	1.44	1.54	1.74	1.80	1.90	2.04	2.24	2.36	2.36
		红小麦		未实施	1.38	1.38	1.44	1.66	1.72	1.86	2.04	2.24	2.36	2.36
		混合麦		未实施	1.38	1.38	1.44	1.66	1.72	1.86	2.04	2.24	2.36	2.36
	稻谷	早籼稻	湖南、湖北、江西、安徽、广西	1.40	1.40	1.40	1.54	1.80	1.86	2.04	2.40	2.64	2.70	2.70
		中晚籼稻	黑龙江、吉林、辽宁、安徽、江西、湖北、湖南、四川、广西、江苏、河南	1.44	1.44	1.44	1.58	1.84	1.94	2.14	2.50	2.70	2.76	2.76
		粳稻		1.50	1.50	1.50	1.64	1.90	2.10	2.56	2.80	3.00	3.10	3.10
临时收储价格	稻谷	中晚籼稻	南方产区	未实施	未实施	未实施	1.88	未实施	未实施	未实施	未实施	未实施	未实施	未实施
		粳稻	东北产区	未实施	未实施	未实施	1.84	未实施	未实施	未实施	未实施	未实施	未实施	未实施
	玉米		东北产区	未实施	未实施	未实施	1.50	1.50	1.80	1.98	2.12	2.24	2.24	2.24
	大豆		东北产区	未实施	未实施	未实施	3.70	3.74	3.80	4.00	4.60	4.60	2.24	2.00
	油料	油菜籽	油菜产区	未实施	未实施	未实施	4.40	3.70	3.90	4.60	5.00	5.10	5.10	政策取消

注：(1) 最低收购价格和临时收储价格是国家质量标准三等品，每个等级之间的差价为0.04元/公斤；

(2) 2008年小麦和稻谷最低收购价格两次提价后的价格，第一次提价白小麦、红小麦、混合麦分别为1.50元/公斤、1.40元/公斤、1.40元/公斤，早籼稻、中晚籼稻、粳稻最低收购价执行价为1.50元/公斤、1.52元/公斤、1.58元/公斤；

(3) 早籼稻执行范围从2008年开始包括广西，中晚籼稻和粳稻从2008年开始包括辽宁、江苏、广西、河南；

(4) 东北产区包括黑龙江、吉林、辽宁；

(5) 2011年玉米临时收储价格为：内蒙古、辽宁2.00元/公斤，吉林1.98元/公斤，黑龙江1.96元/公斤；2012年玉米临时收储价格为内蒙古、辽宁2.14元/公斤，吉林2.12元/公斤，黑龙江2.10元/公斤；2013年玉米临时收储价格为：内蒙古、辽宁2.26元/公斤，吉林2.24元/公斤，黑龙江2.22元/公斤；2014年玉米临时收储价格为：内蒙古、辽宁2.26元/公斤，吉林2.24元/公斤，黑龙江2.22元/公斤。

(6) 2014年油菜籽临时收储价格为：内蒙古、辽宁2.26元/公斤，吉林2.24元/公斤，黑龙江2.22元/公斤。

(7) 2014年，取消大豆和棉花临时收储政策；2015年，取消油菜籽临时收储政策。

资料来源：根据发展改革委官方公开网站公开的政策文件资料整理。

政管理部门移交给所在地的中国储备粮管理总公司分支机构。为进一步规范中央储备粮管理，确保数量真实、质量良好和储存安全，确保中央储备粮储得进、调得动和用得上，随后国务院颁布实施了《中央储备粮管理条例》，至此自上而下、中央和地方两级粮食储备体系初步建成。另外一类是政策性临时储备，就是前面提到的最低收购价及临时收储政策形成的粮食政策性临时储备（以下简称"临储"），主要包括小麦、稻谷、玉米、大豆、油菜籽、食用油等品种。与中央专项储备粮规模相对固定不同，临时储备粮规模取决于当年政策实施情况，是一种周转性库存。

⑤粮食销售政策。主要包括粮食竞价销售政策和粮油定向销售政策。其中，粮食竞价销售政策是与最低收购价和临时收储政策相配套实施的调控政策。对于收购的小麦、稻谷、玉米和大豆，国家收储结束后，在批发市场上择机销售。销售方式本着顺价销售的原则，主要采取竞价销售和跨省移库两种方式，适时适量投放市场，销售时机主要根据国内供求和价格波动情况决定，起到了满足消费需求，稳定市场的作用。而粮油定向销售政策，主要是国家为保障终端粮油产品市场供应，或平抑市场价格，以低于市场价格的价格向部分粮油加工企业定向销售政策性粮油。2008年年初，为配合国家临时价格干预政策，国家向部分大型食用油加工企业定向销售了临储大豆；2009年，为缓解东北主产区油脂加工企业经营困难的问题，国家向部分油脂企业定向销售了临储大豆（在操作上，国储大豆先转为地储再定向销售）；2010年年底至2011年上半年，为配合国家对食用油及面粉的限价政策，国家分批向部分粮油加工企业定向销售了最低收购价小麦、临储大豆及菜籽油。

⑥粮食市场服务政策。2004年以来，党和政府逐步加强对城乡农贸市场的管理，改善基础设施条件，丰富产品结构，改进购销方式，推进质量监控，在批发市场、期货市场和全国性流通网络建设等方面成效明显。目前，主要粮食品种已基本实现了上市，其中，大豆、玉米、豆粕和棕榈油在大连商品批发市场交易所上市，稻谷、小麦、棉花、白糖和油菜籽在郑州商品交易所上市，天然橡胶在上海期货交易所上市。主要粮食品种期货市场发展和期货价格权威发布逐渐成为相关品种现货市场的定价基准和风向标，为粮食流通开辟了新渠道。近年来，我国还着力构建全国性铁路、公路和水路流通网络，这些基础设施建设快速发展，对疏通粮食流通渠道、减少运输损耗、降低流通成本和提高市场竞争力起到了积极作用。

⑦粮食深加工政策。自2006年开始，国内外粮价全面上涨，玉米、小麦、植物油价格相继大幅攀升，粮食"能源化"是其中重要的助推因素。为确保国家粮食安全，我国果断出台措施抑制粮食能源化发展，2007年9月，发展改革委发布《关于促进玉米深加工业健康发展的指导意见》，要求原则上不再核准新建玉米深加工项目，并要求"十一五"时期玉米深加工用粮规模占玉米消费总量的比例控制在26%以内；2007年9月19日召

开的国务院常务会议提出，严格控制油菜转化生物柴油项目。此后，国家陆续出台了一系列适度控制粮食深加工产业发展的政策措施，明确提出"不与人争粮，不与粮争地"的发展战略。

⑧政策性农业保险制度。2004年确立的政策性农业保险制度，于2006年6月底被纳入农业支持政策体系，包括补贴农户、补贴保险公司、补贴农业再保险政策。2007年农业保险试点为6个省区，补贴主要农作物包括玉米、稻谷、小麦、棉花、大豆5个品种；2008年扩大至16个省区和新疆生产建设兵团，又增加了花生、油菜，补贴主要农作物达到7个品种；2010年加大对中西部的补贴力度，发展农村小额保险，建立财政支持的巨灾风险分散机制；2012年国家鼓励地方开展优势农产品生产保险；2013年加大对中西部地区生产大县的保费补贴力度；2014年提高主要粮食作物保险的保费补贴比例，逐步减少或取消产粮大县县级保费补贴，不断提高稻谷、小麦、玉米三大粮食品种保险的覆盖面和风险保障水平。鼓励保险机构开展特色优势农产品保险，有条件的地方提供保费补贴。鼓励开展多种形式的互助合作保险。2015年旱灾、地震等重大灾害也纳入保障范围，保障力度大幅提高，平均保障水平提高10%~15%。政策性农业保险制度的确立，能够降低农户和企业的生产经营风险，保障主体收益并推动种植结构的优化。

在对粮食补贴政策实施效果的调查中发现，农户对粮食政策的评价很好。大多数农户认为，粮食政策实行的效果很好，降低了农资成本的压力。从满意率来看，方正县为80.7%，兰西县为82.8%，滑县为79.7%，长垣县为65.6%，潜江市低于其他各县，为58.3%，余江县为78.0%。但是，绝大多数农户即使没有粮食补贴也会继续种粮，方正县、兰西县和滑县选择会继续种粮的农户占总农户的比例均超过80%，分别为86.5%、83.6%和86.8%，这三县中兰西县有13.1%的农户表示会减少种植面积；长垣县、潜江市和余江县选择会继续种粮的农户占总体农户的比例均超过90%，分别为93.5%、95.0%和93.2%。可见，总体来说，农户对种粮补贴政策的满意度较高，种粮补贴能够带动农户的种粮积极性，但是种粮补贴政策并不是影响农户粮食生产的决定性因素（表2-3、表2-4）。

表2-3 农户对粮食补贴等政策支持的满意度情况

单位：%

满意度	方正县	兰西县	滑县	长垣县	潜江市	余江县
很好	43.4	54.7	30.4	36.1	25.0	45.8
较好	37.3	28.1	49.3	29.5	33.3	32.2
一般	13.3	12.5	10.1	16.4	26.7	16.9
较差	4.8	1.6	10.1	18.0	15.0	5.1
很差	1.2	3.1	0	0	0	0

数据来源：根据实地调研数据整理而成。

表 2-4　没有粮食补贴情况时农户的种粮选择

单位：%

选项	方正县	兰西县	滑县	长垣县	潜江市	余江县
会继续种粮	86.5	83.6	86.8	93.5	95.0	93.2
不会继续种粮	9.8	3.3	10.3	4.9	3.3	1.7
减少种植面积	3.7	13.1	2.9	1.6	1.7	5.1

数据来源：根据实地调研数据整理而成。

3. 收入性调控政策

①粮食直接补贴。2004年，为充分调动农民种粮积极性，我国开始将粮食风险基金从以往主要用于流通领域转向直接补贴种粮农民。补贴向主产区倾斜，对象主要为农户、农垦企业和农场等。粮食直补是对农民种粮行为的一种资金激励，是由原来流通环节的暗补向收入环节明补的一种转变。补贴品种以稻谷、小麦和玉米等主要品种为主，政策执行几年来，补贴范围由主产区推广到全国。尽管该项措施受益主体均为种粮农户，但各地补贴依据存在一定差异，主要包括按交售量、按种植面积、按农户粮食定购量和农业税综合计算，以及按农业税计税常年产量等方式。2007年，补贴范围扩大到全国各地；2015年，中央财政安排补贴资金140.5亿元。

②农资综合直补。2006年开始，中央财政对种粮农民的柴油、化肥、农药等农业生产资料实行综合补贴。补贴资金全部由中央财政负担。2006—2013年，中央每年财政支出中，农资直补资金逐年增加；自2015年起，将各地从中央财政提前下达的农资综合补贴中调整20%的资金，加上补贴种粮大户试点的资金和农业"三项补贴"增量资金，统筹用于支持粮食适度规模经营。该政策有效弥补了因农资等生产资料价格上涨造成农民种粮收益下降的状况，减轻农民负担的同时调动了他们的生产积极性，使粮食生产获得了安全保障。

4. 贸易性调控政策

进出口调控措施。2001年加入世贸组织（WTO）后，为适应全球经济一体化和贸易自由化的发展趋势，我国逐步加快转变农产品贸易体制，通过大幅降低关税、深化汇率和市场流通体制改革，管理方式和手段逐渐与国际接轨，有力推动了农业对外开放和粮食贸易快速发展。但同时应该看到，为了加入WTO，我国在农业方面，特别是粮食产业方面做出了巨大牺牲和减让承诺。我国对粮食贸易做出的承诺是：①对粮食出口不实行出口补贴。②对粮食进口实行关税配额制度。对小麦、玉米和稻谷三种主要粮食规定了配额数量和配额内外的关税水平。对于大豆和大麦等进口实行自由贸易，只征收3%的进口关税。③在国内支持政策方面，我国承诺对粮食的黄箱补贴幅度不超过8.5%。在入世承诺的约束下,我国取消了粮食的出口补贴,代之而起的是另外两项相关政策:①取消铁路建设基金。自2002年4月1日起,对铁路运输的稻谷、小麦、稻谷、小麦粉、玉米、大豆等征收的铁路建设基金实行全额免征。②出口退税。自2002年4月1日起,我国对稻谷、小麦和玉米实行零增值税政策,并且出口免征销项税。

2006年全球粮食价格不断上涨引起了我国的高度重视。为了遏制国内粮价过快上涨,自2007年12月20日起,国家取消了小麦、稻谷、玉米、大豆等84类产品的出口退税;2008年延续了2007年以来的调控政策,还对小麦、玉米、稻谷、大豆等粮食产品征收5%~25%的出口暂定关税。在国内粮食连续6年丰收的背景下,为调整出口结构,自2009年7月1日起,我国调整了部分产品的出口关税,小麦、稻谷、大豆3%~8%的暂定关税被取消。

(二)我国粮食宏观调控政策变迁

通过对新中国成立以来我国对粮食宏观调控政策进行梳理,发现我国粮食宏观调控政策变迁经历了以下5个时期,如表2-5至表2-9所示。

表2-5 新中国成立初期至改革开放前的粮食宏观调控政策(1949—1978年)

颁布日期	颁发部门	文件名称	主要内容
1953年10月	中共中央	《关于实行粮食的计划收购与计划供应的决议》	对于种粮的农户,在留足自己的种子、饲料、口粮和征缴完税后,如果剩有余粮,按照余粮的80%~90%的比例,以固定价格实施统购,同时对丰年增产的地区,规定增购粮不超过40%,通过"定产、定购、定销"的"三定"办法,调动农民的积极性
1953年11月	国务院	《关于实行粮食的计划收购和计划供应的命令》	生产粮食的农民应按照国家规定的收购粮种、收购价格和计划收购的分配数量将余粮售给国家。农民在缴纳公粮和计划收购粮以外的余粮,可以自由存储和自由使用,可以继续售给国家粮食部门或合作社,或在国家设立的粮食市场进行交易,并可在农村间进行少量的互通有无的交易
1955年8月	国务院	《市镇粮食定量供应暂行办法》	对市镇居民的口粮,由其所从事的工作种类、劳动强度、年龄、地区习惯等方面的差别,分级分量凭票凭证供应,对于工业商业用粮则按照实际需要,核定指标按计划供应

第二章　我国粮食宏观调控政策体系梳理及评价

表 2-6　我国由计划经济到市场经济转型时期的粮食宏观调控政策（1978—1997 年）

颁布日期	颁发部门	文件名称	主要内容
1982 年 1 月	国务院	《关于实行粮食征购、销售、调拨包干一定三年的通知》	在包干期的 3 年时间里，各省、自治区、直辖市可在国务院确定的包干总量范围内，并根据当地的实际情况安排粮食定（统）购及销售数量，多购少销的粮食归地方掌握，储备起来，准备以丰补歉。调拨包干数可以在丰歉年之间进行调剂，但在包干期 3 年内调出总数必须如数完成，调入总数不得突破
1983 年 1 月	国务院办公厅转发商业部	《关于完成粮油统购任务后实行多渠道经营若干问题的试行规定》	恢复了粮食集市贸易，实行粮食多渠道经营
1995 年 6 月	国务院	《关于粮食部门深化改革实行两条线运行的通知》	国有粮食企业要把政策性业务和经营性业务分开，按照"统一领导，两线运行，明确职责，分别核算，稳定市场，搞活经营"的原则的两条线运行模式

表 2-7　我国市场化改革试点时期的粮食宏观调控政策（1998—2004 年）

颁布日期	颁发部门	文件名称	主要内容
1998 年 5 月 10 日	国务院	《关于进一步深化粮食流通体制改革的决定》	粮食流通体制改革遵循"四分开一完善"的基本原则
1998 年 6 月 6 日	国务院	《粮食收购条例》	国家为掌握必要的商品粮源，实行粮食定购制度。定购粮的收购由省、自治区、直辖市人民政府组织实施。农民完成国家粮食定购任务并留足自用和自储粮食后出售的余粮，由国有粮食收储企业敞开收购
1998 年 8 月 5 日	国务院	《粮食购销违法行为处罚办法》	国有粮食收储企业必须按照国家有关粮食收购的规定，实行户交户结，即时向售粮者本人支付售粮款，不得户交村结，不得以实物或者其他方式抵充售粮款。农业发展银行应当严格遵守粮食收购资金封闭运行的规定，不得将粮食收购资金贷款发放给国有粮食收储企业以外的任何单位和个人
2000 年 6 月 10 日	国务院	《关于进一步完善粮食生产和流通有关政策措施的通知》	大力推进农业和粮食生产结构的战略性调整，促进生产和流通的协调发展；认真落实按保护价敞开收购农民余粮政策，切实保护农民利益；适当增加粮食风险基金规模，保证资金及时拨付到位；扩大国家粮库建设规模，增加有效仓容；进一步拓宽粮食购销渠道，搞活粮食流通；积极促进粮食销售、加工转化和出口，加快库存粮食转换；加快国有粮食购销企业改革步伐，提高企业竞争力

续表

颁布日期	颁发部门	文件名称	主要内容
2001年7月31日	国务院	《关于进一步深化粮食流通体制改革的意见》	放开销区、保护产区、省长负责、加强调控
2001年12月	国家粮食局、财政部、中国农业发展银行	《中央储备粮油轮换管理办法（试行）》	经营管理中央储备粮油的单位根据中央储备粮油的品质检查认定结果，按照国家计划，以新粮油替换库存粮油。品质认定以粮油储存品质控制指标作为依据，以储存年限作为参考
2002年8月8日	发展改革委（原国家计委）、财政部、国家工商总局、国家粮食局、中国农业发展银行	《陈化粮处理若干规定》	定向销售陈化粮，并将陈化粮销售处理纳入省长负责制的工作范畴
2003年8月15日	国务院	《中央储备粮管理条例》	明确了中央储备粮的计划、储存、动用、监督检查和法律责任
2004年5月26日	国务院	《粮食流通管理条例》	重点突出了粮食经营者在收购、销售、储存、运输、加工、进出口等经营活动的行为规范。明确了粮食宏观调控手段和应急机制，强化了粮食流通管理各个环节中的监督检查制度，规定了严格、具体的法律责任

表2-8 我国市场化改革稳步推进时期的粮食宏观调控政策（2004—2013年）

颁布日期	颁发部门	文件名称	主要内容
2004年5月23日	国务院	《国务院关于进一步深化粮食流通体制改革的意见》	全面放开粮食收购市场，市场机制代替行政式命令成为调节粮食市场的主要手段，非公性质的企业进入粮食购销市场，丰富市场的主体构成，完善粮食补贴政策
2004年12月30日	发展改革委等七部委	《粮食质量监管实施办法（试行）》	国家鼓励采用并推行科学的质量管理方法、检验方法和先进技术，不断提高粮食质量管理和检测水平。粮食经营企业应当建立健全质量管理制度
2004年11月16日	发展改革委等六部委	《粮食流通监督检查暂行办法》	粮食流通监督检查实行国家各有关部门分工负责制和中央与地方分级负责制，粮食流通监督检查实行持证检查制度

③目标价格政策。由于最低收购价政策和临时收储政策对粮食市场价格产生了扭曲，2014年中央一号文件提出"坚持市场定价原则，探索推进农产品价格形成机制与政府补贴脱钩的改革，逐步建立农产品目标价格制度"，决定先对东北和内蒙古大豆、新疆棉花进行目标价格补贴试点；2014年6月，国务院常务会议再次明确了"在保护农民利益前提下，推动最低收购价、临时收储和农业补贴政策逐步向农产品目标价格制度转变"的改革方向。目标价格政策是在市场形成农产品价格的基础上，释放价格信号引导市场预期，通过差价补贴保护生产者利益的一项农业支持政策。探索推进农产品价格形成机制与政府补贴脱钩的改革，目的就是在保障农民利益的前提下充分发挥市场在资源配置中的决定性作用，将价格形成交由市场决定，以促进产业上下游协调发展。目标价格改革试点的主要内容包括：一是在全国范围内取消棉花、大豆临时收储政策。政府不干预市场价格，价格由市场决定，生产者按市场价格出售棉花、大豆。二是对新疆棉花、东北和内蒙古大豆实行目标价格补贴。试点地区同一品种目标价格水平都是一致的，新疆全区实行统一的棉花目标价格，东北三省和内蒙古实行统一的大豆目标价格。2014年，新疆棉花目标价格为19 800元/吨，大豆目标价格为4800元/吨。当市场价格低于目标价格时，国家根据目标价格与市场价格的差价对试点地区生产者给予补贴；当市场价格高于目标价格时，不发放补贴。三是完善补贴方式，目标价格补贴额与种植面积、产量或销售量挂钩。实行大豆目标价格政策后，取消临时收储政策，生产者按市场价格出售大豆。目标价格补贴对象是试点地区种植者，总的原则是多种多补，少种少补，不种不补。2015年，中国继续实施农产品目标价格政策，在2014年启动东北三省和内蒙古大豆、新疆棉花目标价格改革试点基础上，积极探索粮食、生猪等农产品目标价格保险试点，逐步建立农产品目标价格制度。

④粮食储备政策。粮食储备是指从流通过程暂时沉淀、积蓄下来，起到缓冲作用的粮食。其主要作用是在年内和年间保证供给稳定，缓解生产供需矛盾，平抑价格过度波动。其中，国家储备是国家调控的重要物质基础，在我国粮食安全系统中，发挥着十分重要的作用。其配合最低收购价、临时收储和竞价销售等政策，相当于"蓄水池"，丰年纳进，歉年吐出，以达到调节供需、平抑市场波动的作用。目前，粮食储备手段有两类，一类是中央专项储备粮（简称中央储备粮），是我国为确保国家粮食安全的战略储备。现阶段，我国已逐步形成了相当规模的中央和地方两级政府粮食储备体系。该体系始于1999年，为加强管理，更好地发挥中央储备粮市场调控作用，《国务院关于进一步深化粮食流通体制改革的决定》提出，中央储备粮实行垂直管理体制的方针。1999年，国务院对中央储备粮管理机构进行了调整，决定将国家粮食储备局改为国家粮食局，负责中央储备粮行政管理，同时组建中国储备粮管理总公司，负责中央储备粮经营管理，实行中央储备粮垂直管理。2000年10月，中央储备粮经营管理业务全部由各省（区、市）粮食行

第二章 我国粮食宏观调控政策体系梳理及评价

续表

颁布日期	颁发部门	文件名称	主要内容
2004年5月26日	国务院	《粮食流通管理条例》	国家鼓励多种所有制市场主体从事粮食经营活动,促进公平竞争。依法从事的粮食经营活动受国家法律保护。严禁以非法手段阻碍粮食自由流通。国有粮食购销企业应当转变经营机制,提高市场竞争能力,在粮食流通中发挥主渠道作用,带头执行国家粮食政策。国家加强粮食流通管理,增强对粮食市场的调控能力
2007年8月28日	发展改革委	《粮油现代物流发展规划》	国家主要采取投资补助和贷款贴息方式对符合条件的粮食物流项目予以扶持
2009年12月29日	国务院	《粮油仓储管理办法》	粮油仓储单位应当建立健全粮油仓储管理制度,积极应用先进适用的粮油储藏技术,延缓粮油品质劣变,降低粮油损失损耗,防止粮油污染,确保库存粮油数量真实、质量良好、储存安全。国家粮食行政管理部门负责全国粮油仓储监督管理工作
2011年12月28日	发展改革委、国家粮食局	《粮食行业"十二五"发展规划纲要》	健全粮食宏观调控体系,完善粮食仓储设施,推进粮食现代物流发展,发展现代粮油加工体系,健全粮食市场体系,完善粮食标准与质量检验监测体系,加快国有粮食企业改革和发展,增强粮食科技创新能力

表2-9 我国农产品目标价格改革时期的粮食宏观调控政策(2014至今)

颁布日期	颁发部门	文件名称	主要内容
2014年1月19日	中共中央、国务院	《关于全面深化农村改革加快推进农业现代化的若干意见》	强调完善粮食等重要农产品价格形成机制。继续坚持市场定价原则,探索推进农产品价格形成机制与政府补贴脱钩的改革,逐步建立农产品目标价格制度,在市场价格过高时补贴低收入消费者,在市场价格低于目标价格时按差价补贴生产者,切实保证农民收益
2015年1月22日	国务院	《关于建立健全粮食安全省长责任制的若干意见》	从粮食生产、流通、消费等各环节,进一步明确了各省级人民政府在维护国家粮食安全方面的事权与责任,对建立健全粮食安全省长责任制做出全面部署
2015年3月23日	发展改革委、国家粮食局、财政部	《粮食收储供应安全保障工程建设规划(2015—2020年)》	建设粮油仓储设施,打通粮食物流通道,完善应急供应体系,保障粮油质量安全,强化粮情监测预警,促进粮食节约减损

续表

颁布日期	颁发部门	文件名称	主要内容
2016年2月6日	国务院	《粮食流通管理条例》修订	依照《中华人民共和国公司登记管理条例》等规定办理登记的经营者，取得粮食收购资格后，方可从事粮食收购活动。未经粮食行政管理部门许可擅自从事粮食收购活动的，由粮食行政管理部门没收非法收购的粮食；情节严重的，并处非法收购粮食价值1倍以上5倍以下的罚款；构成犯罪的，依法追究刑事责任
2016年7月12日	国家粮食局	《关于加快推进粮食行业供给侧结构性改革的指导意见》	完善粮食收储体制机制，改革完善粮食收储制度，进一步落实地方政府收储责任，开展粮食产品品质提升行动，打造农企利益共同体，加快推动粮食"去库存"
2016年9月14日	国家粮食局	《粮食收购资格审核管理办法》	从事粮食收购活动的企业，应当依照《中华人民共和国公司登记管理条例》等规定办理工商登记，并经县级以上粮食行政管理部门（审核机关）审核，取得粮食收购资格。农民、粮食经纪人、农贸市场粮食交易者等从事粮食收购活动，无须办理粮食收购资格
2017年2月9日	国家粮食局	《2017年粮食流通工作要点》	深入推进粮食供给侧结构性改革，保持粮食收储供应平稳有序运行，以现代物流和信息化为重点深入推进"粮安工程"建设，加快粮食产业经济发展

（三）我国粮食宏观调控政策评价

通过对我国粮食宏观调控政策演进的回顾，可以看出我国粮食政策经历了自由购销—统购统销—双轨制—初步市场化—全面市场化的变化过程。特别是改革开放40年来，历经数次粮食流通政策的修改及完善，目前已基本建立起适应社会主义市场经济发展要求和符合我国国情粮情的，在国家宏观调控下能充分发挥市场机制配置粮食资源的基础性作用，确保国家粮食安全的新的粮食流通体制。国家宏观调控能力不断加强，保证了粮食市场供应，维护了粮价基本稳定，保障了我国粮食流通秩序。粮食市场政策的内容也不断完善，尤其是2004年以来，粮食流通体制改革进程加快，粮食安全保障制度取得重大突破，一系列利好政策的实施使得粮食流通对生产的引导作用逐步加强，促进了粮食生产的稳定发展。粮食宏观调控能力进一步增强，粮食市场监测、应急体系不断完善，保供稳价措施有效实施，国内粮食市场基本稳定；粮食仓储设施和运输设施建设加快发展，粮油仓储管理规范化持续推进，粮油加工业不断壮大；以市场化为取向的粮食流通体制改革不断深化，统一开放、竞争有序的粮食市场体系基本形成；粮食科技创新能力明显提高，整体水平迈上新台阶；国有粮食购销企业继续发挥主渠道作用，结构和布局进一步优化，经营管理水平和竞争力显著提高；粮食法规标准体系、监督检查体系和检验监测体系逐步健全和完善，依法管粮有力推进。

1. 新中国成立初期至改革开放前的粮食宏观调控措施（1949—1978年）

新中国成立初期，因长期战乱导致粮食生产遭到严重破坏，粮食产需、供求矛盾突出，粮食价格乃至物价波动剧烈。面对严峻的粮食形势，党和政府一方面组织恢复和发展粮食生产，另一方面根据当时个体商贩和私营粮食商业的实际情况，暂时实行了过渡时期的粮食自由贸易政策。同时，初步建立了国营粮食经营系统、制定国家粮食牌价、粮食管理由财政部统一管理的粮食宏观调控政策框架。过渡时期结束后，中国实行优先发展重工业的工业化战略。但由于西方国家在经济、政治上的严酷封锁，中国实施进口替代的工业化战略不得不依靠国内资源动员和资金积累。为保证经济建设需要，国家粮食宏观调控由自由贸易为主转为计划经济条件下的粮食统购统销，粮食宏观调控完全依靠行政指令。1953年10月和1953年11月，中共中央、国务院分别发布了《关于实行粮食的计划收购与计划供应的决议》《关于实行粮食的计划收购和计划供应的命令》，至此我国开始了粮食的计划收购和计划供应（简称统购统销）时代。其主要内容包括：对于种粮的农户，在留足自己的种子、饲料、口粮和征缴完税收后，如果剩有余粮，按照余粮80%～90%的比例，以固定价格实施统购，同时对丰年增产的地区，规定增购粮不超过40%，通过"定产、定购、定销"的"三定"办法，调动农民的积极性。对于统销，根据1955年8月国务院发布的《市镇粮食定量供应暂行办法》，对市镇居民的口粮，由其所从事的工作种类、劳动强度、年龄、地区习惯等方面的差别，分级分量凭票凭证供应，对于工业商业用粮则按照实际需要，核定指标按计划供应。在粮食管理政策方面，国家严格控制粮食市场，严禁私人经营倒卖，严禁私营粮食加工厂自行加工，但由国家委托加工的除外。这一阶段粮食购销由国家统一计划，粮食价格由国家统一制定，国有粮食企业成为市场经营的唯一主体。总体来说，这一体制为粮食进行合理的分配，满足城乡人民的基本需求，为国民经济的发展，特别是工业的发展做出了重大贡献，但这一政策的负面效果同样是严重的，农民的余粮按固定价格售给国家，无法按自己的意愿、按情况自主卖粮，严重打击了农民的生产积极性，国家以低价的形式强行从农民手中拿走国家工业化需要的粮食、原料和资金，以完成工业化所需的原始积累。

2. 由计划经济到市场经济转型时期的粮食宏观调控措施（1978—1997年）

改革开放为中国粮食流通体制的发展变革迎来了春天。1982年1月，国务院下达了《关于实行粮食征购、销售、调拨包干一定三年的通知》，在包干期的3年时间里，各省、自治区、直辖市可在国务院确定的包干总量范围内，根据当地的实际情况安排粮食定（统）购及销售数量，多购少销的粮食归地方掌握，储备起来，准备以丰补歉。调拨包干数可以在丰歉年之间进行调剂，但在包干期3年内调出总数必须如数完成，调入总数不得突破。至此，中国粮食流通体制开始了渐进式改革。此后国家开始调整粮食定（统）购任务，先是调整粮食征购基数，扩大超购比重，以后又开始调减超购任务；并在1985年取消了粮食统购，实行粮食合同定购，扩大了市场机制调节的范围。在价格方面，国家先后7次提高粮食定（统）购价格，同时对油料等其他作物也多次提高定（统）购价格，目的就是使定（统）购价格与市场价格两者日渐趋同，从而调动了农民的积极性，增加农民的收入。1983年1月，根据《关于完成粮油统购任务后实行多渠道经营若干问题的试行规定》，实际上在粮食流通主体上恢复了粮食集市贸易，实行粮食多渠道经营。这成为粮食流通体制的重大突破，种粮农民在完成国家的粮食定（统）购任务后，既可以直接与粮食加工企业签订协议，提供自己的余粮，也可以组成互助组织，统一与企业谈判。个人、集体等其他形式的粮食企业逐步进入原先只有国有企业垄断的粮食领域，价格也实行了"双轨制"，即对于统（定）购统销任务内的粮价实行统一定价计划管理，而统（定）购统销任务外的粮价，则随行就市，按市场价格进行调节。在管理机构上，1983年组成了新的商业部，由原有的粮食部、全国供销合作总社和原商业部合并而成；1990年9月国家粮食储备局成立，成为国务院直属机构，负责国家粮食储备管理，并由商业部代管。1994年国家又实行了由中央统一领导、地方分级负责和省、自治区、直辖市政府领导负责的管理体制，即在中央的统一领导下，划分中央和地方的事权与粮权。也就是人们所熟知的"米袋子"省长负责制。1995年6月，国务院发布《关于粮食部门深化改革实行两条线运行的通知》，明确要求国有粮食企业要把政策性业务和经营性业务分开，按照"统一领导，两线运行，明确职责，分别核算，稳定市场，搞活经营"的原则的两条线运行模式。目的就是克服由于国家粮食收购价格高于企业粮食销售价格所形成的价格差，使财政补贴数额日渐增多，而国有粮食企业的政策性亏损日趋严重的局面。经过以上改革，保证了国家对粮食的宏观调控，促进了农业生产、农民增收，稳定了粮食价格，使全体人民从中受益。然而种种原因所限，最为关键的体制改革成效并不大，国有粮食企业吃"大锅饭""政策饭"的局面并未根本改变，机构臃肿，财政压力过大，成为国家经济发展的沉重负担。因此，理顺体制问题成为下一阶段国家改革的目标。

3. 市场化改革试点时期的粮食宏观调控措施（1998—2004年）

20世纪90年代中后期，我国粮食已由长期短缺变成总量大体平衡、丰年有余，粮食生产结构性矛盾突出，库存大量积压，财政补贴负担过重，入世给农业及粮食带来了新机遇与挑战，为此国家加大粮食宏观调控的市场化改革。

①完善粮食流通体系，推进粮食流通体制改革。1998年5月，国务院下发的《关于进一步深化粮食流通体制改革的决定》中指出，粮食流通体制改革的基本原则是"四分开一完善"，实行政企分开：国家的粮食管理机构的行政职能与国有粮食企业的职责分开，国家专于管理，企业专于经营；储备与经营分开：企业经营的粮食与为国家储备的粮食

分开，完善国家的粮食储备体系建设；中央与地方责任分开：明确划分中央与地方的权责，实行在国家宏观调控下，地方政府对粮食生产和流通全面负责的管理体制；新老财务账目分开：历史欠账由中央与地方共担的原则，中央负担利息，地方负担本金；完善粮食价格形成机制：国家的宏观调控由直接定价变为以间接调控为主，尊重市场的调节作用。1998年6月3日的国务院全国粮食购销工作电视电话会议又提出，粮食购销改革要抓住重点，当前的重中之重是"贯彻三项政策，加快自身改革"。所谓"三项政策"：一是粮食企业按照政府制定的保护价"敞开收购"农民的余粮；二是农业发展银行贷给粮食企业的收购资金按照"库贷挂钩，钱随粮走"的办法封闭运行；三是粮食收储企业按收购价加最低利益实行"顺价销售"。"一项改革"是指加快国有粮食企业自身改革。"三项政策，一项改革"互为基石，互为保证，任何缺失都会造成整体的停滞不前。"98粮改"取得了一定的成效，但是这项改革未能有效保护粮食主产区的利益，加重了粮食主产区的财政负担，导致了"穷省补贴富省"的问题更加严重。为此国务院在2001年7月又下发《关于进一步深化粮食流通体制改革的意见》，将改革浓缩为16个字，即"放开销区、保护产区、省长负责、加强调控"。在已有实践经验的基础上，2004年5月26日，国务院颁布《粮食流通管理条例》，5月31日，国务院召开全国粮食流通体制改革工作会议，发布《关于进一步深化粮食流通体制改革的意见》，明确宣布，2004年全面放开粮食收购市场，市场机制代替行政式命令成为调节粮食市场的主要手段，非公性质的企业进入粮食购销市场，丰富市场的主体构成，进一步完善粮食补贴政策，提高粮食综合生产能力，继续深化国有粮食企业改革等多项任务。

②扩大粮食退出保护价收购范围，放开销区保护产区。1999年，国家对东北春小麦、南方早籼稻、长江以南小麦等一些品质差、不适合市场需求的粮食品种采取了当年调低保护价、第二年退出保护价的办法。2000年，进一步扩大退出保护价收购的粮食品种范围。2003年，国家完全放开浙江、上海、福建、广东、海南、江苏、北京和天津8个主销区粮食收购，价格由市场调节，实现主销区粮食生产和流通主要依靠市场调节。安徽、湖南、湖北、内蒙古、新疆5个粮食主产省（区）全面放开粮食收购市场和价格，在全省（区）范围或省（区）内部分地区对农民实行直接补贴试点；此外，其他省区也实行了粮食购销市场化改革探索。

③规范粮食流通条例，把粮食管理纳入法制化轨道。为实现政企分开，加强和改善粮食宏观调控，1999年年底，国务院决定成立国家粮食局，在原国家计委（现为发展改革委）管理下负责全国粮食流通宏观调控具体业务、行业指导和中央储备粮行政管理。同时，成立中国储备粮管理总公司，负责中央储备粮的管理和轮换。1998年施行《粮食收购条例》《粮食购销违法行为处罚办法》。2001年，为保证中央储备粮油质量和储存安全，发布实施了《中央储备粮轮换管理办法（试行）》。2002年，五部委联合发布实施《陈

化粮处理若干规定》，定向销售陈化粮，并将陈化粮销售处理纳入省长负责制的工作范畴。2003年，国务院颁布了《中央储备粮管理条例》，进一步明确了中央储备粮的计划、储存、动用、监督检查和法律责任。2004年，发布实施了《粮食流通管理条例》，为依法管理全社会粮食提供了依据。此外，保障退耕还林和灾区粮食供应，扩大优势粮食产品出口。加强库存管理，粮食库存轮换和陈化粮处理。这一时期，市场粮食价格较低、粮食品种结构调整压力较大，粮食宏观调控政策的重点是按保护价敞开收购农民余粮和调整保护价收购范围，粮食收购价格分别在销区放开和在主产区进行放开试点，为在全国范围全面放开粮食购销市场和价格积累了经验，创造了条件。

4. 市场化改革稳步推进时期的粮食宏观调控措施（2004—2013年）

2004年，国务院决定全面放开粮食购销市场，31个省（区、市）实现了粮食购销市场化，全面拓宽粮食收购渠道，取消粮食运输凭证。这一时期，我国粮食供求总量基本平衡，但品种结构和区域性不平衡问题比较突出。国家通过实行农民直补和最低收购价政策，进一步调动了农民种粮积极性，推动全国粮食产量实现"八连增"；同时，加强了粮食库存监管，确保库存粮食数量真实、质量良好，进一步夯实了粮食宏观调控的物质基础。

①实行粮食最低收购价。2004年，全面放开粮食收购市场，强调在国家宏观调控下，充分发挥市场机制在配置粮食资源中的基础性作用，实现粮食购销市场化和市场主体多元化；建立对种粮农民直接补贴的机制。同时，为了更好地保护农民利益，对重点地区、重要粮食品种实行最低收购价政策。2008年以后，国家连续提高粮食最低收购价水平；到2012年，小麦最低收购价每斤为1.02元，早籼稻、中晚籼稻和粳稻的最低收购价分别为每斤1.2元、1.28元和1.4元。粮食最低收购价的提高为保护种粮农民收益，增加种粮农民收入发挥了积极作用。此外，为保护玉米、大豆、油菜籽产区农民利益，国家实行临时收储政策，制定了临时收储价格，加强对粮食市场的调控。

②开展政策性粮食竞价销售。为稳定市场、保障供应、顺价销售，从2005年11月开始，国家在规范的粮食批发市场组织最低收购价等政策性粮食竞价销售。同时，根据市场粮食价格情况，调整销售底价，保证市场粮食供应和价格的基本稳定。

③促进国有粮食企业改革。充分发挥国有粮食购销企业在粮食收购中的主渠道作用，尽可能多地掌握粮源。2004年，为促进国有粮食购销企业改革，减轻国有粮食购销企业包袱，加快粮食流通体制市场化改革进程的要求，出台了《国有粮食购销企业粮食财务挂账处理意见》，区分老粮食财务挂账及新增粮食财务挂账、陈化粮价差亏损挂账、销售保护价粮食价差亏损挂账的处理。

④加强粮食质量安全监管。国家依据《粮食流通管理条例》建立了收购、储存、运输环节和政策性粮食购销活动中的粮食质量与原粮卫生监管制度；并于2004年起陆续发

布实施了《粮食质量监管实施办法（试行）》《粮食流通监督检查暂行办法》《粮油仓储管理办法》等一系列规章制度；全面清理和完善了国家粮油标准，基本形成了能够适应行业发展需要的粮油标准体系；全面开展了粮食监管和检验监测体系建设；粮食质量安全监测、抽查工作基本实现了制度化、规范化。通过开展例行检查和质量抽检，及时发现和处置质量安全隐患，促进了粮食质量和卫生安全水平不断提高。

⑤粮食流通体制改革。首先，建立健全了适应社会主义市场经济发展要求和符合我国国情的粮食流通体制，为确保国家粮食安全提供政策保障。2004年以来，国家陆续出台《国务院关于进一步深化粮食流通体制改革的意见》（国发〔2004〕17号）、《粮食现代物流发展规划》（发改经贸〔2007〕2136号）、《粮油仓储设施建设方案》（发改经贸〔2009〕2875号）和《粮食行业"十二五"发展规划纲要》（国粮展〔2011〕224号）等规划和方案，对国有粮食购销企业改革、粮食市场建设、粮食产销区衔接、粮食储备、粮食流通监督检查、国家粮食宏观调控等做出进一步明确规定。其次，专门出台政策进一步健全省长粮食安全负责制，国家粮食安全保障制度建设取得重大突破。

5. 农产品目标价格改革时期的粮食市场宏观调控措施（2014年至今）

国家放开粮食购销市场后，政府托市最低价上涨，表面上给农民带来了更高的粮食收入，维护了农民利益，但是随着粮食种植其他环节如化肥、农药等成本的逐渐上涨，农民所享受的政策实惠逐渐被市场其他环节挤压。此外，由于粮食收购价格的上涨，粮食加工企业成本上升，甚至面临破产，导致产业链断裂，从而扭曲了市场。因此，政府为了保护农民积极性，保护粮食安全，开始实行目标价格政策。目标价格政策是在市场形成农产品价格的基础上，通过差价补贴保护生产者利益的一项农业支持政策。实行目标价格政策后，取消了临时收储政策，生产者按市场价格出售农产品。而当市场价格低于目标价格时，国家根据目标价格与市场价格的差价和种植面积、产量或销售量等因素，对试点地区生产者给予补贴；而当市场价格高于目标价格时，国家则不发放补贴。2014年1月19日，中共中央、国务院印发了《关于全面深化农村改革加快推进农业现代化的若干意见》，强调完善粮食等重要农产品价格形成机制。继续坚持市场定价原则，探索推进农产品价格形成机制与政府补贴脱钩的改革，逐步建立起农产品目标价格制度，在市场价格过高时补贴低收入消费者，在市场价格低于目标价格时按差价补贴生产者，切实保证农民收益。2014年，启动东北和内蒙古大豆、新疆棉花目标价格补贴试点，探索粮食、生猪等农产品目标价格保险试点，开展粮食生产规模经营主体营销贷款试点。继续执行稻谷、小麦最低收购价政策和玉米、油菜籽、食糖临时收储政策。2015年，在启动东北和内蒙古大豆、新疆棉花目标价格改革试点基础上，积极探索粮食、生猪等农产品目标价格保险试点，逐步建立农产品目标价格制度。2014年年底，国务院印发了《关于建立健全粮食安全省长责任制的若干意见》，明确界定了各省（区、市）人民政府保障本地区粮食安全的主体责任；2015年，又配套出台了考核办法，监督考核机制正在抓紧建立；各地积极主动推进粮食安全省长责任制的全面落实，31个省级人民政府全部出台了实施意见，大部分省份制定了考核办法。以"粮安工程"为抓手推进粮食流通体制改革进程。2015年3月，发展改革委、国家粮食局、财政部三部委印发《粮食收储供应安全保障工程建设规划（2015—2020年）》，提出抓紧推进"粮安工程"建设。2016年7月12日，国家粮食局发布《关于加快推进粮食行业供给侧结构性改革的指导意见》，提出要完善粮食收储体制机制，改革完善粮食收储制度，进一步落实地方政府收储责任，开展粮食产品品质提升行动，打造农企利益共同体，加快推动粮食"去库存"。2016年9月，国家粮食局发布《粮食收购资格审核管理办法》，规定从事粮食收购活动的企业，应当依照规定办理工商登记，农民、粮食经纪人、农贸市场粮食交易者等从事粮食收购活动，无须办理粮食收购资格。2016年2月，国务院修订了《粮食流通管理条例》，将第九条第一款修改为："依照《中华人民共和国公司登记管理条例》等规定办理登记的经营者，取得粮食收购资格后，方可从事粮食收购活动。"第四十条修改为："未经粮食行政管理部门许可擅自从事粮食收购活动的，由粮食行政管理部门没收非法收购的粮食；情节严重的，并处非法收购粮食价值1倍以上5倍以下的罚款；构成犯罪的，依法追究刑事责任。"2017年2月，国家粮食局发布《2017年粮食流通工作要点》，提出深入推进粮食供给侧结构性改革，保持粮食收储供应平稳有序运行，以现代物流和信息化为重点深入推进"粮安工程"建设，加快粮食产业经济发展。完善并落实小麦、稻谷最低收购价政策，适时启动执行预案，指导企业入市收购，保护种粮农民利益。

二、粮食宏观调控政策对保障我国粮食安全的成效

总体而言，现阶段实施的粮食调控政策，基本上实现了我国粮食宏观调控目标，对保护种粮农民利益、促进粮食生产发展、保障国家粮食安全、维护粮食市场稳定、促进经济社会平稳发展均发挥着重要作用。

（一）通过调动农民种粮积极性，确保了粮食生产稳定发展

自2004年开始，我国逐步启动实施最低收购价和临时收储等粮食价格支持措施，近年来直接补贴项目不断增多、补贴范围逐步扩大、补贴强度持续增加，国家财政对农民的直接补贴持续增长，农民粮食平均出售价格稳步提高，三种粮食（即稻谷、小麦和玉米）平均自2003年的56.5元/50公斤上涨到2014年的124.4元/50公斤，增长了120.2%。与此同时，粮食直补、农资综合补贴、良种补贴和农机具购置补贴4项直接补贴也由2004年的145.2亿元快速增加到2014年的1638亿元，有效调动了农民的种粮积极性、

提高了良种覆盖率和农业机械化水平，确保了粮食生产的稳定发展。10多年来，受粮价上涨及补贴增加的激励，全国粮食作物特别是谷物播种面积稳定增加。其中，谷物播种面积由2003年的7681万公顷（1公顷=10 000平方米）增加到2014年的9460万公顷，增长23.2%，明显高于粮食作物12.6%的增幅。2003—2014年我国粮食平均出售价格、播种面积与产量如表2-10所示。

表2-10　我国粮食平均出售价格、播种面积与产量

年份		2003年	2004年	2005年	2006年	2007年	2008年	2009年	2010年	2011年	2012年	2013年	2014年
农民平均出售价格/（元/50公斤）	三种粮食平均	56.54	70.73	67.35	71.98	78.82	83.54	91.32	103.78	115.42	119.86	121.13	124.40
	稻谷	60.06	79.82	77.66	80.64	85.21	95.11	99.08	118.00	134.53	138.07	136.52	140.60
	小麦	56.42	74.47	69.01	71.61	75.58	82.76	92.41	99.01	103.95	108.31	117.81	120.60
	玉米	52.74	58.06	55.53	63.39	74.76	72.48	82.01	93.62	106.07	111.13	108.81	111.90
播种面积/万公顷	粮食作物	9941	10 161	10 428	10 496	10 564	10 679	10 899	10 988	11 057	11 121	11 196	11 272
	稻谷	2651	2838	2885	2894	2892	2924	2963	2987	3006	3014	3031	3031
	小麦	2200	2163	2279	2361	2372	2362	2429	2426	2427	2427	2412	2407
	玉米	2407	2545	2636	2846	2948	2986	3118	3250	3354	3503	3632	3712
产量/万吨	粮食作物	43 070	46 947	48 402	49 804	50 160	52 871	53 082	54 648	57 121	58 958	60 194	60 703
	稻谷	16 066	17 909	18 059	18 172	18 603	19 190	19 510	19 576	20 100	20 424	20 361	20 651
	小麦	8649	9195	9745	10 847	10 930	11 246	11 512	11 518	11 740	12 102	12 193	12 621
	玉米	11 583	13 029	13 937	15 160	15 230	16 591	16 397	17 725	19 278	20 561	21 849	21 565

数据来源：《全国农产品成本收益资料汇编》2006—2015；《中国统计年鉴2015》。

（二）通过调控掌握充足粮源，减缓国内外市场波动的冲击

近年来，由于连续实施最低收购价和临时收储等政策性收购，政府掌控了充裕的粮源，在稳定市场预期、抑制市场投机、减缓国际粮食市场波动对国内的冲击等方面发挥了重要作用。特别是2008年，充足的粮食储备使我国从容应对世界粮食危机的冲击和考验，保持了国内粮食市场的基本稳定。国家粮食局统计数据表明，2008年，我国粮食总产达到5.285亿吨，同比增长5.4%，当年产量比需求多出1350万吨，库存同比增长10%。

2009年和2010年的全国范围的粮食库存清查结果表明，国有粮食企业粮食总库存均在2亿吨以上，这意味着即便不考虑社会库存，我国粮食库存消费比也达到40%以上，远高于国际公认的17%~18%的警戒线水平。再加上多年的宏观调控政策引导，国家粮食部门构建起了稳定性较高的粮食储备，有效抵御了多次自然灾害的影响。在历次大灾害中，粮食储备系统保障了紧急状态下的区域粮食安全。例如，在汶川大地震中，国家粮食应急体系保障了800多万灾区困难群众和救援人员的粮食供应。目前，泛珠三角区域已经建立了粮食应急跨省协作和援助机制，东北地区与华东、华南地区也建立了粮食购销合作平台，紧急状态下的区域粮食安全保障能力进一步提升。

此外，政策性粮食收储的实施，对确保国内粮食市场价格的基本稳定也起到了积极作用。由于国家临时收储计划数量庞大，一般可达到东北地区玉米产量的60%和近商品量的90%，约占全国玉米产量的25%，商品量的40%。因此，东北产区贸易粮基本掌握在国家手中，这对支撑市场价格发挥了明显作用。例如，2010年，受国内流通性过剩、通货膨胀预期抬头、国际粮食价格波动、国内市场竞争失序等因素影响，粮食消费价格指数同比增长率曾经一度高于10%。并且，城市居民粮食消费价格指数上涨速度较快。但是，由于国有粮食部门掌握了大量粮源，有条件实施政策性粮食储备市场投放，因此粮食价格较快上涨的局面得到了有效控制，市场预期趋于稳定。1998/1999—2012/2013年度稻谷、小麦、玉米期末库存量、库存消费比如图2-2所示。

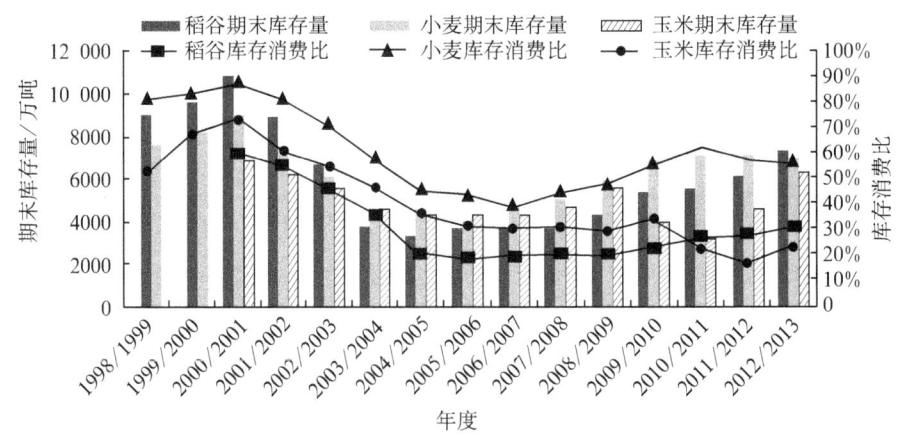

图2-2　1998/1999—2012/2013年稻谷、小麦、玉米期末库存量、库存消费比

数据来源：中华粮网。

（三）粮食流通基础条件不断优化，粮食安全保障能力持续增强

截至2016年年底，"粮安工程"中央投资累计达300多亿元，带动地方和企业配套投资近1000亿元，极大改善了粮食流通基础设施条件。一是粮食现代仓储体系基本形成。

近年来新建仓容1582亿斤，其中，2016年新建近200亿斤，现代化仓型比例大幅提高，"危仓老库"维修改造带动了功能提升。二是粮食物流设施得到加强。近年来安排中央预算内投资30.3亿元支持建设粮食物流设施，形成了一批多功能粮食物流园区。南宁中国—东盟粮食物流园区、西安粮食物流枢纽、贵州西南粮食城等项目积极推进。三是行业信息化建设取得积极进展。制定发布行业信息化建设指导意见，安排17个省区市开展省级粮食管理平台建设和粮库智能化改造。安徽、江苏、湖北已率先开发建设了省级综合信息平台。四是粮食质量监测体系进一步健全。近几年安排中央预算内投资6.2亿元，347个国家粮食质量监测站的能力和水平得到明显提升。同时，节粮减损、放心粮油、应急网络、市场监测、农户科学储粮等工作扎实稳步推进。

（四）深化改革为粮食流通增添了新动力，粮食安全制度保障不断完善

近几年，各级粮食部门高度重视改革，不断取得新成效。一是粮食安全省长责任制顺利启动，各省（区）市政府都出台了考核办法，成立了考核工作领导小组，天津、山西、吉林、上海、江苏、安徽、江西、湖南、广西、海南、四川、云南、甘肃等省区市将粮食安全责任落实情况纳入省政府绩效考核，绝大部分省级政府下达了2016年粮食安全责任书，有效保证了国家整体粮食安全。二是玉米收储制度改革取得突破。这是党中央、国务院的一项战略部署，是农业供给侧结构性改革的一场硬仗。改革的内容是取消玉米临储政策，改为"市场定价、价补分离"，实行"市场化收购"加"补贴"的新机制。国务院高度重视，成立了由发展改革委牵头、20个部门参加的部际协调机制，明确由国家粮食局负责日常工作；内蒙古、辽宁、吉林、黑龙江四省（区）粮食部门制定工作方案，协调落实鼓励加工转化、强化信贷支持、加强运力调度等政策措施，引导多元主体积极入市；三家央企坚持始终在市均衡收购；销区粮食部门积极组织企业到产区采购，共同推动玉米收储制度改革顺利开展。目前，市场运行总体平稳，改革取得积极成效。三是行业供给侧结构性改革持续推进。出台的指导意见，明确了改革目标和重点任务，各地认真贯彻落实，湖北、贵州、云南、安徽等省结合实际制定了实施意见，为粮食流通增添了新动力，粮食安全制度保障不断完善。

三、当前我国粮食宏观调控政策存在的问题与不足

尽管我国的粮食宏观调控政策体系在保障粮食安全、维护粮食市场稳定、促进农业发展及国民经济持续发展方面发挥了重要作用，但是，在当前国内外农业生产成本不断上升、农业资源约束依旧严峻，尤其是国际农产品市场大幅震荡的背景下，我国农产品市场运行环境更加复杂，粮食稳产增产、农民就业增收及市场稳定运行难度进一步加大，

确保粮食安全的任务更加艰巨，而现有粮食市场调控体系的问题也逐渐凸显，主要表现在如下方面。

（一）调控目标存在多重性问题，加大了宏观调控的难度

现阶段，我国粮食调控具有多重目标，但因调控目标指向不够清晰，调控陷入两难困境，例如，保护种粮农民利益和维护粮食市场稳定是目前粮食调控的两个基本目标，但二者实质上相互矛盾。一方面，保护种粮农民利益，必然要求粮价合理上涨，特别是在农业生产资料、人工等种粮成本大幅增加的形势下，只有较大幅度提高粮价，才能保证种粮收益，提高农民种粮积极性；另一方面，提高粮价又会引发其他农产品价格的连锁反应，导致"米贵伤民"，甚至增加物价上涨压力。因此，粮食调控始终面临"谷贱伤农"和"米贵伤民"的两难选择。例如，由于调控目标指向模糊，2010年国内粮价上涨较快时，为平抑市场粮价，政府有关部门大量抛售粮食储备，甚至动用中央储备玉米和粳稻，导致东北地区粮库出现严重空仓，国家玉米储备降至历史低位；如果2011年遭受严重自然灾害导致玉米大幅减产，后果将不堪设想。因此，调控目标在"维护粮食市场稳定和保障国家粮食安全"的问题上指向不清晰，在实施上也缺乏基本规程安排。

（二）政策体系设计缺乏系统性，政策责任难以落实

有学者认为，在开放条件下，进口将随时填补国内市场空间，临时收储措施无法通过国家收储来减少国内市场流通量、引导价格合理回升，因此，并不能起到保护农民利益的作用，进口抵消了临时收储措施的托市保价作用。例如，2008年中国植物油产量只有940万吨，产需缺口1400万吨，当年进口达1560万吨（包括进口油料折油），进口依存度达60%以上。由于低价进口油菜籽对国内市场的打压作用，若继续采取临时收储措施，只有直接向农民收购油菜籽，并将临时收储规模扩大到油菜籽进口的极限水平500万吨，才可能起到托市保价作用。但是，菜籽油与豆油等存在相互替代效应，若国内菜籽油价格回升，在国际市场价格仍然较低的情况下，则有可能增加大豆或豆油进口，反过来又会打压菜籽油价格，使托市效果大打折扣，形成"国家收储—进口增加—国家增储"的不利局面。

此外，为了确保按保护价敞开收购，平抑粮食年际间、价格间的波动，我国建立了中央、省、地、县四级风险基金，用于储备粮利息费用的补贴。政策的本意是调动各级政府调控的积极性，使各级政府有调控的担子和压力，形成调控合力，客观上却为地方谋利开辟了一条新的渠道，例如，有些地方政府和粮食收储企业虚开收购发票，空增超储库存，套取中央的风险基金。再如，由于粮食储备任务层层分解，中央、省、地、县储备同时存在，

使得中央的宏观调控与地方政府对市场的调节、中央储备和地方储备、产粮区储备和销区储备之间产生摩擦和矛盾，调控行动难以一致，甚至形成地方与中央逆向调控，产区与销区的逆向互动。另外，由于责任主体的分散，一旦粮食出现问题，容易造成责任分不清。省里把责任压给地县，由地县负责，省里的责任制也就完成了，地县认为有省长负责制顶着，不会出大问题。这种互相依赖和推诿的责任体系使储备责任难以落实。

（三）市场机制被扭曲，隐含着较高的市场风险

粮食最低收购价政策向市场传递了强烈的托底信号，形成粮价上涨的强烈预期，粮价陷入只涨不跌的循环，市场机制在粮食价格形成中的作用被弱化，从而导致粮食价格倒挂问题突出，具体表现在3个方面：一是国内外粮价倒挂。据统计，2013年6—12月，小麦、玉米和稻谷的国内价格比进口到岸完税价分别高出5%、6%和25%，价格倒挂导致进口粮食急剧增加。二是产区和销区粮价倒挂。粮食产区实施最低收购价，粮食价格被托起；而在销区粮价却没有政府支持，有时低于产区粮价，形成产销粮价倒挂。三是原粮与成品粮价格倒挂。托市收购维持原粮在高位运行，但成品粮处于开放市场，而且加工企业可以获得更为廉价的进口粮食作为补充，所以成品粮价格没有与原粮价格实现同步上涨，导致原粮与成品粮价格倒挂。结果是，农户由过去集中售粮改为常年售粮，售粮节奏出现明显变化；粮食购销加工企业、个体粮商等囤积居奇、待价而沽的心理大大增强。农户惜售和企业抢购，造成粮食库存增多，流通粮源大幅减少，人为放大需求，导致市场反应更加敏感。此外，政府通过政策性收购掌握了大部分粮源，导致市场供应依赖于政府政策性粮源的投放，形成了政府调控政策主导市场粮价基本走向的格局。

（四）政策执行机制不完善，最低收购价格刚性化发展

由于我国对种粮农民的直接补贴大都采用以计税面积进行补贴，使得一部分真正种粮的农民没有得到补贴的实惠，补贴在一定意义上成为"普惠制"，而不是种粮农民的"实惠制"。最低收购价政策的实施，受到了地方政府和农民的普遍欢迎，对增加种粮农民收入，发展粮食生产发挥了重要作用。同时，也还存在一些问题，主要是最低收购价格水平的高低确定机制有待进一步完善。如果某种粮食品种的最低收购价水平偏高，中央和地方储备企业入市后，会影响其他市场主体的正常经营；反之，如果某种粮食品种的最低收购价水平偏低，农民不能得到有效保护，可能影响农民的种粮积极性，粮食生产和粮食供给不能得到有效保障。最低收购价政策的费用补贴机制、监管机制和作物之间的比价确定等仍需进一步完善。而且，最低收购价格出现刚性化发展。2004年，为了应对国内粮食市场的价格波动，保障粮食生产积极性，我国开始对稻谷和小麦等粮食作物实行最低收购价；2012年，又开始对玉米和大豆开展临时收储。2013年，中央财政粮油事

务支出为905.14亿元，主要用于提高粮食最低收购价补贴利息和储备粮油包干费标准等，每生产1斤粮食财政就要补贴0.08元。为弥补成本上升，国内粮食支持价格至少维持每年6%～8%的增幅。同时，FAO、世界银行预计未来10年国际粮价呈"稳中偏弱"走势，并且国际粮价涨幅低于国内4～5个百分点，届时将会有更多财政支出用于粮食价格支持。目前，最低收购价政策呈现刚性化趋向，推动国内市场价格逐年上升，并将成本向产业链下游传导，不仅无法形成市场价格机制，还造成了财政负担和仓储压力，更不利于农业生产经营方式转型和技术进步。

（五）政策执行成本偏高，区域执行成本不平衡

当前粮食支持政策的具体执行仍存在一定漏洞。对于粮食收入支持政策来说，这一政策的利益主体主要有：种粮农民、政府部门和消费者；对于粮食价格支持政策来说，它涉及的利益主体包括：国有粮食企业、粮农和粮食消费者。由于利益主体数量多，且不同支持政策之间主体又存在交叉，使得政策执行成本高。第一，粮食收入支持政策执行方面。一方面，政府的总投入在既定的市场价格下，转化为粮食的有效供给，粮食供给量增加；另一方面，由于收入存在转移效应，不一定全部投入到粮食再生产中。此外，我国农民群体数量庞大，加之社团组织不发达，把一定数额的直接补贴资金发放到农民手中的交易成本很高。对消费者而言，政策对城市消费者影响较小，但是增加了农村消费者的福利，总体消费者福利是增加的。对政府而言，其付出的代价是总补贴投入，其中，一部分转化为粮食供给和农民消费者福利，另外一部分是政策执行成本。第二，粮食价格支持政策执行方面。对政府而言，通过制定预期粮食价格来引导市场价格（最低收购价一般高于市场价格，即托市），粮食市场价格上升，农民会增加粮食的供给（包括两个方面：一是粮食的种植面积增加，二是粮食的出售数量增加）。对粮农而言，市场价格提高可以稳定增加种粮的收入，减少市场价格波动带来的市场风险。对消费者而言，最低收购价本身不会对粮食消费者直接产生影响，而是通过最低收购价所支持的售价来影响消费者的实际可支配收入。然而，最低收购价是一种间接补贴方式，中间环节经营费用、管理费用支出较多，在成本推动粮价战略和抑制通胀控制物价战略的双重压力下，增加了调控政策的难度，同时又难以兼顾多方面的政策取向，影响政策执行的效果。对国有粮食企业或者国家储备库而言，国有粮食企业承担的双重职能，转移了企业的外在市场竞争压力，强化了企业的"大锅饭"思想，弱化了企业的竞争意识。从长远看，削弱了国有粮食企业的竞争能力，不利于企业的长期壮大发展，也不利于我国国有粮食企业在国际市场中地位的确立。在一定程度上可以说，粮食间接补贴对保障国家粮食安全、增加农民收入的效果最为直接，但是由于其干预了正常的市场价格，政策力度很难把握，对企业改革和市场机制作用又产生了负面效果。第三，政策区域执行成本不平衡。虽然

在现行粮食补贴政策设计中，考虑了地区差异性，但是由于我国31个省（区、市）存在差异，即使在同一个省区市内部也存在着很大的差异，这就增加了当前粮食补贴政策的成本。特别是粮食补贴政策的执行与各地区的财力有直接的关系。粮食风险基金作为当前粮食补贴政策主要的资金来源与地方财力直接相关，而且中央拨付比例在不同地区间差异较大，这造成了地区间支持水平不均衡。由于种粮的比较效益低，很多产粮大县财政收入增长缓慢，产粮大县往往成了财政穷县。在粮食省长负责制下，风险基金一半用于直补，其余仍承担着地方粮食安全调控的责任。资金的削减势必影响地方粮食安全调控措施的落实。特别是在地区间市场一体化未完全成熟，当某种应急状态出现的时候，地方为求自保，难以通盘考虑全国市场，因此可能影响到国家粮食安全目标的实现，这是当前粮食补贴政策执行中的潜在成本。而这种成本一旦实际发生，将难以估量。

四、本章小结

经过多年发展，我国粮食市场调控体系已初步成型，即在减免农业税基础上，以主产区为核心逐步推行了种粮直补、良种补贴、农资综合补贴和农机购置补贴的"四补贴"政策，并适时启动稻谷、小麦最低收购价和大豆、玉米临时收储政策，以及推动粮食调控政策改革的目标价格政策，辅之以一系列贸易、储备、竞价销售和批发市场建设等相关措施，各项政策相互配合起到了较好的效果。这在稳定粮食价格、引导生产结构调整和促进农民持续增收，以及实现粮食产量"十二增"，保障国家粮食安全等方面起到了决定性作用。此外，对农田基础设施、科研和推广增加投入，以及采取一系列市场服务等调控政策，使我国粮食市场调控政策体系不断完善，对不断提高粮食生产能力，以及对疏通流通渠道、降低生产成本和提高产品质量，进一步起到了积极推动作用。

但同时应该看到，与发达国家相比，我国粮食宏观调控尚处于社会主义市场经济体制下的探索阶段，现有调控措施实施过程中也显露出一系列弊端，实施机制尚不完善。一是调控目标存在多重性问题，加重了宏观调控的难度；二是政策体系设计缺乏系统性，政策责任难以落实；三是市场机制被扭曲，隐含着较高的市场风险；四是政策执行机制不完善，最低收购价格刚性化发展；五是政策执行成本偏高，政策区域执行成本不平衡。因此，我国粮食宏观政策体系仍需进一步完善。

第三章 粮食宏观调控与农民种粮收益相关性分析

——基于黑、豫、鄂、赣4省产粮大县的实地调研

粮食主产区是我国粮食生产的主要地区，主产区粮食生产状况直接影响着国家的粮食安全，对国家粮食生产、主要农产品有效供给起到重要引擎作用。长期以来，主产区为中国粮食生产的稳定发展、增加粮食供给、保护耕地资源等做出了极为重要的贡献。自2004年以来，我国粮食总产量一直处于上升趋势，在粮食生产中贡献率最大的是全国粮食主产县。我国主产区共有1079个县市，其中粮食主产县占2/3左右，提供了占粮食主产区粮食总产量92%左右的粮食，在保障国家粮食生产和供应方面起了至关重要的作用。然而，粮食主产区大量耕地都用于粮食生产，对第二、第三产业用地产生了一定的挤出效应，从而在一定程度上限制了第二、第三产业的发展，也就限制了主产区地区财政收入的增加。虽然主产区粮食产量较高，但农民收入水平普遍较低，远远落后于主销区，处于"产粮大县，财政穷县"的尴尬境况，严重影响了农民的种粮积极性。这样获得的粮食安全是以牺牲种粮农民的利益为代价的，长期必然会损害农民的积极性，不利于国家粮食安全。因此，对粮食主产区进行利益补偿，在合理的成本下，使农民获得与从事其他生产大致相当的平均收益，使主产区能够获得与其对粮食安全贡献相一致的补偿，对保障国家长期粮食安全有着重要意义。为了深入了解这些问题，课题组于2014年9月走访了黑龙江、河南、湖北、江西等地6个产粮大县39个村的村干部和400户农户，以期对粮食主产区农民种粮收益情况及其对粮食安全的影响有一个总体的把握。

一、关于种粮收益与粮食安全的研究综述

（一）国内研究现状

农民种粮收益一直是国家关注的重点。种粮收益直接关系到农民生产行为和种粮积

极性，因此提高农民种粮收入成为解决我国粮食安全问题的另一重要途径。关于农民收入的研究主要是通过分析研究农民收入现状和影响因素，提出促进农民增收的政策建议。其中，大部分学者对农民收入的影响因素进行了研究，主要包括政策、要素投入、耕地资源、金融、价格、人力资本等几个方面。例如，Brain 等研究发现，政府增加农业补贴可以增加农户留在农场工作的概率，显著地提高农场收入。马远和龚新蜀（2010）利用全国30个省份面板数据研究发现，城镇化和财政支农对农民收入具有显著促进作用，而且在长期趋势上，城镇化效应要高于财政支农。郭燕枝和刘旭（2011）利用格兰杰因果检验和典型相关对农民收入影响因素进行研究，结果表明，农业用电量和农业从业人员数量与农民收入密切相关，但农业从业人员是影响农民收入的抑制变量。王娜（2015）对粮食主产区粮食产量和农民收入综合影响因素进行实证对比分析，结果表明，农药施用量、第一产业从业人员数和粮食单产对主产区粮食产量有较大促进作用，而对农民人均纯收入有较大影响的是人均财政收入、家庭经营费用支出和财政支农总量。基于此，提出促进主产区农民粮食生产和收入增加的相关政策建议。

还有学者从粮食主产区利益补偿角度展开研究。部分学者从粮食生产补贴政策对保障国家粮食安全、调动农民种粮积极性、促进农民增收起到明显成效的视角证明对粮食主产区进行利益补偿的意义重大。杨万江等（2013）利用浙江、安徽、江西3省的199份稻农调查样本，就粮食补贴政策对稻农种植积极性的影响进行了实证分析，得出每亩补贴标准对稻农种植积极性有显著的正向促进作用。彭澧丽等（2014）利用2004—2011年稻谷、玉米和小麦的全国生产数据，就补贴政策对稻谷、玉米和小麦生产的短期和长期情况进行实证分析，结果表明，补贴政策对小麦的生产有正向的影响，并且正向影响劳动力的增强和粮农的收入。也有学者持不同观点，赵海东（2006）指出，中国对农民的直接补贴政策，在短期内对增加农民收入具有一定的积极作用，但对农民增收长效机制的建立和"三农"问题的破解等方面还具有局限性。马爱惠等（2012）对农业补贴政策的效果进行评价，认为在所有因素中，农业补贴政策与农民收入等农业生产的相关变量关联度最弱，补贴的效果差强人意。张继承（2011）基于河南省747个定点农户的调查，认为粮食补贴的当前水平并未有效改变粮农的生产行为。余航（2011）认为，粮食补贴政策应该有利于补偿粮食生产的外部性，特别是要能够补偿其机会成本，可以通过市场和税收调节等措施积极加以解决。

（二）国外研究现状

国外针对粮食宏观调控对农民产生影响的研究主要集中在对粮食补贴政策的评价方面。一是对粮食补贴政策的总体评价。Tyers、Anderson（1992），Kruegeretal（1992），Meerman（1997）认为，价格政策对于农业的发展具有举足轻重的作用，但是其往往对于一国的经济发展具有毁灭性的打击。Lilian Ruiz 和 Harry de Gorter（2000）认为，农业补贴扭曲市场价格、提供错误的价格信息，对实际农产品贸易造成扭曲，从而会误导生产者。因此，他们倾向于取消农业补贴。随着直接收入补贴政策的普及，学者们对此补贴政策的利弊进行了更深入的研究。John Baffes 和 Jacob Meerman（1997）认为，既不能把直接收入补贴当作一项脱贫的计划，也不能把其当作一种投资，而且由于这往往同低的生产价格相联系，所以更不能把其当作一种诱发部门经济增长的方式。其目的是最终将农业部门转变成为完全自由化的部门，使资源配置的方式更加的有效。二是对各种补贴方式的评价。Hennessy（1998）认为，处在不确定性环境中，即使是同生产脱钩的直接支付政策也会改变生产者的生产决策。Teresa Serra（2004）认为，当农业支持采取的是价格支持的形式时，农民将因采用密集耕作方式而使用大量的化学药品，从而出现严重的环境问题，收到直接收入补贴的农户就会减少这类污染环境的产品的使用。此外，虽然同价格支持相比，这项政策对一国贸易的扭曲程度小一些，但是也能影响经济单位的决策。

（三）国内外研究现状评述

在影响粮食安全的诸多因素中，存在着中央政府、地方政府和农民三者利益诉求不一致的问题，粮食主产区与粮食主销区之间责权利难以界定的问题，以及粮食主产区农民收入增长缓慢的问题。粮食利益补偿宏观调控政策虽然取得了一定的成效，但这些政策在实施过程中也越来越多地暴露出市场竞争不充分、交易成本高、治标不治本等诸多矛盾问题。从目前国内外学界的研究成果看，对粮食宏观调控政策体系单个要素及实施效果评价的研究较多，对于粮食宏观调控、农民种粮收益与粮食宏观调控三者关系的研究相对缺乏。本章基于黑、豫、鄂、赣 4 省 6 个产粮大县 400 户农户的调查，从农民种粮成本与收益分析出发，深入探讨主产区粮食生产的成本收益变化对粮食安全的影响，并对主产区种粮农民的政策评价与需求进行了梳理和评价，提出了宏观调控政策在保障农民种粮收益上存在的不足，对于粮食宏观调控、农民种粮收益与粮食宏观调控的系统性研究提供了新的思路。

二、我国农民种粮成本及收益分析

（一）不同产区农民种粮成本与收益比较

1. 不同产区农民家庭收入及其构成的比较分析

比较 2002—2013 年我国粮食主产区、主销区及产销平衡区农村居民人均收入情况，发现如下结论。

从总量来说，主销区农民收入水平最高，主产区农民收入水平基本与国家平均水平持平，并逐渐超过国家平均水平，产销平衡区农民收入水平最低。究其原因，主产区农民以粮食种植为主要收入来源，主销区农民则以工资性收入为主要来源，而种粮比较收益低下，农民外出务工取得的工资性收入要远远高于从事粮食生产取得的收入；另外，主产区担负着保障国家粮食安全的重任，国家对主产区的补贴政策要优于产销平衡区，产销平衡区本身经济发展水平比较落后，在种粮补贴政策方面又存在一定程度的缺失，因此，导致其农民收入水平较低。从趋势上来说，3个产区农村居民人均收入都呈现不断上升趋势，主销区上升最快，主产区和主销区的差距、产销平衡区和主产区的差距均逐渐拉大，将进一步加大农民收入水平和农村经济发展水平的地区差异。主产区和主销区的农民收入水平在2004年有所缩小，主要是由于国家出台了很多针对主产区农民种粮的补贴政策。2002—2013年3个产区农民家庭收入情况如图3-1所示。

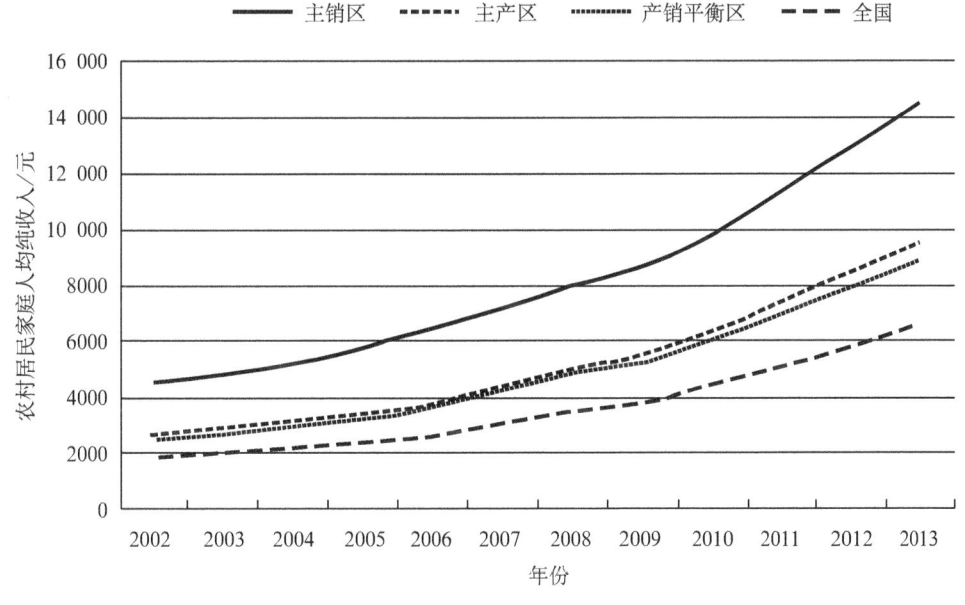

图3-1　2002—2013年3个产区农民家庭收入情况

数据来源：国家统计局网站、《中国粮食年鉴2014》。

农户收入分为家庭经营收入、工资性收入、财产性收入和转移性收入四大类。从主销区来看，粮食主销区的工资性收入占比最高，且逐年增加，从2002年的52.5%增加至2013年的57.2%，工资性收入从2301.8元提高到8262.6元；家庭经营性收入占比从2002年的38.9%下降至2013年的22.6%；转移性收入占比逐渐增加，从2002年的5.1%

增加至2013年的13.2%;财产性收入占比最低,从2002年的3.5%增加至2013年的7.0%(图3-2)。这表明目前主销区已经形成新的收入来源结构,即以工资性收入为主,家庭经营性收入为辅。

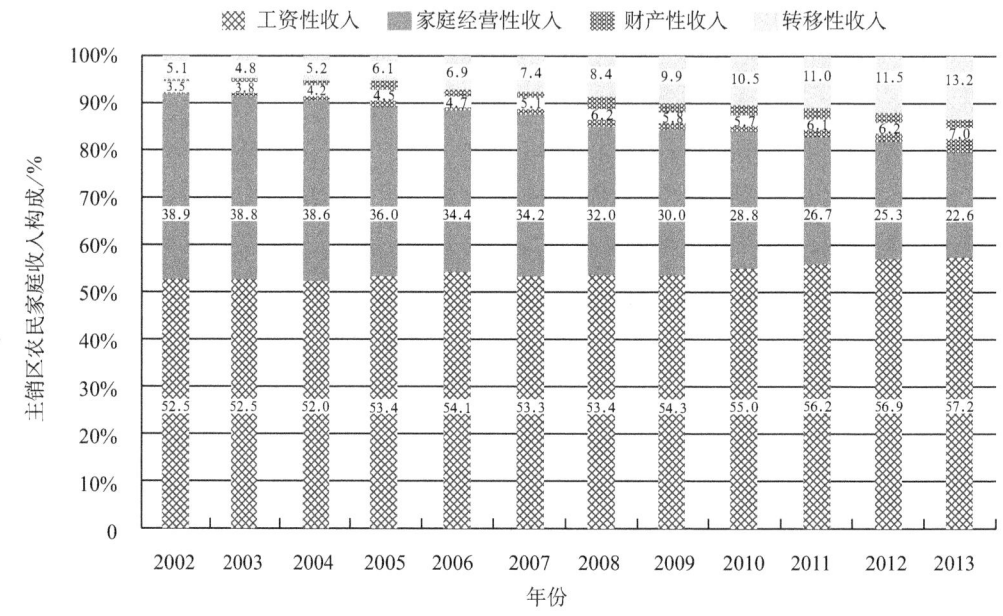

图3-2　2002—2013年主销区农民家庭收入构成

从主产区农民家庭收入构成来看,粮食主产区农民家庭经营收入和工资性收入在主产区农民收入中的相对构成比例发生了较大变化。家庭经营性收入占比最高,但是呈现不断下降的趋势,从2002年的62.9%下降至2013年的47.5%,下降了24.5%;而工资性收入则不断上升,从2002年的32.6%上升至2013年的42.1%,增加了29.1%,按照这个趋势,主产区农民工资性收入赶超经营性收入指日可待。尽管国家在此期间出台了很多支持主产区农业发展的政策,但是随着粮食生产机会成本不断高企,主产区农民外出务工的意愿越来越强。王宇露(2006)指出,1995年以来,家庭经营性收入和工资性收入一直是粮食主产区农民的主要收入来源,占农民总收入的比重始终维持在94%～96%。将主产区、主销区、产销平衡区的农民家庭收入构成与全国平均水平进行比较,发现2013年主产区的工资性收入和经营性收入总和占农民家庭收入的比重最高,约为90%,10年之间仅下降了4%～6%,也从另一个角度说明近10年,财产性收入和转移性收入有了小幅上升(图3-3)。

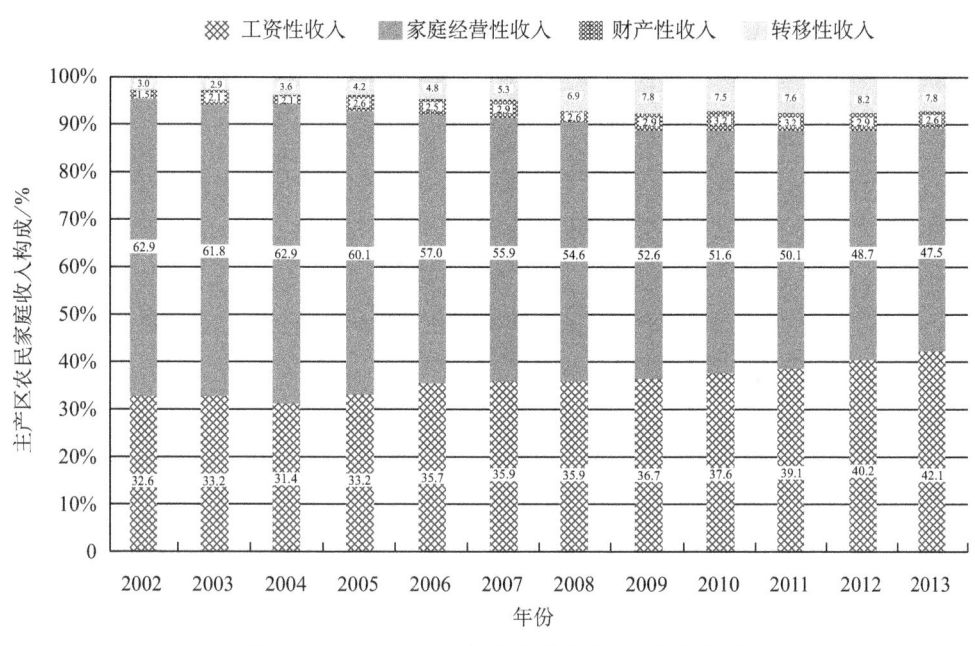

图 3-3　2002—2013 年主产区农民家庭收入构成

产销平衡区农民家庭收入的构成情况与主产区情况类似，不同的是，从绝对值上看，产销平衡区的各项收入均低于主产区（图 3-4）。

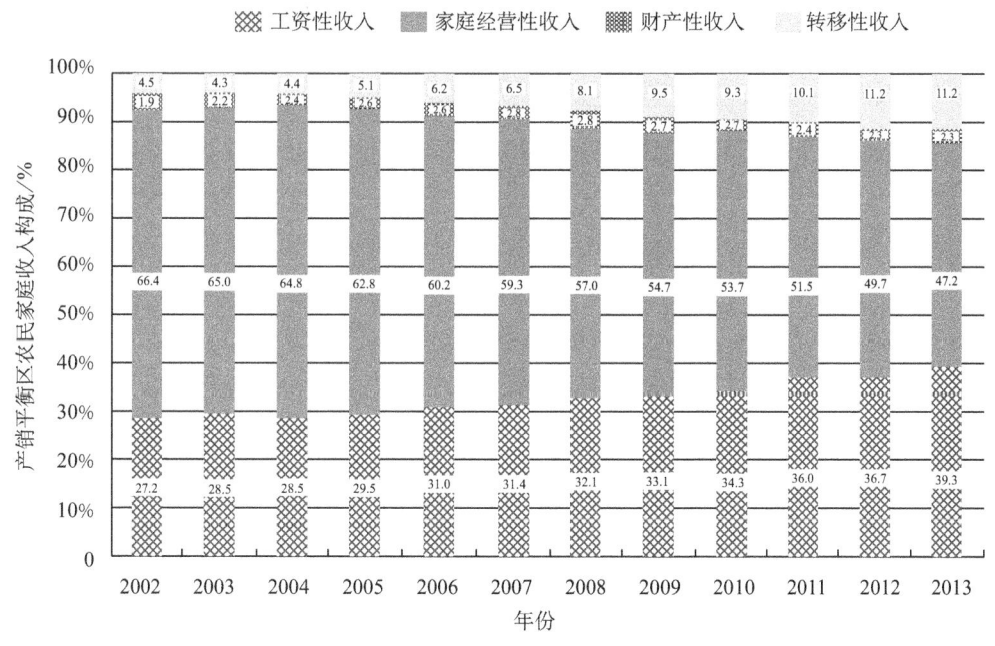

图 3-4　2002—2013 年产销平衡区农民家庭收入构成

根据图 3-1 至图 3-5，比较 2013 年各产区农民收入结构发现，粮食主销区与主产区及产销平衡区农民之间收入差距主要体现在工资性收入上，工资性收入与地区经济发展程度呈正相关。主销区多为经济发展水平较高的地区，如北京、上海、广东等地，这些地区的农民工资性收入占比最高，主产区的经济发展水平略高于产销平衡区，这也表现为主产区的工资性收入略高于产销平衡区。

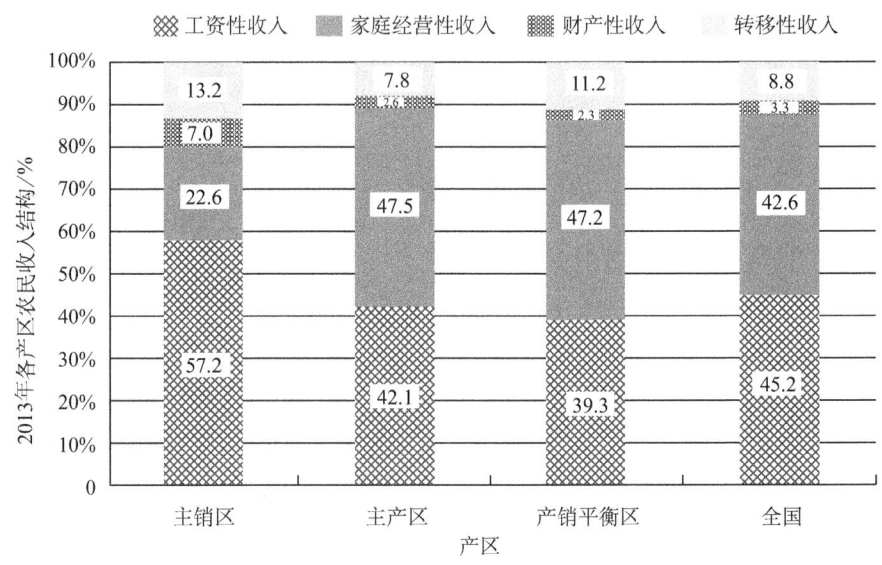

图 3-5　2013 年各产区农民家庭收入构成情况比较

2. 不同产区农民种粮收入占家庭收入比重的比较分析

杨彩虹（2013）认为，尽管农民收入来源不断多元化，工资性收入、财产性收入和转移性收入整体比重上升，家庭经营性收入比重下降，但是经营性收入对农民家庭总收入的贡献是决定性的。从产量与价格看，农民家庭经营性收入占比下降的原因主要是农产品供求关系的变化。农民增产不增收，尽管加大了农业结构调整力度，但没有改变农产品价格的基本走势。农产品价格低位运行是制约农业收入增长的最重要的因素。另外，调整农业生产结构虽然可以促进部分地区农民增收，但是这个部分是比较小的，很难达到普遍性增收的效果，而且在调整过程中，由于食品的收入弹性和价格弹性较小，而食品间替代弹性较大，结构调整的滞后效应将导致产业过度进入，进一步拉大了主产区与东部沿海地区的经济差距。

对于主产区和产销平衡区来说，人均纯收入的主要来源仍然是家庭经营性收入。虽然其所占份额在不同产区都在逐年递减，2013 年在主销区更是降至 22.6%，但是在主产区和产销平衡区的农民人均纯收入中，其地位始终没有发生过变化，2013 年在产销平衡区和主产区均维持在47%以上。由此可见，主产区原有的以家庭经营性收入为主的收入来源结构格局尚未被打破。按照目前的下降速度看，尽管农民收入来源逐渐多元化，但是在今后较长时间内，农业收入尤其是种植收入仍然是农民收入的主要来源。

根据杨彩虹（2013）的分析，主产区和主销区第一产业收入占比逐年下降，1990—2004年间主销区下降了20%，而主产区只下降了5%左右；第二、第三产业占比逐年增加，2000年以来主销区所占比重已在30%以上，而主产区占比仅为15%左右。根据表3-1，2013年主销区农民家庭种粮纯纯收入为1793.3元，主产区为3115.3元，产销平衡区为1815.0元，3个产区农民种粮收入占家庭总收入的比重分别为12.4%、33.1%和27.6%，主产区和产销平衡区的农民种粮收入约占家庭总收入的1/3。从种粮收入占家庭经营性收入的比重看，种粮收入是家庭经营性收入的最主要部分，3个产区的占比均在50%以上。

表3-1　2013年各产区种粮收入占家庭收入情况比较

产区	家庭纯收入/元	工资性收入/元	家庭经营纯收入/元	财产性收入/元	转移性收入/元	种粮纯收入/元	种粮收入占家庭收入的比重/%	种粮收入占家庭经营性收入的比重/%
主销区	14 439.4	8262.6	3266.6	1009.4	1900.8	1793.3	12.4	54.9
主产区	9398.6	3955.8	4465.2	246.4	731.3	3115.3	33.1	69.8
产销平衡区	6587.7	2592.0	3109.1	151.8	734.8	1815.0	27.6	58.4

注：由于上海、浙江、广东、内蒙古、安徽、山东、湖北、湖南、云南的统计核算中没有第一产业农民收入或者种植业收入这一口径，所以在计算主产区、主销区、产销平衡区的平均种粮收入时，这几个省份的数据是缺失的。

数据来源：各省市2014年统计年鉴。

3. 不同产区农民种粮成本的比较分析

按照《全国农产品成本收益资料汇编》的核算方式，农户家庭的粮食生产总成本由生产成本、人工成本与土地成本加总构成。其中，生产成本是指直接生产过程中为生产该产品的各项资金投入，反映了为生产该产品而发生的除土地外各种资源的消耗，主要包括了物质和服务费用；人工成本包括粮食生产过程中的劳动力投入，主要包括家庭用工折价和雇工费用；土地成本，也可称为地租，指土地作为一种生产要素投入到生产中的成本，包括流转地租金和自营地折租额。长期以来，我国粮食生产中的土地投入基本上以家庭承包经营土地为主，土地流转集中的比例较小，也不存在统一地租。因此，指标中自营地折租仅是参照发生的转包或承包土地费用，对生产者自有土地的估算，间接反映了自营地投入生产时的机会成本，并不能视为真实的土地价格。

比较 2014 年 3 个产区主要粮食作物的平均亩成本（图 3-6），产销平衡区的种粮总成本最高，为 1243.29 元/亩，其次是主销区，为 1211.29 元/亩，两者均高于全国平均水平 1068.57 元/亩，主产区的种粮成本最低，为 1004.40 元/亩。就成本结构看，生产成本、人工成本均表现为产销平衡区高于主销区，主销区高于主产区，主产区在全国平均水平之下；而对于土地成本而言，主销区的土地成本最高，产销平衡区的土地成本最低，产销区主要是东部沿海城市，经济发展程度高，土地成本随之升高，而产销平衡区多为西部欠发达地区，地租较低。

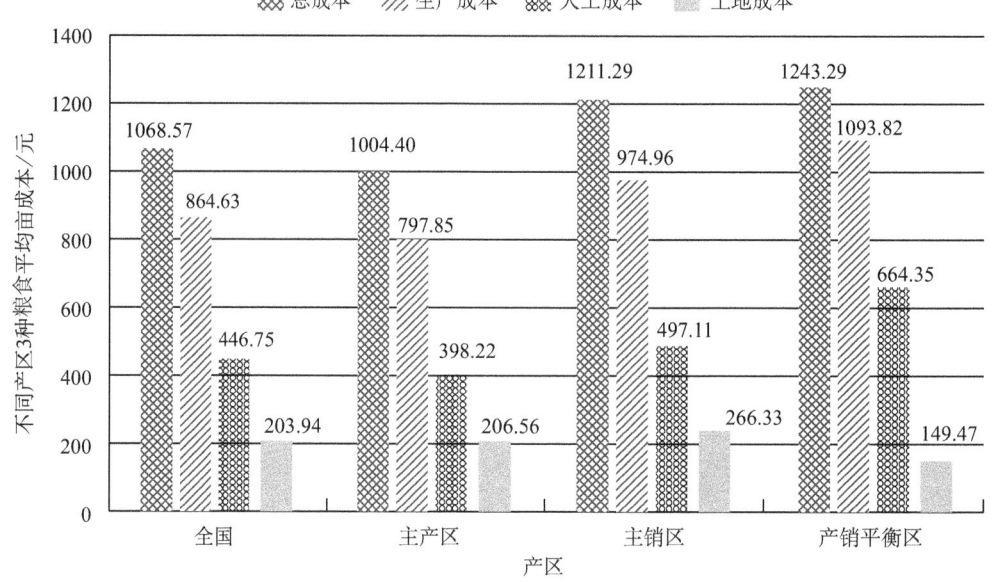

图 3-6 2014 年不同产区 3 种粮食平均亩成本比较

注："3 种粮食平均"指稻谷、玉米、小麦平均；稻谷指早籼稻、中籼稻、晚籼稻和粳稻平均。

2014 年种植粳稻的地区包括：河北、内蒙古、辽宁、吉林、黑龙江、江苏、山东、安徽、河南、湖北（主产区）；浙江（主销区）；云南、宁夏（产销平衡区）。种植晚籼稻和早籼稻的地区包括：安徽、江西、湖北、湖南（主产区）；浙江、福建、广东、海南（主销区）；广西（产销平衡区）。种植中籼稻的地区包括：江苏、安徽、河南、湖北、湖南、四川（主产区）；福建（主销区）；重庆、贵州、云南、陕西（产销平衡区）。

种植玉米的地区包括：河北、内蒙古、辽宁、吉林、黑龙江、江苏、安徽、山东、河南、湖北（主产区）；山西、广西、重庆、四川、贵州、云南、陕西、甘肃、宁夏、新疆（产销平衡区）。

种植小麦的地区包括：河北、内蒙古、黑龙江、江苏、安徽、山东、河南、湖北、四川（主产区）；云南、山西、陕西、甘肃、宁夏、新疆（产销平衡区）。

数据来源：根据《全国农产品成本收益资料汇编 2015》整理而成。

一般认为，主产区种粮的成本会比较高，但是根据现有数据看，主产区的种粮成本是最低的，且低于国家平均水平。原因如下：一是主产区承担的保障国家粮食安全的责任大,且为粮食生产支付了很高的成本,国家会对主产区从事粮食生产提供一定的补贴,如自2004年在主产区实施最低粮食收购价政策、产粮大县激励政策等,这些补贴机制在一定程度上较少了主产区的种粮成本,因此,从客观上讲,主产区的种粮成本是最低的;二是粮食生产对地方财政收入的贡献日益下降,"产粮大县,财政穷县,经济弱县"的现象很普遍,因此,综合主产区的经济发展水平和财政能力,主观上会认为粮食主产区的种粮成本相对较高。潘刚(2011)认为,粮食主产区承担的保障国家粮食安全的责任大于主销区,而粮食生产对增加地方财政的作用日益下降。因此,导致了粮食主产区发展粮食生产的积极性不高。

根据图3-6,从成本结构来说,主产区、主销区和产销平衡区的成本结构与全国平均水平保持一致,均表现为生产成本占比最高,土地成本占比最低。从波动情况看,根据徐永金(2013)的分析(图3-7),1978—2012年我国粮食主产区、主销区和产销平衡区的粮食生产成本变动趋势基本一致,均在全国平均水平上下波动,且波动幅度不大,因此,下面利用全国3种粮食平均亩成本的变化趋势来代替不同产区的种粮成本的变化态势。如图3-8,经过分析2009—2014年全国粮食平均亩成本变动情况,结果显示,生产成本构成了粮食生产总成本最主要的部分,其次是人工成本和土地成本;从变动趋势来说,我国粮食种植成本总体呈现逐渐上升趋势,总成本、生产成本、人工成本上升趋势基本相同,土地成本则缓慢上升,反映出农耕用地的机会成本在一点点地上升。

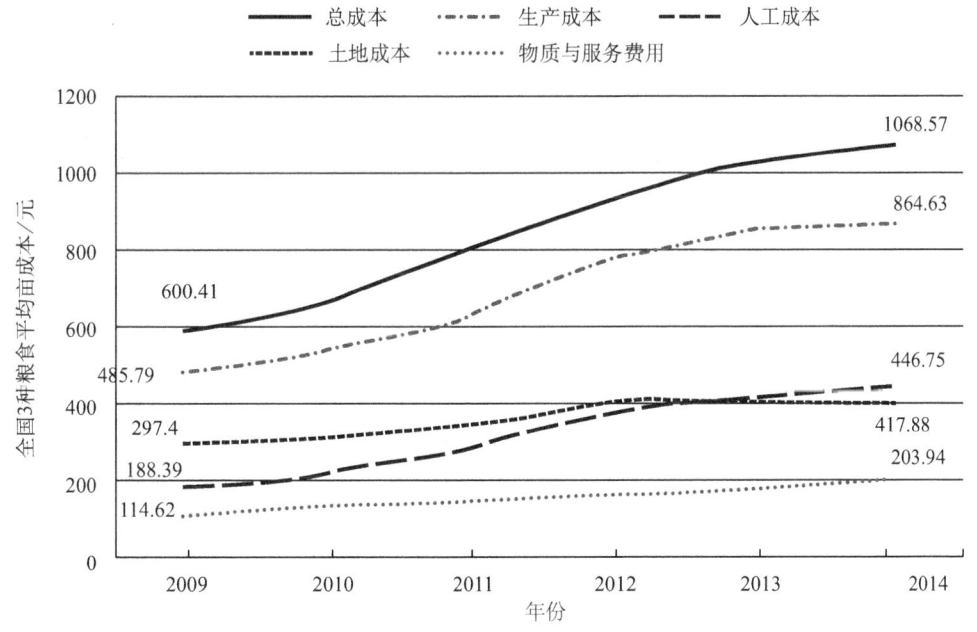

图3-7 2009—2014年全国三种粮食平均亩成本

数据来源:《全国农产品成本收益资料汇编2015》。

根据孙昊（2014）的研究，长期以来，物质与服务费用约占生产成本的3/5，约占总成本的1/2。但是自2010年起生产成本中物质服务费用比重开始下降，由2010年的57.9%下降至2014年的48.3%，为近20年最低值。相反，人工成本近年来占生产成本的比重显著增加，由2010年的42%增加至2014年的51.7%。随着其他生产要素特别是机械使用对劳动力形成的有效替代，粮食生产中每亩平均劳动工作日投入由1990年的17.3天持续下降至2014年的5.9天，减幅达到65.9%，年均减少4.4个百分点。同期，用工日价格显著提高，由每用工日2.9元提高至56元，增长了约18倍，年均增加13.1个百分点，这种一减一增的情况表明用工日价格的大幅增加是造成生产成本中人工成本比例上升、物质与服务费用比例下降的主要原因。

另外，良种、化肥和农药等现代化学生产要素的广泛使用，机械化程度的不断深入，以及灌溉水平的提高，是造成物质与服务费用显著增加的主要原因。1990—2014年，物质服务费用由每亩83.4元上升至每亩417.88元，增长了约4倍。该时期物质服务费用的巨幅增加，主要来自于种子、化肥、农药、机械和排灌5个方面费用在数量与构成上的显著提高。从20多年的物质服务费用构成变化来看，当今农户比过去在粮食生产中更加注重良种、化肥和农药等生化要素的投放，更重视生产机械化作业水平的提高。同时，排灌费用的变化特征也反映出农田水利设施与技术条件取得了改善与发展，是促进粮食生产力水平不断提高的重要原因。

4. 基本结论

通过比较主产区、主销区和产销平衡区农民种粮成本和收益，可以得出以下结论：一是主销区农民家庭人均纯收入远高于主产区，主产区又略高于产销平衡区，但是产销平衡区的粮食生产成本却是最高的，主产区粮食生产成本最低，说明我国不同产区之间粮食生产成本与收益之间存在一定的矛盾，主要是国家粮食宏观调控的不均衡导致的。二是主销区农民家庭收入结构表现为工资性收入为主、经营性收入为辅，主产区和产销平衡区则表现出经营性收入为主、工资性收入为辅的收入来源结构，但是不同产区的工资性收入都呈现不断扩张趋势，相反，家庭经营性收入在不断萎缩，这反映出我国农民的种粮积极性在外出务工的高收入面前逐渐下降。三是农民的工资性收入水平与该地区的经济发展水平表现出正向的相关关系，虽然家庭经营性收入在各产区农民收入中还占有较高的比重，这从侧面反映出，在现有粮食宏观调控机制下，粮食生产对促进地方经济发展的贡献越来越小。

（二）主产区粮食生产及收益情况分析——基于黑、豫、鄂、赣4省6个产粮大县400户农户的调研

1990年以来，我国13个粮食主产区对我国粮食安全做出了重大贡献。2014年中国

粮食实现了新中国成立以来的"十一连增",全国粮食总产量60 710万吨,其中,粮食产量在3000万吨以上的内蒙古、河南、山东、吉林、江苏、四川、河北、安徽8个粮食主产区的粮食总产量高达33 251.7万吨,占全国粮食总产量的比重为54.8%。可见,粮食主产区已经担负起了中国粮食安全的重任。

1. 粮食主产区粮食生产情况

(1) 粮食总产量

我国粮食总产量自改革开放以来增长迅速,从1978年到2013年,我国粮食总产量共计增加了30 477万吨,接近1978年的粮食总产量29 717万吨,36年间增长了1倍多。尤其是2004—2013年,我国粮食总产量实现连续10年增加,2013年粮食主产区总产量达到了44 500万吨,占当年全国粮食总产量的73.9%(图3-8)。2003—2013年粮食总产量增加39.8%,年均增幅为3.1%,其中,粮食主产区的粮食产量增加了49.7%,年均增幅为3.7%。2013年我国粮食总产量比2012年增加了1235.6万吨,其中,粮食主产区增加了1153.6万吨,占全国粮食总产量增加量的93.3%。可见,我国粮食主产区粮食产量对全国粮食生产做出了巨大贡献。

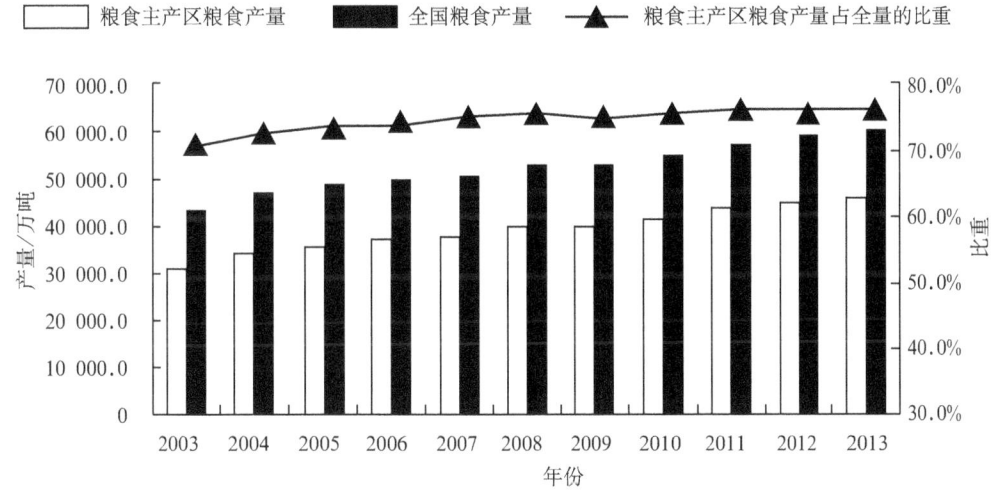

图3-8 2003—2013年我国粮食主产区粮食产量占全国比重变化情况

数据来源:《中国统计年鉴》2004—2014。

(2) 粮食播种面积

2002年以来我国粮食播种面积呈缓慢较快增长的趋势,从2003年的99.4万平方公里,增加到2012年的111.2万平方公里,增加了11.9%。粮食主产区的粮食播种面积从2003年的68.5万平方公里增加到2013年的80.23万平方公里,11年间增加了17.1%。2007年至今,粮食主产区粮食播种面积占全国的比重一直在70%以上,最高为2007年的 72.1%（图 3-9）。从调研数据来看，各地样本农户的粮食种植面积也呈现增长趋势（表 3-2）。

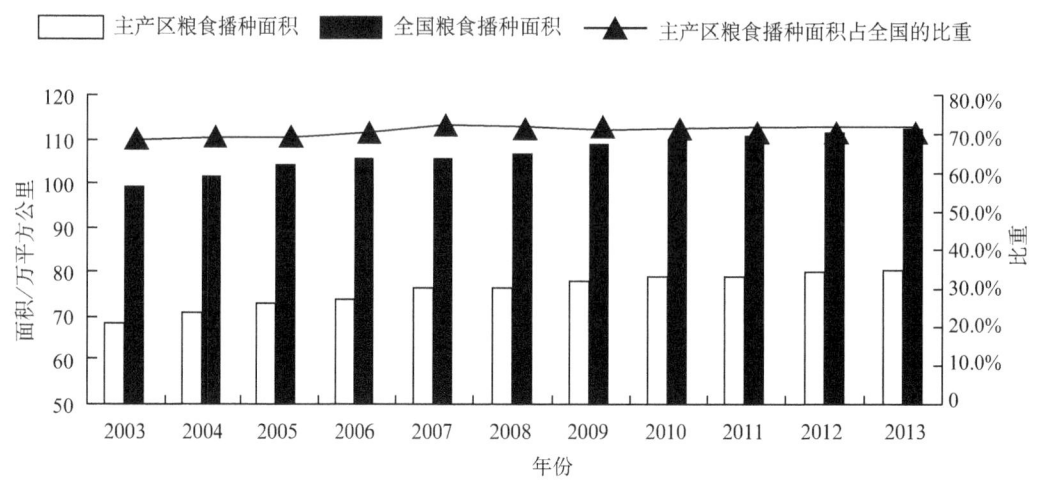

图 3-9　2004—2013 年我国农作物播种面积占全国比重变化情况

数据来源：《中国统计年鉴》2004—2014。

表 3-2　2011—2013 年不同类型粮食种植面积

单位：亩

作物类型	地点	2011 年	2012 年	2013 年
稻谷	方正县	1244	1734.3	3323.9
	兰西县	278	343	478
	潜江市	442	539	545.5
	余江县	2228.4	2188.4	2189.2
玉米	方正县	377	377	962
	兰西县	1574.5	1952	3078
	滑县	491.2	525	526.6
	长垣县	432.9	460.9	475.6
大豆	方正县	40	115	83
	兰西县	0	0	30
	潜江市	52	73.6	91.1
小麦	滑县	491.2	525	520.6
	长垣县	432.9	460.9	467.6
	潜江市	222	156.3	286.8

注：余江县分早稻、晚稻，稻谷种植面积为早稻面积、晚稻面积相加之和。

(3) 粮食平均单产

图3-10为我国粮食单产变化情况,可以看出2003年以来我国粮食平均单产增长较快,粮食主产区的平均单产比非主产区一直保持着较高的增长态势。粮食主产区的粮食平均单产从2003年的5147.3公斤/公顷,增加到2012年的6243公斤/公顷,增加了21.3%。非粮食主产区的粮食单产从2003年的4715.6公斤/公顷,增加到2012年的5321.4公斤/公顷,增加了12.8%。全国粮食平均单产从2003年的4896.6公斤/公顷,增加到2012年的5707.9公斤/公顷,增加了16.6%。

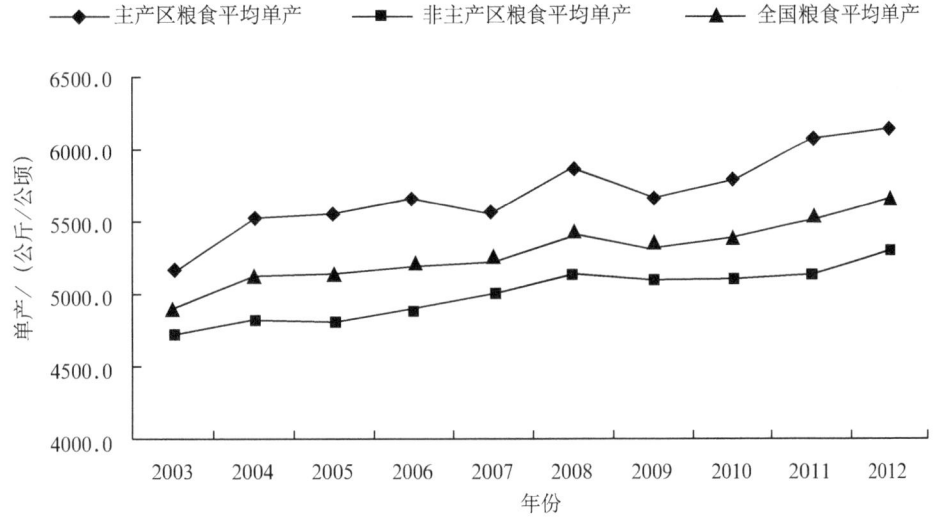

图3-10 2003—2012年我国粮食单产变化情况

数据来源:《中国统计年鉴》2004—2013。

调研发现,各主产区粮食单产从总量和增量上都存在较大的差距。以稻谷为例,2011—2013年,黑龙江省方正县和兰西县在2012年出现一次小高峰,而江西省余江县则出现了一次低谷,湖北省潜江市则一直保持高速的增长态势。由此可见,不同的粮食作物,各主产区之间存在产量差距过大的现象(表3-3)。

表3-3 2011—2013年粮食亩产量

单位:斤

作物类型	地点	2011年	2012年	2013年
稻谷	方正县	974	1035	951
	兰西县	860	895	709
	潜江市	1092	1126	1457
	余江县	1012	982	1004

续表

作物类型	地点	2011年	2012年	2013年
玉米	方正县	842	1295	1080
	兰西县	1154	1224	1409
	滑县	1054	1069	1146
	长垣县	1021	933	1124
大豆	方正县	340	411	340
	兰西县	0	0	400
	潜江市	259	278	269
小麦	滑县	971	977	1034
	长垣县	946	933	1124
	潜江市	574	585	580

2. 粮食主产区农民收益情况

粮食主产区农民人均收入从 2003 年的 2664 元,增加到 2013 年的 9399 元,增长了 2.5 倍多。根据调研情况,河南、黑龙江、湖北、江西 4 个粮食主产区农民家庭总收入 2011—2013 年均有不同幅度的增加（表3-4）。2013 年,江西余江县农民家庭总收入最高,为 90 203 元,而河南省农民家庭总收入最低,滑县和长垣县收入均在 60 000 元以下,可见在主产区内部,农民收入水平的差异还是比较大的。

表 3-4 2011—2013 年主产区种粮农户收入情况

单位:元

年份	地点	家庭收入	农业生产收入	粮食生产收入	经济作物收入	养殖业收入	农业补贴收入	外出务工收入	其他收入
2011 年	方正县	78 245.0	59 448.0	58 483.0	242.0	322.0	2090.0	15 040.0	3500.0
	占比/%		76.0	74.7	0.3	0.4	2.7	19.2	4.5
	兰西县	63 916.0	53 943.0	45 987.0	2400.0	7437.0	1386.0	12 793.0	10 318.0
	占比/%		84.4	71.9	3.8	11.6	2.2	20.0	16.1
	滑县	38 549.0	18 562.0	18 562.0	0.0	0.0	812.0	22 335.0	0.0
	占比/%		48.2	48.2	0.0	0.0	2.1	57.9	0.0
	长垣县	45 858.0	15 045.0	14 807.0	1191.0	0.0	840.0	28 076.0	2352.0
	占比/%		32.8	32.3	2.6	0.0	1.8	61.2	5.1
	潜江市	48 136.0	20 068.0	11 533.0	6732.0	1739.0	712.0	26 813.0	3518.0

续表

年份	地点	家庭收入	农业生产收入	粮食生产收入	经济作物收入	养殖业收入	农业补贴收入	外出务工收入	其他收入
2011年	占比/%		41.7	24.0	14.0	3.6	1.5	55.7	7.3
	余江县	86 518.0	43 264.0	42 925.0	33.0	1186.0	2311.0	40 306.0	787.0
	占比/%		50.0	49.6	0.0	1.4	2.7	46.6	0.9
2012年	方正县	82 868.0	62 273.0	60 649.0	228.0	294.0	2057.0	15 519.0	5403.0
	占比/%		75.1	73.2	0.3	0.4	2.5	18.7	6.5
	兰西县	69 117.0	54 235.0	46 214.0	3640.0	5030.0	1412.0	15 747.0	10 772.0
	占比/%		78.5	66.9	5.3	7.3	2.0	22.8	15.6
	滑县	35 550.0	16 535.0	16 535.0	0.0	0.0	814.0	23 900.0	0.0
	占比/%		46.5	46.5	0.0	0.0	2.3	67.2	0.0
	长垣县	47 675.0	16 740.0	16 512.0	1189.0	0.0	840.0	28 584.0	2352.0
	占比/%		35.1	34.6	2.5	0.0	1.8	60.0	4.9
	潜江市	52 077.0	22 530.0	21 537.0	7251.0	1739.0	733.0	26 813.0	3518.0
	占比/%		43.3	41.4	13.9	3.3	1.4	51.5	6.8
	余江县	87 971.0	43 822.0	43 653.0	33.0	1016.0	2313.0	40 824.0	787.0
	占比/%		49.8	49.6	0.0	1.2	2.6	46.4	0.9
2013年	方正县	85 204.0	62 908.0	62 839.0	371.0	294.0	2093.0	15 982.0	5539.0
	占比/%		73.8	73.8	0.4	0.3	2.5	18.8	6.5
	兰西县	76 869.0	60 906.0	55 910.0	3992.0	6457.0	1446.0	18 574.0	10 772.0
	占比/%		79.2	72.7	5.2	8.4	1.9	24.2	14.0
	滑县	42 101.0	18 299.0	18 299.0	0.0	0.0	816.0	25 650.0	0.0
	占比/%		43.5	43.5	0.0	0.0	1.9	60.9	0.0
	长垣县	50 631.0	18 203.0	17 814.0	1185.0	0.0	840.0	29 449.0	2352.0
	占比/%		36.0	35.2	2.3	0.0	1.7	58.2	4.6
	潜江市	53 838.0	27 778.0	18 573.0	8416.0	1739.0	733.0	26 813.0	3518.0
	占比/%		51.6	34.5	15.6	3.2	1.4	49.8	6.5
	余江县	90 203.0	44 823.0	44 823.0	33.0	847.0	2313.0	42 031.0	787.0
			49.7	49.7	0.0	0.9	2.6	46.6	0.9

从主产区农民收入来源看,2013年家庭经营性收入和工资性收入占农民纯收入的85%。根据调研数据,2011—2013年,黑龙江省粮食生产收入(即经营性收入)占比最高,但是比重逐渐降低,外出务工收入有上升的趋势;河南省和湖北省农民家庭收入中占比最高的是外出务工收入(即工资性收入),并且呈现一定的上升趋势。这与我国主产区农民收入结构的变动趋势相吻合。随着近年农村改革的加快,粮食主产区农民的收入结构还将持续变动。

3. 粮食主产区生产成本情况

在我国,主要粮食作物为稻谷、小麦、玉米、大豆、谷子和高粱等6种谷物,其中稻谷、小麦、玉米3种主要粮食作物的产量之和占我国粮食总产量的86%以上。1991—2013年期间,我国稻谷、小麦、玉米每亩总成本逐年攀升,其中稻谷种植成本增加了5.2倍,小麦成本增加了5.6倍,玉米每亩成本增加了6.5倍,种植成本的增加加重了农民的种粮负担,挫伤了农民的种粮积极性。种粮成本不断上升,而粮食售价则表现为先降后升的趋势且增幅小于种植成本的增速,最终导致每亩净利润的增长较缓慢,2013年稻谷、玉米的每亩净利润分别为154.8元、77.5元,较1991年增长了1.5倍、1.3倍,远远低于种植成本的增长速度,而小麦的每亩净利润跌至-12.8元,农民种植小麦处于亏损状态。

从调研的主产区县看,稻谷、玉米、小麦的种植成本均低于国家平均水平。从细分成本看,黑龙江省、河南省、湖北省及江西省4个粮食主产区种粮的物质和服务费用占比最高,在这项费用里,化肥和外雇机械的费用是占比最高的两项;土地成本较高的是黑龙江省和湖北省;雇工成本较高的是黑龙江省和江西省。但是,针对不同粮食作物,各项成本的占比情况又有所差别(表3-5)。

表3-5 2013年稻谷、玉米、小麦种植亩成本投入情况

单位:元/亩

作物	地点	承包土地	农药	化肥	种子	灌溉	外雇机械	自家机械油费	雇工	合计
稻谷	方正县	190.3	78.3	113.4	43.2	41.3	68.6	55.0	19.6	609.7
	兰西县	465.3	32.2	172.6	76.4	52.7	92.9	47.7	20.7	960.5
	潜江市	59.8	103.1	204.6	62.3	43.2	133.5	44.2	8.5	659.2
	余江县	81.3	77.9	155.9	59.9	22.3	83.6	22.0	19.8	522.7
玉米	方正县	16.6	18.1	64.0	37.8	0.0	35.3	8.5	0.0	180.3
	兰西县	263.1	19.4	141.6	43.3	1.6	72.2	30.9	1.0	573.1
	滑县	8.4	75.3	204.0	54.0	60.2	103.0	29.5	4.5	538.9
	长垣县	11.4	42.1	182.8	62.2	66.4	120.2	14.8	0.0	499.9

续表

作物	地点	承包土地	农药	化肥	种子	灌溉	外雇机械	自家机械油费	雇工	合计
小麦	滑县	8.5	72.6	237.7	44.0	58.8	84.9	30.1	6.5	543.1
	长垣县	11.6	34.5	172.0	52.4	63.4	73.5	22.7	0.0	430.1
	潜江市	71.9	30.3	75.0	52.3	9.4	103.7	11.4	1.7	355.7

三、主产区粮食生产的成本收益变化对粮食安全的影响

决定粮食生产的主要推动力是成本和收益的比较，种粮收益高于种粮成本，即当年粮食收购价格高于种粮投入的物质、服务、土地、劳动力等要素的价格，农民的种粮积极性就会增加，就会增加种植规模，进一步提高粮食产量，从而保障国家粮食安全。但是，我国粮食补贴政策面临WTO的"黄箱政策"限制，提升农民种粮补贴的空间越来越小，加之国内外粮价倒挂的压力，我国粮食安全面临诸多不利影响。

（一）高粮价能够激发农民种粮积极性，促进粮食增产

我国粮食价格主要依靠国家宏观调控，粮食最低收购价政策和临时收储等措施促进了农民的种粮积极性。2008—2014年，连续提高小麦和稻谷的最低收购价水平，扩大稻谷最低收购价实施范围。目前，国家实行小麦最低收购价政策的主产区是河北、河南、山东、江苏、湖北、安徽6省；实行稻谷最低收购价政策的主产区是辽宁、吉林、黑龙江、江苏、安徽、江西、河南、湖北、湖南、广西、四川11省（区）。为保护玉米、大豆、油菜籽产区农民利益，国家实行临时收储措施，制定了临时收储价格。与最低收购价格政策类似，国家也逐步提高了农产品的临时收储价格。

如表3-6所示，对于调动农户种粮积极性而言，农户最敏感的因素为提高粮食价格，方正县和兰西县分别有57.7%和49.3%的农户选择此项，其余4个县市选择此选项的农户均超过了30%；方正县和兰西县分别有18.8%和19.0%的农户认为，加强农资市场管理对农户增加种植积极性有促进作用；长垣县有37.7%的农户认为完善水利设施会使当地农户增加种粮面积。粮食价格是影响农民生产决策的关键因素，价格支持措施仍是当前促进粮食生产稳定发展的最有效措施。种粮大户更是如此，不断提高的粮食价格促使他们更加积极地参与农村土地流转，实行粮食种植业的规模化扩张。在高粮价的激励下，农民主要通过调整种植结构、提高复种指数、增加耕地面积等方式扩大粮食生产规模。

表 3-6 调动种粮积极性的需求情况

单位：%

地点	方正县	兰西县	滑县	长垣县	潜江市	余江县
提高粮食价格	57.7	49.3	38.2	34.5	30.5	42.3
提高补贴标准	3.5	11.1	11.8	8.2	8.5	10.2
加强农资市场管理	18.8	19.0	20.6	9.8	27.1	6.8
完善水利建设	9.4	3.2	10.3	37.7	16.9	22.0
服务体系	3.5	11.1	1.5	1.6	6.8	6.8
其他	7.1	6.3	17.6	8.2	10.2	11.9

（二）种粮机会成本过高导致农村劳动力外流现象严重

生产粮食的成本过高、种粮利润偏低导致的直接后果就是部分农民转变经营方向，将土地使用权转让出去，大量农村劳动力选择外出务工。这种现象在河南、湖北、江西等地很普遍。调研的4个省中，黑龙江省户均劳动力人数2人，河南、湖北、江西户均劳动力人数3人。从事农业生产的劳动力人数与家庭总劳动力人数的比例最高的是黑龙江省方正县，95.43%的劳动力从事农业生产，比例最低的是江西省余江县，仅为55.00%（表3-7）。另外，在调研的6个县市，从事农业生产的劳动力多是46～60岁的中老年人，35岁以下的年轻人几乎都在外地打工。

表 3-7 劳动力情况

地点	总劳动力人数/人	户均劳动力人数/人	农业劳动力人数/人	农业劳动力与总劳动力比例/%
方正县	197	2	188	95.43
兰西县	139	2	102	73.38
滑县	206	3	152	73.79
长垣县	181	3	130	71.82
潜江市	198	3	123	62.12
余江县	200	3	110	55.00

（三）投入要素成本上涨较快导致种粮收入得不到保障

农业生产要素投入的成本对农民收入影响显著。从国家对农业生产的投入来看，主要来源包括财政支农、信贷支农等，但是这些投入效率低下；从农民自身资金投入来看，由于粮食生产成本逐年高企，种粮比较收益低下，农民对生产要素的投入热情不高；从具体农资投入要素来看，化肥、农药等农用生产资料价格的增加直接加大了农民从事农业生产的投入成本。虽然国家为了防止农产品价格和生产大起大落，对国内农产品收购价格进行了多次调整，但农资价格也会随之上涨，进而增加农业生产成本，农产品收购价格的调整效果并不理想。此外，随着经济结构调整、城镇化及农村土地流转速度的加快，稳定粮食主产区耕地面积的难度也越来越大，粮食生产面临的资源约束也越来越严峻。为了进一步促进农业生产的发展，土地开发的力度逐渐加大，其中就包括一些边际成本很高的土地。大力改造中低产田，建设高标准农田，需要对土地投入更大的物质和技术，进而使得土地投资的边际成本不断上升，农业生产成本日益加大。

（四）种粮收益较低，平衡增粮与增收的难度越来越大

一方面，粮食主产区作为我国粮食生产的主力，其为了增加粮食产量，在农业方面投入了大量的人力、物力、财力，还错过了许多工业、服务业等让农民增收的项目，导致当地产业结构不合理，工业严重滞后，农业服务业也不能满足农业的需求，第一、第二、第三产业发展不协调，很多粮食主产区的省份已经深陷"产粮大省、经济弱省、财政穷省"的发展怪圈。目前，国家对各地粮食生产还缺乏硬性的约束，如果没有合理的配套扶持政策跟上，抓粮食生产会越来越难。另一方面，粮食生产收益较低，使粮食主产区面临的增加农民收入并稳定粮食生产的压力越来越大。农民的种粮收入很大部分体现在家庭经营性收入中，在对农民收入结构的分析中，可以看出粮食主产区农民的家庭经营性收入下降较快。在种植不同农作物比较效益的推动下，农民种粮收入普遍较低，相比之下，种植经济作物由于收入较高，使得农民的种粮积极性越来越低，个别地方的基本粮田面积都不一定能保证。此外，经济结构调整，鼓励社会资本等新型经营主体进入农业，对粮食生产的冲击也越来越大。新型主体越多，经济利益驱动力越强，如果没有足够的激励让农民的种粮收益增加，以平衡主产区的增粮和增收现象，那么种粮农民就会越来越少。再加上当前土地流转还在探索阶段，如果土地流转跟不上农民弃地弃粮节奏的话，那么将会有大量土地荒置，粮食供给严重不足，国家粮食安全堪忧。

（五）国内外"粮价倒挂"导致粮食进口压力不断增加

近年来，我国农产品的进口压力不断增加，进口数量也持续增加。以稻谷、小麦和玉米三大主粮为例，20世纪90年代初尤其是1996年我国承诺依靠国内生产保障粮食自给率后，我国谷物维持着高度自给、少量进口的局面，除小麦产品外，稻谷和玉米产品尚有一定的出口。然而21世纪以来，随着需求增长超过生产增长，我国逐渐由粮食净出口国转变为粮食净进口国，且净进口量不断上升，尤其是2010年以来，我国三大主粮

均需进口,并不断成为常态。2014 年,我国稻谷、小麦和玉米产品的净进口量分别达到 341 万吨、238 万吨和 303 万吨,三大主粮净进口总量达到 882 万吨(图 3-11)。

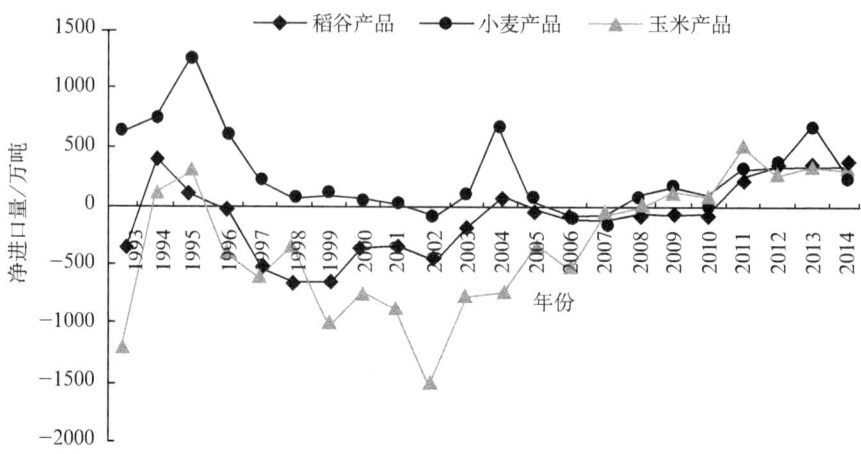

图 3-11　1993—2014 年中国三大主粮净进口情况

更值得关注的是,国内农产品价格持续上涨,多数农产品价格已经远高于国际市场价格。一部分农产品如糖类、棉花的国内价格已经超出国外农产品进口到国内再加上 60%~70% 配额外关税后的价格(韩俊,2015;陈锡文,2014)。例如,近几年来尤其是 2012 年以来,国内三大主粮的市场价格均高出国际市场的价格,且国内市场与国际市场的"价格差"呈现出继续上涨的态势(图 3-12、图 3-13)。

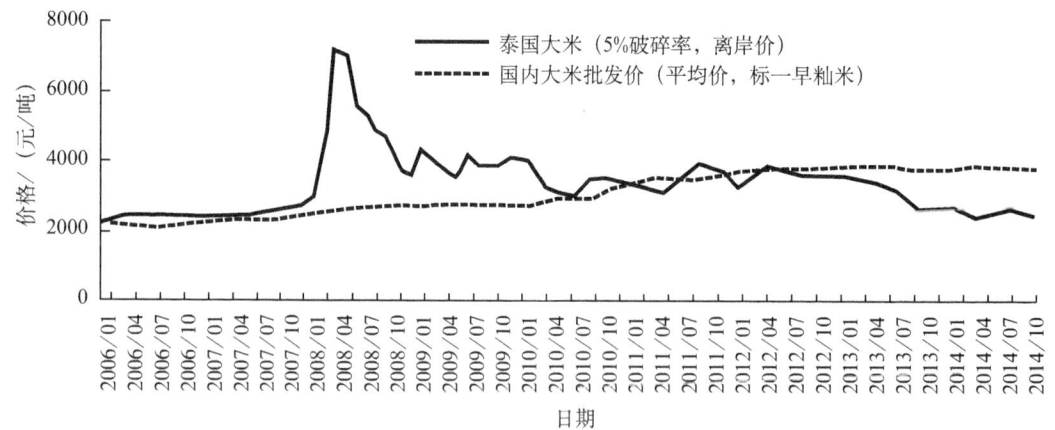

图 3-12　稻谷国内外价格变化趋势比较

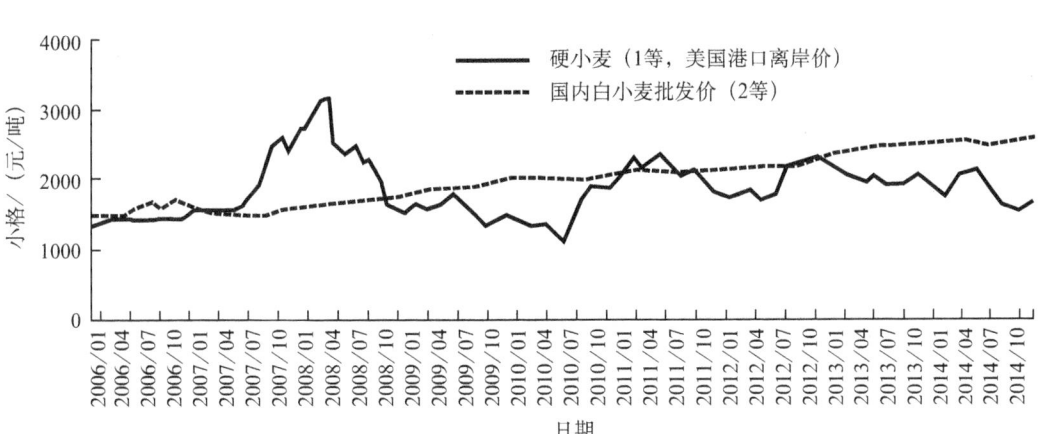

图 3-13 小麦国内外价格变化趋势比较

四、主产区种粮农民的政策评价与需求——基于黑、豫、鄂、赣 4 省 6 个产粮大县 400 户农户的调研

（一）主产区种粮农民的政策评价

自 2004 年开始实施粮食直接补贴政策，经过 10 多年的发展，我国粮食补贴政策体系正逐渐完善。目前，我国粮食补贴政策体系主要包括 3 个方面的内容：以粮食直接补贴和农资综合补贴为内容的综合性收入补贴、以良种补贴和农机购置补贴为内容的专项性生产补贴及以粮食最低收购价和临时收储价为内容的粮食价格支持政策。

1. 大多数种粮农户认为粮食补贴政策的总体实行效果很好

自实施粮食直接补贴政策以来，政府逐年提高粮食直接补贴的力度。如表 3-8 所示，"四项"粮食直接补贴资金支出从 2004 年的 145.2 亿元增加到 2013 年的每单位 1700.5 亿元，同时其支出比重也在不断上升，这对降低种粮成本、提高良种覆盖率、农业机械化水平、调动农民种粮积极性与促进粮食增产发挥了积极作用。此外，粮食价格支持政策的实施使得粮食价格一直保持在合理范围内，大大保障了粮食主产区农民种粮的基本收益。3 种粮食（即稻谷、小麦和玉米）平均自 2004 年的 70.7 元 /50 公斤上涨到 2013 年的 121.1 元 /50 公斤，年均增长 6.2%（表 3-9）。同时，据调查数据可知，大多数种粮农户认为粮食补贴政策的实行效果很好，有效降低了农资成本压力，调动了农民种粮积极性，保障了农民的种粮基本收益。从农户满意率来看（表 3-10），方正县为 80.7%，兰西县为 82.8%，滑县为 79.7%，长垣县为 65.6%，潜江市稍低于其他各县，为 58.3%，余江县为 78%。

表 3-8　2004—2013 年粮食补贴、农业补贴的数量及结构

年份	农业财政支出/亿元	"四项"粮食直接补贴资金支出/亿元	农业财政支出占总支出的比重/%	粮食财政支出占农业财政支出的比重/%
2004 年	2337.6	145.2	8.21	6.2
2005 年	2450.3	172.5	7.02	7.0
2006 年	3137.0	308.2	7.85	9.7
2007 年	4318.3	513.6	8.65	11.9
2008 年	5955.5	1027.7	9.51	17.3
2009 年	7253.1	1274.5	9.51	17.6
2010 年	8052.0	1334.9	8.96	16.6
2011 年	9890.0	1406.0	9.05	14.2
2012 年	11903.0	1653.0	9.45	13.9
2013 年	13228.0	1700.5	9.43	12.9

表 3-9　2004—2013 年每 50 公斤粮食平均价格

年份	2004 年	2005 年	2006 年	2007 年	2008 年	2009 年	2010 年	2011 年	2012 年	2013 年
粮食平均价格/元	70.7	67.4	72.0	78.8	83.5	91.3	103.8	115.4	119.9	121.1

表 3-10　农户对于粮食补贴政策的支持情况

单位：%

满意度	方正县	兰西县	滑县	长垣县	潜江市	余江县
很好	43.4	54.7	30.4	36.1	25.0	45.8
较好	37.3	28.1	49.3	29.5	33.3	32.2
一般	13.3	12.5	10.1	16.4	26.7	16.9
较差	4.8	1.6	10.1	18.0	15.0	5.1
很差	1.2	3.1	0	0	0	0

数据来源：根据实地调研资料整理而成。

2. 种粮农户认为粮食政策仍有不断完善的空间

一是粮食补贴资金支出占农业财政支出、总财政支出的比重较低。如表 3-9 所示，

粮食补贴资金占农业财政支出的比重不断上升到2009年的17.6%，之后又趋于下降，2013年下降到12.9%。同时，2013年粮食补贴资金占国家财政总支出的比重很低，不足2%。二是大多数种粮农户认为现有农业技术水平一般或较好，十分满意的农户只占少数比例。如表3-11所示，方正县、兰西县、滑县、长垣县、潜江市一半以上农户对于现有农业技术水平的评价是一般，余江县一半以上农户认为较好；对于现有技术水性十分满意的农户最高比例是余江县的11.9%。三是大多数种粮农户认为现有种植规模一般或很差，认为现有种植规模很好或较好的农户只占少数。不满意的农户通常认为现有种植面积太小，大多数农户想要扩大种植面积。四是大多数农户认为粮食市场价格与种粮成本相比较低，同时生产资料价格持续升高，但粮食价格与往年相比只能持平或降低。如表3-12所示，方正县、兰西县、潜江市均有部分农户对2013年市场价格十分不满。五是部分农户对于现有粮食销售渠道满意度较低。如表3-13所示，对于粮食销售渠道的现状，各地农户的满意度不同：方正县、兰西县、潜江市多数农户认为现有粮食销售渠道一般或较差，其中，方正县有15.3%的农户对现有销售渠道十分不满；而滑县、长垣县、余江县农户对销售渠道的满意度较高。六是大多数农户认为当前的种粮收益较低。如表3-14所示，在对当前种粮收益满意度的调查中，认为满意的农户仍占少数比例，方正县为26.2%，兰西县为29.7%，滑县为21.7%，长垣县为14.8%，潜江市为31.7%，余江县为28.8%，长垣县的满意度最低。七是部分农户对当前农田水利基础设施的满意度较低。如表3-15所示，方正县、兰西县、长垣县一半以上的农户对于现有农田水利基础设施的满意度较低，其中，兰西县23.7%的农户认为很差。

表3-11 农户对于现有技术水平的评价情况

单位：%

满意度	方正县	兰西县	滑县	长垣县	潜江市	余江县
很好	8.2	4.7	2.9	6.6	3.3	11.9
较好	35.3	32.8	39.1	26.2	41.7	49.2
一般	54.1	59.4	52.2	57.4	53.3	39.0
较差	2.4	3.1	5.8	9.8	1.7	0
很差	0	0	0	0	0	0

表 3-12　农户对 2013 年粮食市场价格的评价情况

单位：%

满意度	方正县	兰西县	滑县	长垣县	潜江市	余江县
很好	2.4	4.7	0	0	0	3.4
较好	10.6	15.6	26.1	19.7	43.3	23.7
一般	35.3	42.2	44.9	57.4	35.0	45.8
较差	41.2	32.8	29.0	23.0	20.0	27.1
很差	10.6	4.7	0	0	1.7	0

表 3-13　农户对现有销售渠道的评价情况

单位：%

满意度	方正县	兰西县	滑县	长垣县	潜江市	余江县
很好	14.1	18.8	15.9	8.2	5.0	5.1
较好	21.2	31.3	60.9	65.6	26.7	64.4
一般	23.5	37.5	18.8	21.3	43.3	28.8
较差	25.9	12.5	4.3	4.9	25.0	1.7
很差	15.3	0	0	0	0	0

表 3-14　农户对 2013 年种粮收益的评价情况

单位：%

满意度	方正县	兰西县	滑县	长垣县	潜江市	余江县
很好	1.2	4.7	0	0	0	6.8
较好	25.0	25.0	21.7	14.8	31.7	22.0
一般	41.7	37.5	50.7	32.8	33.3	37.3
较差	23.8	28.1	26.1	50.8	35.0	33.9
很差	8.3	4.7	1.4	1.6	0	0

表 3-15　农户对现有农田水利基础设施的评价情况

单位：%

满意度	方正县	兰西县	滑县	长垣县	潜江市	余江县
很好	14.6	8.5	17.6	6.6	6.7	23.7
较好	29.3	22.0	58.8	39.3	46.7	33.9
一般	31.7	16.9	20.6	8.2	15.0	11.9
较差	17.1	28.8	2.9	31.1	30.0	27.1
很差	7.3	23.7	0	14.8	1.7	3.4

表 3-11 至表 3-15 数据来源：根据实地调研资料整理而成。

（二）主产区种粮农民的政策需求

1. 希望进一步完善粮食价格支持政策

粮食价格是影响农民种粮行为的首要因素。如表 3-6 所示，方正县、兰西县、滑县、长垣县、潜江市、余江县分别有 57.7%、49.3%、38.2%、34.5%、30.5% 与 42.3% 的农户认为粮食价格是影响其种粮行为的首要因素。粮食价格支持政策通过制定目标价格可以直接增加农户的种粮收益，进而调动农户种粮积极性，促进粮食增产，因此，农户希望进一步完善强农惠农支持政策，制定粮食价格机制。首先，政府在粮食最低收购价政策上给予更大的财政支持，确保主产区种粮农民收益和生产积极性。其次，建立合理粮食价格机制，将农户种粮收益与绝大多数消费者可承受的粮价都考虑在内。再次，进一步实施、完善粮食支持价格政策，有针对性地扩大政策性粮油的收购范围。最后，坚持将粮食价格作为粮食最低收购价的制定基础，同时适度实施以粮食直补为核心的粮食价外补贴，进一步完善粮食价格支持政策。

2. 希望改善种粮农户的基础设施建设

影响农户种粮行为的又一重要因素是农业基础设施建设，因此，完善农田水利设施建设将进一步调动农户种粮积极性。如表 3-6 所示，长垣县、潜江市、余江县分别有 37.7%、16.9%、22.0% 的农户选择完善水利建设；同时，如表 3-15 所示，方正县、兰西县、长垣县一半以上的农户对于现有农田水利基础设施的满意度较低。因此，改善基础设施建设是种粮农户的主要政策需求之一。第一，政府重点增加农业基础设施建设的财政投入，满足农村水利基础设施建设的资金需求。第二，政府要将全国有关农田水利建设的资金集中起来，建立统一的农业基础设施建设资金库，整体推进农业基础设施建设工程，进而改善粮食主产区农田水利基础设施落后的面貌。

3. 希望进一步推动粮食生产适度规模经营

规模化和集中化是现代粮食生产的新趋势。然而，如今我国大部分地区粮食生产仍以一家一户耕种模式为主，这种模式与现代农业的发展极不适应。大多数粮食主产区农户不满意现有种植规模，而不满意的农户通常认为现有种植面积太小，大多数农户想要扩大种植面积。首先，建立土地流转机制，促进粮食主产区农户土地流转。其次，进一步完善农村社会保障制度，弱化农村土地的保障功能，让农民可以安心地进行土地流转。最后，大力培育发展种粮大户、种粮能手、新型粮食生产组织，让耕地向它们集中，进一步使粮食生产向规模化、集约化方向发展。

4. 希望进一步完善粮食生产资料市场的管理

粮食生产资料价格是影响农户粮食生产积极性的重要因素。生产资料价格上升会造成种粮生产成本增加，直接降低农户种粮收益，进而影响农户主动进行粮食生产的行为。如表3-6所示，方正县、兰西县、滑县、潜江市分别有18.8%、19.0%、20.6%、27.1%的农户选择加强农资市场管理。因此，完善粮食生产资料市场的管理是农民的主要政策需求之一。第一，进一步完善农资供应网点建设，确保农资销售渠道的顺畅，进而将农资市场价格稳定在合理范围内。第二，加大对农资企业和一级经销商的财政支持力度，给予其一定的税收优惠政策。

5. 希望进一步提高粮农科技服务水平

保障国家粮食安全的重要支柱之一就是农业科技。但是，目前粮食主产区农民对于现有农业技术水平的满意程度不高。如表3-11所示，方正县、兰西县、滑县、长垣县、潜江市一半以上农户对于现有农业技术水平的评价是一般，余江县一半以上农户认为较好；对于现有技术水性十分满意的农户最高比例是余江县，仅有11.9%。因此，加强粮农科技服务体系建设是农民的又一政策需求。首先，完善农业技术推广服务体系建设。重点是加大对种粮农户农技推广及服务工作的资金投入，加强县、乡、村三级种粮农户的农技推广服务网络建设。其次，鼓励地方涉农院校开展农业技术推广服务，将农业科技工作人员下放到基层服务农业技术推广事业。最后，鼓励大学生主动从事农业生产，将自身所学用到粮食规模化、集约化生产经营中去。

6. 希望健全粮农保险与金融服务体系

资金是粮农顺利进行粮食生产的物质基础。但是，目前我国农业保险与金融服务体系仍不健全，同时，粮食主产区农民认为这一服务体系是调动种粮生产积极性的重要需求。首先，不断完善粮食生产金融体系建设。针对农户生产的特点制定农户种粮优惠贷款政策，满足农户扩大粮食生产的资金需求；鼓励金融机构减少种粮农户贷款抵押物的限制，为更多农户提供贷款支持。其次，进一步完善粮食生产保险体系建设。建议扩大种粮保险的覆盖面，由经济作物逐步向大田粮食作物延伸；同时进行种粮保险补贴试点，有条件的地方由国家和地方财政全额出资购买种粮保险。

7. 希望进一步加强粮食补贴力度

粮食补贴政策在降低种粮成本、保障种粮收益方面具有重大积极作用。因此，多数农户希望进一步加强粮食补贴力度。第一，进一步完善粮食"四项直补"政策，对粮食主产区设立特殊的粮食补贴标准。健全粮食补贴办法，严格按照"谁种植谁受益"的原则给予补贴。同时，在保持原有各种粮食补贴基础上，中央财政要逐年增加对种粮农户的补贴规模，提高补贴标准；新增补贴重点向种粮大户和农民专业合作社倾斜。第二，重点制定鼓励适度粮食规模经营的补贴方法。建议进一步提高对于产粮大县的奖励资金支持；探索按耕种土地面积让种粮大户、粮食合作社享受的"四项直补"。

五、宏观调控政策在保障农民种粮收益上存在的不足

（一）粮食补贴政策难以持续，农民种粮收益难保障

为了保持国内较高水平的"粮食自给率"，我国政府持续增加粮食补贴，并通过提高最低收购价和增加临时储备等政策刺激国内农业生产。然而，新时期这些支持政策却面临着很大困境。一方面，国内支持和保护政策导致国内粮食价格高企，继续提高国内粮食价格已经面临国际价格"天花板"效应。以玉米为例，2014年12月美国玉米运抵我国南方港口的到岸税后平均价为1710元/吨，而国内南方港口玉米平均成交价格为2436元/吨，美国玉米比国内玉米整整低了726元/吨。如果剔除13%的国储进口免征增值税，美国玉米到港成本比国产玉米价格低912元/吨。高企的国内价格不仅使得国内粮食价格上升空间有限，而且对粮食产业的安全造成威胁（图3-14）。另一方面，国内粮食生产补贴面临WTO"黄箱政策"限制，进一步提高补贴的空间已经非常有限。从2002年设立良种补贴以来，"四补贴"总量不断增加，从2002年设立初期的1亿元上升至2013年的1700.5亿元，超过粮食总产值的10%；同时，部分粮食补贴已经接近WTO允许承诺上限，补贴的提高空间十分有限。未来国际农业贸易谈判还将要求各国进一步削减对农业"黄箱补贴"的支持总量，甚至对单个农产品补贴额度设定支持上限。

（二）市场扭曲效应日益严重，增加粮农收益不确定性

首先，粮食宏观调控使得粮食价格形成机制的扭曲越来越严重。当市场价格较低时，粮食价格支持政策的实施使得国家制定最低收购价格和临时收储价格直接代替了原有的市场价格。但是，自2004年以来，政府不断提高最低收购价格和临时收储价格，其中，粳稻最低收购价格从2004年的1.5元/公斤提高到2014年的3.1元/公斤，累计提高幅

度达107%;2014年玉米临时收储价格为2.24元/公斤,较2008年提高49%。由于粮食价格支持政策的干预,使得粮食市场价格的形成被严重扭曲,"只涨不跌、直线上涨"的粮食价格成为国际少见的现象,与此同时,农户、饲料企业、粮食深加工企业等都改变其经营行为,这些无形中增加了粮农收益的不确定性。2008—2014年主要粮食最低收购价格变化如图3-15所示。

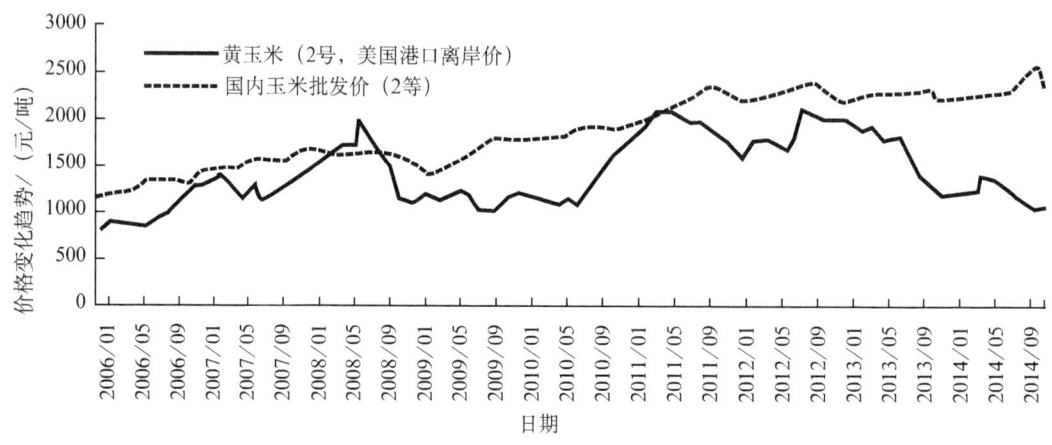

图3-14 玉米国内外价格变化趋势比较

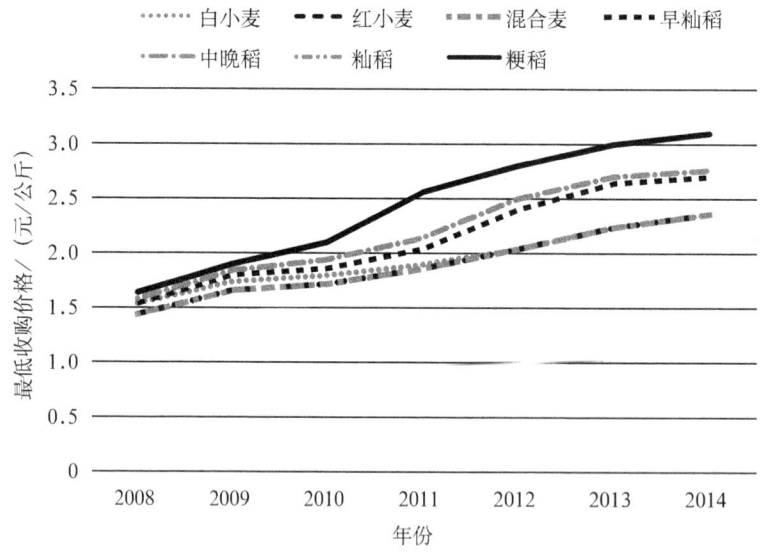

图3-15 2008—2014年主要粮食最低收购价格变化

其次,粮食宏观调控对农业资源配置的扭曲效应也逐渐显现。粮食价格支持政策的实施使得有关粮食生产的资源要素配置失去了有效性,这些资源要素开始不断流入粮食价格支持政策支持的粮食作物，而没有得到支持的作物生产行为则受到严重影响。虽然这些政策一定程度上调动了农户粮食生产的积极性，对保障粮食安全起到了较大作用，但是如果将粮食资源要素过度地集中于几种粮食作物的生产，对今后我国粮食种植结构乃至整个农业生产结构可能产生破坏性影响。这也将增加整体粮农收益的不确定性。

（三）宏观调控目标不清晰，不利于保障粮农收益

我国粮食宏观调控的政策目标具有两重性特征，一方面，粮食价格支持政策的制定是为了防止"谷贱伤农"，保护农民利益；另一方面，粮食储备及竞价销售措施的实行是为了避免"米贵伤民"、维持粮食市场的稳定。但是，目前粮食宏观调控政策目标的两重性却使得政府调控行为面临困境。因为，保护农民利益与维护粮食市场价格稳定这两个基本目标其实是相互矛盾的。一方面，实施粮食价格支持政策可以保护粮农利益，但是这也会使得粮价一定程度上上涨，尤其是在农业生产资料、人工成本大幅增加的情况下，只有较大幅度提高粮价，才能保证种粮收益，提高农民种粮积极性；另一方面，粮价上涨会使得其他农产品价格也不断上涨，最后会导致整个物价的不断上涨，也无疑会增加农民的生活成本。因此，政府开始实施竞价销售政策来干预粮食市场，以此来遏制粮价的过度上涨。但是，粮食价格若下降太多又会制约粮食价格支持政策的实施。由此可以看出，政府一直处于"谷贱伤农"和"米贵伤民"的两难矛盾中，不利于政府有针对性、有效地实施粮食宏观政策，从而保障粮农收益。

（四）地区间粮食补贴标准差异悬殊，补贴方式欠公平

第一，目前我国地区间粮食补贴的标准存在较大差异。以各地粮食补贴资金数量的差距为例，在按面积补贴的省区中，上海标准最高，每亩平均70元，甘肃最低，补贴标准还不足每亩3元，这两者差距20多倍；在按粮食产量补贴的省区中，新疆最高，每公斤达0.2元，陕西最低，仅为0.03元，两者之间也相差数倍。而决定粮食补贴标准区域差异较大的原因无外乎就是各省区需要补贴的粮食面积、数量、商品量差异很大，以及总体财力水平和需补贴粮食量之间的地区差异。第二，粮食补贴方式存在不公平性。粮食补贴方式不公平主要是补贴对象不公平。目前，粮食直接补贴是一种"普惠式"补贴方式，补贴的对象是农民，不一定补在粮食上。对于部分农民，因为拥有土地，自己并不直接种粮食，本来是对粮食生产的"普惠"政策，事实上却变成了对农民或者农田进行补贴的"普惠"政策，不种粮也可以得补贴，表面上补贴方式的公平造成事实上的不公平。

六、本章小结

从不同产区我国农民种粮成本及收益分析来看，主销区农民收入水平最高，主产区农民收入水平基本与国家平均水平持平，并逐渐超过国家平均水平，产销平衡区农民收入水平最低。粮食主销区与主产区及产销平衡区农民之间收入差距主要体现在工资性收入上，工资性收入与地区经济发展程度呈正相关。主销区多为经济发展水平较高的地区，如北京、上海、广东等，这些地区的农民工资性收入占比最高，主产区的经济发展水平略高于产销平衡区，这也表现为主产区的工资性收入略高于产销平衡区。

从主产区粮食生产的成本收益变化对粮食安全的影响来看，第一，高粮价能够激发农民种粮积极性，促进粮食增产。第二，种粮机会成本过高导致农村劳动力外流现象严重。第三，投入要素成本上涨较快导致种粮收入得不到保障。第四，种粮收益较低，平衡增粮与增收的难度越来越大。第五，国内外"粮价倒挂"导致粮食进口压力不断增加。

基于黑、豫、鄂、赣4省6个产粮大县400户农户的调查，发现大多数种粮农户认为粮食补贴政策的实行效果很好，有效降低了农资成本压力，调动了农民种粮积极性，保障了农民的种粮基本收益。但与此同时，大多数农户认为粮食补贴资金支出占农业财政支出、总财政支出的比重较低，现有农业技术水平一般或较好，现有种植规模一般或很差，认为现有种植规模很好或较好的农户只占少数，粮食市场价格与种粮成本相比较低，同时生产资料价格持续升高，但粮食价格与往年相比只能持平或降低，当前的种粮收益较低；部分农户对于现有粮食销售渠道和农田水利基础设施的满意度较低。希望进一步完善粮食价格支持政策，改善种粮农户的基础设施建设，进一步推动粮食生产适度规模经营，完善粮食生产资料市场的管理，提高粮农科技服务水平，健全粮农保险与金融服务体系，加强粮食补贴力度。

从宏观调控政策在保障农民种粮收益上存在的不足来看，一是粮食补贴政策难以持续，部分粮食补贴已经接近WTO允许承诺上限，补贴的提高空间十分有限。未来国际农业贸易谈判还将要求各国进一步削减对农业"黄箱补贴"的支持总量，甚至对单个农产品补贴额度设定支持上限，农民种粮收益难保障。二是市场扭曲效应日益严重，增加了粮农收益不确定性，由于粮食价格支持政策的干预，使得粮食市场价格的形成被严重扭曲，"只涨不跌、直线上涨"的粮食价格成为国际少见的现象。三是宏观调控目标不清晰，不利于保障粮农收益。一方面，实施粮食价格支持政策可以保护粮农利益，但是这也会使得粮价一定程度上上涨，尤其是在农业生产资料、人工成本大幅增加的情况下，只有较大幅度提高粮价，才能保证种粮收益，提高农民种粮积极性；另一方面，粮价上涨会使得其他农产品价格也不断上涨，最后会导致整个物价的不断上涨，也无疑会增加农民的生活成本。四是地区间粮食补贴标准差异悬殊，补贴方式欠公平，表面上补贴方式的公平造成事实上的不公平。

第四章 粮食宏观调控对地方政府抓粮行为的影响

——基于黑、豫、鄂、赣4省产粮大县的实地调研

一、粮食主产区利益补偿的理论与现实分析

（一）粮食主产区利益补偿的内容及形式

我国粮食调控中对主产区进行利益补偿的政策主要以增产与增收并重为目标，即通过财税支持，提升主产区粮食综合生产能力，确保粮食安全；通过发展粮食加工、储藏、运输和流通等，促进主产区粮食产业链向第二、第三产业延伸，进而带动农民增收和促进地方经济发展。

当前，我国粮食利益补偿资金的来源主要包括：一是中央财政资金，如产粮大县奖励资金及相关转移支付等；二是粮食主销区财政转移支付资金。主销区是作为粮食安全最直接的受益者，应对粮食主产区给予生态、环境和资源等方面的补偿；三是城乡居民支付的相应成本。作为低粮价的受益者，商品粮消费者应成为粮食主产区利益补偿的主体。发放对象主要包括全国范围内的种粮农民，以及粮食主产区的地方政府。从粮食补偿资金发放情况来看，主要采取如下几种形式：一是按种植面积进行补贴；二是按农户粮食产量进行补贴；三是按农户粮食销售量进行补贴；三种补贴方式各有利弊，具体采取哪种形式要因地制宜。

（二）粮食系统中经济主体运行的博弈分析

粮食系统中的经济主体主要包括种粮农户、中央政府、主产区政府及主销区政府。各经济主体之间利益的角逐是导致利益失衡最主要的原因。下面从博弈论的角度对各经

济主体之间的利益关系进行分析。

1. 农户与政府之间的博弈

政府与农户的博弈在粮食主产区表现得最为明显,政府希望主产区农户全部种植粮食,而农户则拥有种粮、外出务工等多种收入来源。建模之前提出如下假设:每个农户都是理性的,都具有收入来源;农户收入来源仅为外出务工和耕种;不种粮的农户选择种植其他替代品;每种收入来源组合对应一个收益水平。

从图 4-1 可以看出,第一个是种粮与否的决策,取决于种粮和从事其他工作的机会收益(包括种植经济作物或外出打工等)的大小;第二个是种粮后储粮和卖粮的行为选择,取决于粮食价格的高低;第三个是卖粮给其他粮食流通或加工企业还是储备粮库,取决于粮食市场价格和最低粮食保护价格的高低。由于"有限理性"的限制,农民在做具体抉择时只能以自己掌握的市场信息判断和分析市场形势,有时会在很大程度上受到外界气候环境、虚假信息、不良宣传等的影响,出现低价销售或惜售待价等行为,对市场价格带来波动。从政府角度来看,政府希望农户的收入来源来自于粮食种植,这是从保障国家粮食安全、维护社会稳定的角度考量的;但是对于农户而言,首要目标是提高家庭收入,因此,会衡量每种收入来源的成本与收益情况,根据每种收入来源的收益率来选择其收入来源。由于种植粮食的比较收益较低,往往会导致农户最终的选择和政府希望的有所偏差,从而造成政府与农户之间的非合作博弈。

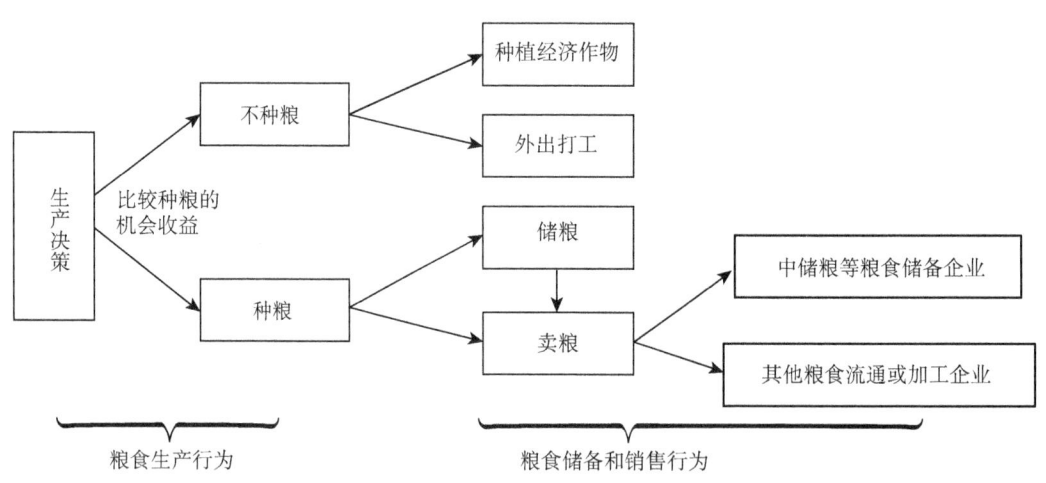

图 4-1 粮食主产区农户与政府之间的博弈模型

2. 中央政府与地方政府的博弈

在中央政府与地方政府的博弈模型中,假设如下:每个博弈主体都是理性的;博弈主体包括中央政府、主产区政府和主销区政府;地方政府的选择包括履行政策和不履行政策两种；每种策略组合对应相应收益。

在我国粮食系统中，中央政府负责宏观调控，通过顶层设计为各级地方政府（主要是主产区政府和主销区政府）制定运行规范。但是因为中央政府和地方政府各自利益目标不一致（表4-1），各方博弈的结果经常导致公共政策的执行效率较低。主产区政府和主销区政府执行公共政策的情况存在较大差异，最终取得的收益也不同。如图4-2所示，地方政府如果都选择履行中央政策，那么中央政府和地方政府均获利最大；但是如果主产区政府选择执行中央政策，而主销区选择不履行，那么主销区政府的利益可能会受损，而主产区政府会受益，但是由此造成的负外部性需要双方承担，反之亦然；最极端的情况是各地方政府均选择不履行中央政策，短期内地方政府会取得一定收益，但是长期来看，不但公共利益会受损，地方政府的收益也会大打折扣。这个博弈的结果往往是"零和博弈"。因此，地方政府如果追求短期收益则往往会造成"公用地悲剧"。

表4-1 中央政府与地方政府的利益目标差异

项目	政治效益	经济效益
中央政府	维护国家政权，提升中央政府的公信力	保障国家粮食安全，维护粮食市场和社会稳定
地方政府	评级晋升	提高财政收入，促进地方经济发展

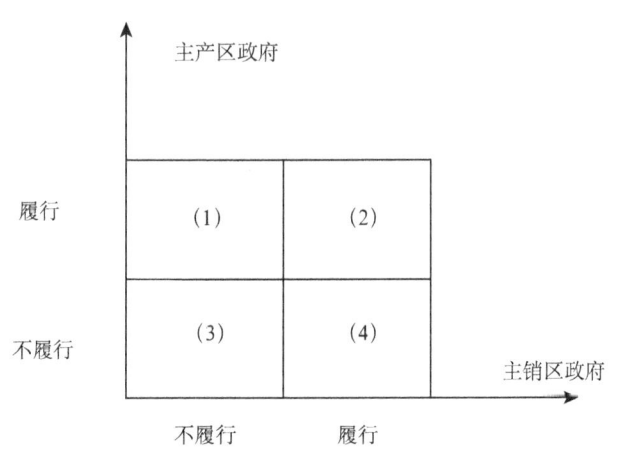

图4-2 地方政府间利益博弈的"公用地悲剧"

在整个粮食运行系统中，中央政府与各级地方政府之间的利益目标不一致，导致了双方之间的博弈（图4-3）。在中央层面，中央储备粮作为主要调控手段；而在地方层面，地方储备粮又成为主要的调控主体。相当于在一个统一的市场中并列存在多个具有不同利益目标的市场调控主体，这些主体间必然存在着利益冲突。事实证明，在粮食供应紧张时，地方政府往往从自身利益出发，不是往外"吐粮"，而是补充库存，同中央储备争抢粮源，从而进一步加剧了市场上供给紧张的局面；相反，在粮食供大于求时，地方政府为减少自身用于储备费用的支出，往往不是增加地方储备，而是把收粮压力全部转嫁给中央储备。这种体制因素导致地方政府的逆向调节行为，在粮食供给紧张和供大于求时，都普遍发生，造成大量损失。

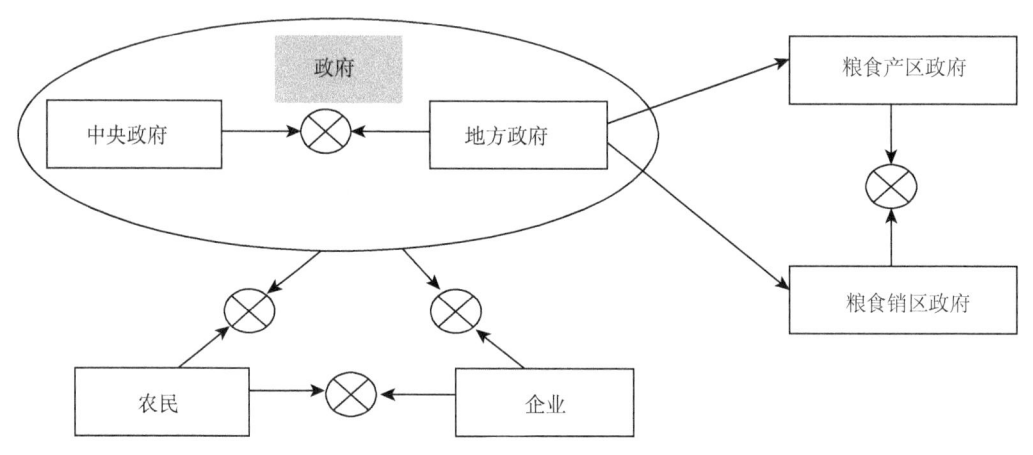

图 4-3　粮食宏观调控中央政府与地方政府的博弈

3. 主产区政府与主销区政府之间的博弈

建模之前先进行假设：主产区政府和主销区政府都是理性的；主产区政府和主销区政府行为具有私利性和短期性；主产区从事粮食生产而放弃发展其他高收益行业，主销区政府并不会为此承担责任；双方政府均完全了解各自的信息；主产区政府有两种选择：支持生产和不支持生产；主销区政府也有两种选择：补偿和不补偿。主产区支持选择生产时具有一定的成本和收益，不支持生产时投入成本较低，但是收益不变；主销区则无须投入大量资金支持粮食生产，因为从事其他行业所获得的收益要高出粮食生产的收益，主销区选择补偿主产区，那么自身会承担一定成本，而为主产区提供了部分收益。在双方博弈的过程中，如果主产区支持粮食生产，粮食会运往主销区，为主销区提供收益，而当主销区的补偿额度超过主产区不鼓励粮食生产时的净利润，主产区才有支持生产的动力。对于主产区政府，不管主销区是否提供补偿，选择不鼓励生产都是占优势的，而主销区选择不补偿也是占优势的，因此均衡条件是（不支持生产，不补偿），这损害了整个社会福利水平。所以，单纯由市场决定，会导致主产区和主销区利益受损，也会危及整个社会福利水平。

但是，在粮食系统的正常运行中，主销区和主产区之间往往存在一定的协商机制，以避免双方利益受损。一般情况下，主销区会为主产区提供补偿，在合适的补偿条件下，主产区会选择支持粮食生产。因此，形成了一个动态博弈（图4-4）。用归纳法分析上述动态博弈模型。在主产区做出选择的阶段，如果主销区政府选择补偿，主产区政府基于利益最大化的目标会选择支持生产。但是在完全信息下，主销区会选择不补偿，那么，这个博弈存在两个纳什均衡，即（补偿，鼓励生产）和（不补偿，不鼓励生产）。当主销区为主产区提供的补偿能够弥补主产区支持生产付出的成本，并使其收益，那么，这个动态博弈就会达到最优稳态，即（补偿，鼓励生产）。

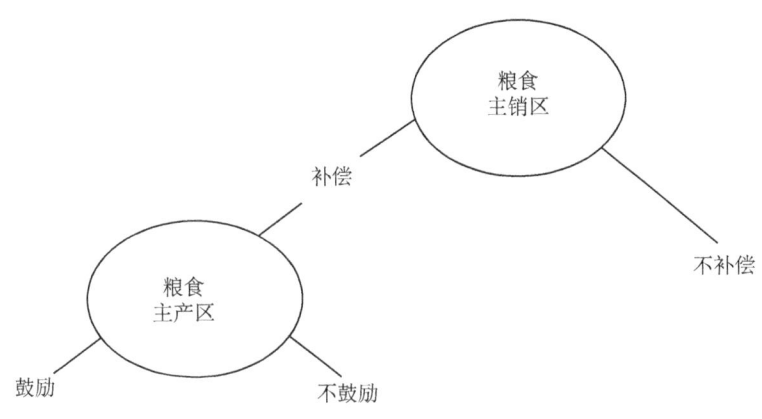

图4-4　主产区政府与主销区政府两阶段博弈格局

（三）粮食主产区、主销区及其他地方的经济发展水平比较

粮食主产区与主销区及其他地区经济发展水平的差距逐渐拉大。粮食是弱质产业，种粮比较收益低，但是国家为了保障我国粮食的安全稳定，一直支持主产区开展粮食种植，经过长期积累，主产区的经济发展水平与粮食生产呈现出反梯度关系。"产粮大省（县）、财政穷省（县）"的困境一直存在。就目前来看，粮食主产区大多集中在中西部地区，财政收入水平低，经济社会发展滞后，公共服务落后；而粮食主销区大多集中在东部沿海地区，财政收入高，经济发展水平高，居民收入高，公共服务好。为了揭示粮食生产与经济发展之间的关系，张谋贵（2012）利用全国2000年、2005年、2010年截面数据，对各省的人均地方财政收入、人均GDP与人均粮食产量进行回归分析，发现人均财政收入与人均粮食生产量呈明显的负相关关系，即越是产粮大省，财政收入越少，这也是造成主产区和主销区财政收入水平差距悬殊的重要原因；人均GDP与人均粮食产量也呈负相关关系，即越是产粮大省，经济越落后。

数据表明，粮食主产区在粮食产量、粮食播种面积等方面所占比重都超过了70%，其生产规模优势和生产能力显著，为保障国家粮食安全做出了贡献，社会效益巨大。

粮食主产区粮食播种面积连年攀升。2004—2013年，全国粮食播种总面积增加了1038.0万公顷，但出现了结构性分化，粮食主产区呈现递增趋势，增加了984.45万公顷，粮食主销区则呈现递减趋势，减少了72.57万公顷，粮食主产区粮食播种面积的比重由69.27%上升到71.65%，粮食主销区由6.65%下降为5.40%，表明粮食主产区大部分土地都用于粮食生产（表4-2）。

表4-2 粮食主产区、粮食主销区、全国粮食播种面积的比较

年份	全国 粮食播种面积/亿公顷	粮食主产区 粮食播种面积/万公顷	占全国比重/%	粮食主销区 粮食播种面积/万公顷	占全国比重/%
2004年	1.01606	7038.75	69.27	677.11	6.66
2005年	1.04278	7256.84	69.59	680.83	6.53
2006年	1.04958	7373.88	70.26	681.28	6.49
2007年	1.05638	7615.64	72.09	596.19	5.64
2008年	1.06793	7671.69	71.84	609.75	5.71
2009年	1.08986	7801.03	71.58	621.62	5.70
2010年	1.09876	7854.95	71.49	619.17	5.64
2011年	1.10573	7910.40	71.54	614.85	5.56
2012年	1.11205	7961.72	71.60	613.59	5.52
2013年	1.11986	8023.20	71.65	604.54	5.40

数据来源：《中国统计年鉴》2005—2014。

粮食主产区粮食产量持续增长。2004年全国粮食产量为4.69469亿吨。其中，粮食主产区的粮食产量为3.41149亿吨，占全国粮食产量的72.67%，粮食主销区为3450.7万吨，其比重为7.35%。2013年全国粮食产量增长至6.01938亿吨，粮食主产区的粮食产量增加到4.57634亿吨，比重上升至76.03%，而粮食主销区则减少到3290.1万吨，比重只有5.50%。10年间，粮食主产区的粮食产量增加了1.16485亿吨，比重增加了3.36%，粮食主销区的粮食产量减少了160.6万吨，比重相应减少了1.88%（表4-3）。

表 4-3 粮食主产区、粮食主销区、全国粮食产量的比较

年份	全国	粮食主产区		粮食主销区	
	粮食产量/亿万	粮食产量/亿万	占全国比重/%	粮食产量/亿万	占全国比重/%
2004 年	4.694 69	3.411 49	72.67	3450.7	7.35
2005 年	4.840 22	3.544 31	73.23	3415.6	7.06
2006 年	4.980 42	3.682 43	73.94	3522.7	7.07
2007 年	5.016 03	3.764 02	75.04	3184.3	6.35
2008 年	5.287 09	3.991 75	75.50	3244.8	6.14
2009 年	5.308 21	3.971 01	74.81	3360.9	6.33
2010 年	5.464 77	4.118 40	75.36	3323.3	6.08
2011 年	5.712 08	4.342 15	76.02	3408.9	5.97
2012 年	5.895 80	4.460 98	75.66	3422.9	5.81
2013 年	6.019 38	4.576 34	76.03	3290.1	5.47

数据来源:《中国统计年鉴》2005—2014。

粮食主产区人均地区生产总值较低。由于 13 个粮食主产区明显多于 7 个粮食主销区,所以比较人均地区生产总值更具有实际意义。2004 年全国人均地区生产总值为 1.2336 万元/人,粮食主产区为 1.1700 万元/人,粮食主销区为 2.3893 万元/人。2013 年全国人均地区总产值上升至 4.1908 万元/人,粮食主产区增加到 4.4836 万元/人,粮食主销区增长为 6.7172 万元/人。通过数据可知,2004 年的粮食主产区人均地区总产值低于全国人均水平,2009 年开始超越但二者差距不大。而粮食主销区 2004 年就高于全国人均水平,到 2013 年已经远远超过全国人均水平,产销区之间人均总产值差距较大。

二、我国粮食主产区利益补偿政策梳理与绩效评价

(一)我国粮食主产区利益补偿政策梳理

1. 国家对粮食主产区的财政转移支付机制

2001 年,中央财政开始对地方减收部分税收,通过转移支付给予适当补助。取消农业税,造成地方财政收入不断减少。为了弥补减免农业税对地方政府造成的财政损失,中央对粮食生产区和中西部地区进行适当的转移支付。原则上,地方财政减收额以 2002 年为基期,按农业特产税和农业税实收数(含附加)方法计算。中央财政补助比例分别

为中西部粮食生产区100%，非粮食主产区80%；东部粮食生产区（含福建）50%，非粮食生产区不予补助。转移支付资金按照统一规范、公正、合理、公开、透明的原则分配，重点向农业大省和粮食主产区等地区倾斜。

2. 对粮食主产区生产者的利益补偿机制

经过不断改进和完善，我国针对粮食主产区生产者的粮食补贴政策体系已初步形成，包括以粮食直接补贴和农资综合直接补贴为主的综合性收入补贴、以良种补贴和农机具购置补贴为主的专项性生产补贴、最低价收购政策与临时收储政策，还有部分新增补贴，主要向粮食主产区倾斜。形成针对主产区生产者的利益补偿政策体系，有助于增加主产区农民收入，提高农民积极性，发展粮食生产，从而保障粮食安全。2006—2013年中央农资综合补贴资金如图4-5所示。

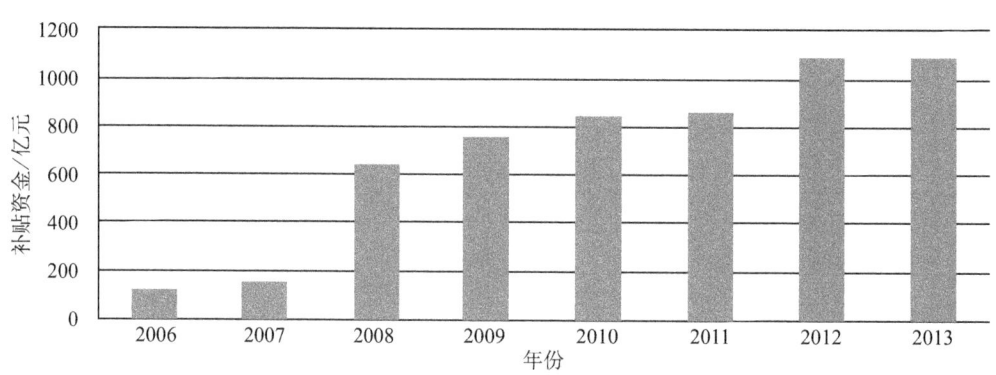

图4-5　2006—2013年中央农资综合补贴资金

数据来源：根据农业部提供的数据整理。

3. 产粮大县奖励机制

2005年，《中央财政对产粮大县奖励办法》出台，这一办法为产粮大县从事粮食生产形成了激励机制。该《办法》规定，依据粮食商品量、产量、播种面积各占50%、25%、25%的权重，中央财政结合地区财政的现实情况，对产粮大县采用"测算到县、拨付到县"的直接资金补偿方法；为了激励优质产粮大县的积极性，中央政府对粮食产量位于全国前100名的产粮大县，给予重点激励；对超级产粮大县实行粮食生产"谁滑坡、谁退出，谁增产、谁进入"的动态调整机制。2010—2014年，中央财政对全国1000多个产粮县的奖励资金规模分别约为210亿元、225亿元、278亿元、320亿元、351亿元。

4. 粮食主产区与主销区间的利益协调机制

粮食主产区与主销区间的产销利益协调机制主要是为了协调粮食主产区和主销区的产销合作关系，发挥各自产区的比较优势，保障我国粮食市场的稳定运行，进而维护我国的粮食安全。目前，全国部分主产区与部分主销区已建立了粮食产销协作关系，但这种产销协调机制尚未完善，行政色彩较强，缺乏对粮食加工企业的引导机制，产销区间的利益联结机制并不稳定，同时这种协作关系更多集中在销售领域，销区对产区粮食生产支持力度不够。

5. 粮食主产区发展基金

粮食安全基金是主销区对主产区的转移支付基金，有助于建立主产区和主销区的产销合作关系。国家粮食安全基金制度，包括商品粮调销补偿基金和土地补偿基金。商品粮调销补偿基金是指销区根据粮食的调入量支出一部分财政资金作为专项转移支付基金，用于商品粮的调销补偿。土地补偿基金是指主销区根据征收土地出让费资金总额的一定比例，提取粮食生产土地补偿金，用于粮食主产区的开发增补种粮增地建设资金，以稳定国家的粮食生产种植总面积。

6. 国家支持主产区粮食深加工的政策

2016年，中央一号文件《关于落实发展新理念加快农业现代化 实现全面小康目标的若干意见》发布，指出要加强规划和政策引导，促进主产区农产品加工业加快发展，支持粮食主产区发展粮食深加工，形成一批优势产业集群。开发拥有自主知识产权的技术装备，支持农产品加工设备改造提升，建设农产品加工技术集成基地。培育一批农产品精深加工领军企业和国内外知名品牌。强化环保、能耗、质量、安全等标准作用，促进农产品加工企业优胜劣汰。完善农产品产地初加工补助政策。研究制定促进农产品加工业发展的意见。2015年以来，国家对东北玉米深加工补贴政策不断加码，黑龙江省出台深加工补贴政策，将玉米补贴标准由原来每吨补贴200元提高到400元，并且公布了年加工能力10万吨以上的玉米深加工企业26家；吉林省也相继出台了深加工补贴政策，每加工1吨玉米补贴150元。玉米深加工是去库存的重要途径之一，预计未来一段时期国家仍会对玉米深加工进行一定补贴。

（二）粮食主产区利益补偿政策取得的成效

随着粮食主产区利益补偿政策的不断完善，我国粮食主产区的粮食产量不断增加，粮食种植面积也不断扩展。2013年，我国粮食主产区粮食作物播种面积占全国的72%左右，粮食产量约占全国的76%。主产区为我国粮食安全做出了重大贡献。

1. 调动了主产区农民粮食生产的积极性，促进了粮食生产的稳定

我国对粮食主产区生产者的利益补偿政策日臻完善，提高了农民的种粮积极性，也提高了主产区的粮食产量和种植面积。截至2014年，全国粮食作物播种面积由2003年的68 548.70千公顷增加到112 738.3千公顷；粮食单产由2003年的4460.84公斤/公顷增加到5385公斤/公顷。在粮食作物播种面积和单产同时增加的情况下，粮食主产区粮食产量由2003年的30 578.50万吨增加到2014年的48 567万吨。

2. 改变了补贴方式，提高了粮食主产区农民收入

粮食主产区诸多利益补偿政策实施以来，主产区农民收入水平明显增加（图4-6），与粮食主销区农民收入差距在一定程度上有所减小。例如，主产区种粮农民人均收入从2003年的2664元，增加到2012年的8364元，增长了近2.1倍。此外，粮食最低收购价政策还起到了"托市"作用，对于稳定农民种粮收入预期、引导粮食生产稳定发展、促进农民收入持续增长具有重要作用。

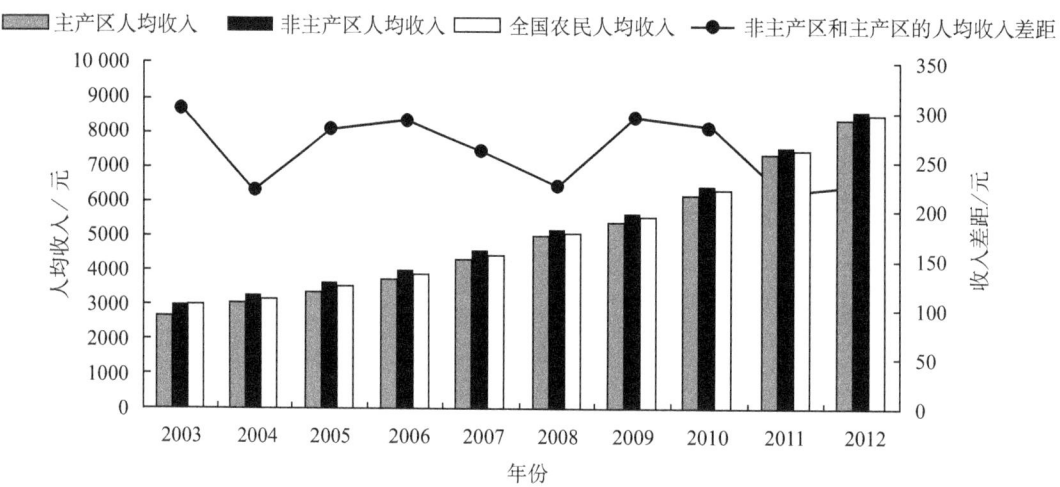

图4-6　2004—2013年我国农民家庭人均收入变化情况

数据来源：《中国统计年鉴》2004—2014。

3. 提高了农村购买力水平，拉动了粮食主产区经济发展

粮食主产区利益补偿政策的实施，对缓解主产区农村资金匮乏的现状、改善粮食生产条件、调节农民收入分配、提高种粮比较收益具有一定的促进作用。主产区利益补偿政策引导地方政府增加农业投入，并拓宽了粮食生产的资金投入来源，对于推动农村经济发展提供了有力支撑，实现了从"以农支工""以乡支城"向"以工促农""以城带乡"的转变。例如，从2008年至2013年，中央财政用于"三农"的支出累计5.85万亿元，并且随着财政支农资金的逐年增加，同期粮食主产区农业生产总值也不断增加，两者走势基本趋同。

三、粮食宏观调控对地方政府行为的影响分析——基于黑、豫、鄂、赣 4 省产粮大县的实地调研

（一）现行粮食宏观调控下地方政府的"抓粮"行为

通过调研，产粮大县政府对于国家的粮食宏观调控政策比较满意，政府"抓粮"的态度也很积极。但是，从近些年来产粮大县发展的现状来看，产粮大县普遍经济发展速度较慢、财政收入较低、农民收入增长缓慢。因此，很大一部分干部认为，产粮大县为了国家粮食安全做出了这么多贡献，却依然无法摆脱"经济弱县、财政穷县"的帽子，这反映出国家政策出现了偏差。而粮食宏观调控政策的偏差，也导致了地方政府在实际"抓粮"行为中出现了一些偏差。

1. 从地方重大项目安排和财政资金投向来看，速效、高回报率的项目是重点投资领域，对粮食生产项目关注不够

产粮大县大部分都是财政穷县，财政支出的大部分都靠转移支付来完成，而这一部分转移支付资金一般不会很多，因此，这部分资金大部分都投入到高回报率和速效的行业中去了。

一是高回报率项目。从目前产粮大县的重点执行项目来看，河南一产粮大县 2014 年县级领导分包重点项目共 61 项，总计划投资额达到了 292.6 亿元。其中，大部分都是工业项目，直接与粮食生产相关的项目一个都没有；与农业相关的项目共 10 个，分别是农副产品批发市场项目、珍稀植物培育园项目、天鹅湖沿黄生态农业项目、食品食用菌素肠深加工项目、特色优质葡萄种植及加工项目、农林休闲产业园项目、肉牛养殖项目、芦笋种植及深加工项目、肉牛养殖基地项目、三阳畜牧产业园项目，总项目经费为 28.8 亿元，不到总计划项目投资额的 10%。二是速效项目。速效指的是能更快地收到效果的项目，一般也被老百姓称之为"形象工程"。例如，某县近年来的工程中有两项比较引人注目：第一项是高产示范区的建设，投入 120 万元专项资金，创建了万亩高产示范区，由县委书记、县长等主要领导直接负责、督导；第二项是惠农短信"12316"平台和 QQ 网络发布平台，定时发布气象信息及灾害预警和抗灾救灾的技术措施。对农民调查的结论是，所谓的高产示范区主要是为了应付上级检查和投资参观，而所谓的惠农短信平台和 QQ 网络发布平台更是形象工程。

对于亟须改造基础设施的粮食流通领域则很少投入。国有粮库承担着国家粮食的储存和调销任务，在对方正县一国有粮库的调查中，发现大部分仓容还是 20 世纪 50 年代建造起来的，根本无法完成储粮任务。但是财政不愿意投入，原因就在于投入到粮食系统安排不了就业、财政没有收入、投资也看不到回报。

2. 从资金分配来看，农业专用资金使用分散，希望能够整合资金，但是各部门又不愿意放弃当前的利益

农业基础设施建设等都需要投入大量的资金。但是粮食主产区存在着如下特点：一是县级财力紧张，投入极为有限。据测算，黑龙江省每生产一斤粮食，不包括农民人工及其他直接投入的成本，仅仅政策投入就需要3元多钱，而这3元钱里，国家投入大约占有2/3，其他1/3由地方政府来承担。但是这些钱，主产区政府承担不起；二是国家财政投入分散使用，打捆使用较少，发挥效用较低；三是金融贷款上抵押担保贷款的条款过死，致使从事农业产业的企业和业主贷款困难，投入不足严重影响了粮食产业化发展。

有人将这种资金投入管理称之为"多头资金管理"：一是资金的投入存在多头现象，从上面下来的资金来自于多个部门，如科技部、农业部、水利部等多部委都有各种经费投入；二是地方政府对应接收使用经费的部门也是多头，如省财政厅农村处、经贸处、科教文卫处各有自己管的一块，县级政府分别对应财政厅的计划股、农业股和经贸股都各有自己管的一摊。以余江县为例，该县2013年承担的上级政府的项目及资金情况为：农业局承担着标准农田建设项目资金2780万元和粮油高产创建项目500万左右，发改委承担着新增千亿斤良田间工程项目1600万元，国土资源局承担着土地整治项目7702万元，水利局承担着标准农田建设项目1690万元，农业开发办承担着相应其他项目5002万元。

调研中发现，各县均反映出资金分散的问题，无法集中起来解决大问题，很多人将这种资金分配方式称之为"撒胡椒面"式的投入。而各部门出于部门利益考虑，不愿意放弃当前的资金使用权。

3. 从经费使用效果来看，并没有起到显著效果，资金使用效率低下

"抓粮"的关键前提是要有钱，也就是资金使用问题。从对产粮大县的调查来看，资金使用中存在的问题较多。

一是基础设施建设资金使用方面，由于每年各部门都有资金投入，但总量较小，因此，最后往往是多部门资金投入，重复建设现象严重，但基础设施并没有得到相应的改善。以土地整治为例，多次小额资金投入，最后只是象征性地对土地表明进行了平整，并没有进行土壤改良等深入操作。调研发现，"吃饭财政"只能搞"救急"工程，难改基础薄弱现状。财力有限，以前就是搞些"救急"工程，比如哪里的桥塌了，不修不行了，就想法子修修。从20世纪80年代起，镇里就没有过农业基础建设的大项目，基本上是零打碎敲、小修小补。

二是农技推广资金使用方面，主要问题在于农业新技术、新品种推广难度很大。主要原因在于：首先，农民群众的接受能力差，有文化懂知识的乡村劳动力都外出务工了。而在家从事农业生产的劳动力均无文化或者文化基础差，向这一群体推广农业新技术、新品种，难度很大。其次，推广试验经费少，财政机制改革后，仅能保证农业推广战线的基本工资，没有农业新技术、新品种推广试验示范经费，而且对于农业新技术、新品种不通过试验示范成功是绝不允许推广应用的。最后，市场经济体制还未深入农村、农民，农民商品意识依然较差，对农业新技术、新品种、市场信息等的关心运用程度不高，这也在一定程度上影响了农业产业化的发展。

由于多方面原因，各项资金的使用效果都不明显，使用效率低下，加之对于资金使用的验收往往只从财务上进行限制，也就是只考察资金是否用在了应有的地方，而对于使用的具体效果则缺乏相应的监督机制。

（二）影响地方政府"抓粮"积极性的现实因素

在"抓粮"问题上，之所以出现产粮大县地方政府态度和行为的不统一现象，一个最主要的原因在于中央政府和地方政府利益取向不同，也就是二者有着共同但次序有别的发展目标。对于中央政府和地方政府来说，经济发展和粮食安全都是主要的政策目标。但是，次序是不一样的。对于中央政府来说，国家粮食安全是第一重要的大事，因此，要求产区地方政府把粮食生产作为第一要务，但对地方政府来说，影响地区发展和个人升迁的主要因素却是经济水平，粮食产量只是次要因素。正如一位县级政府官员所说："粮食问题有三个不同的利益主体，'中央要（粮食）安全、地方要财政、农民要收益'"。利益取向的不同必然导致行为的不同。

具体来说，影响地方政府抓粮积极性的现实因素较多，主要包括如下几个方面。

1. 粮食作为一个无税产业，带给地方的财政收入太低

调研中，很多干部反映，在现行的粮食宏观调控体制下，抓农业不如抓工业见效快，抓农业不如抓服务业税收高。众所周知，自2004年全国逐步取消农业税以来，粮食便成了一个"无税产业"，粮食生产不能给地方带来财政收入。与此同时，由于土地、产业政策的限制，"产粮大县"的头衔往往又禁锢了一个地方经济的自由发展，造成地方财政收入水平普遍低下。从调研的6县（市）经济发展和财政收入等情况来看，第一产业均占有非常重要的比例，远远高于全国平均水平。但从经济发展和财政收入水平来看（表4-4），6县（市）还有着很大的差距。从人均生产总值来看，除了湖北省潜江市之外，都远远低于全国平均水平，河南省第一产粮大县的人均生产总值只有8682元，仅相当于全国的20.9%。从财政收入和支出来看，产粮大县普遍存在入不敷出的现象，并且缺口巨大，缺口比例最大的滑县甚至达到了83.4%，也就是有83.4%的财政支出需要依靠国家转移支付来解决。

表 4-4 调研走访的 6 个县（市）经济发展与财政收入水平（2013 年）

地区	地区生产总值/亿元	人均生产总值/元	地区生产总值增长率/%	第一产业产值比重/%	财政收入/亿元	人均财政收入/元	财政支出/亿元	人均财政支出/元	财政收支缺口/亿元	缺口比例/%
方正县	57.0	24 535	14.6	31.5	6.2	2669	15.6	6715	9.4	60.3
兰西县*	46.7	8682	13.3	56.5	3.7	688	19.8	3681	16.1	81.3
滑县	183	13 535	9.0	35.4	6.3	466	38	2810	31.7	83.4
长垣县	226.6	30 292	12.6	14.0	10.4	1390	29.4	3930	19	64.6
潜江市	492.7	47 475	10.9	22.2	52.4	5049	69.9	6735	17.5	25.0
余江县	82.7	21 475	13.3	30.2	14.7	3817	21.5	5583	6.8	31.6
全国平均	566 130	41 605	7.7	4.9	129 209	9496	140 212	10 304	11 003	—

* 兰西县财政收入和支出为 2012 年数据，三产比重为 2010 年数据。
数据来源：根据各地区提供的统计公报及政府工作报告等资料整理计算。

2. 中央政府的各项支农惠农建设投入项目，仍要求地方政府进行配套

中央投入资金的地方财政配套问题，是长期以来影响产粮大县发展的重要问题。国家曾多次下达文件要求降低或者取消产粮大县的财政配套。2010 年，财政部印发《农业综合开发资金若干投入比例的规定》（财发〔2010〕46 号），进一步调整了粮食主产省区及产粮大县的农业综合开发地方财政配套政策，要求取消产粮大县的财政配套任务，规定对《全国新增 1000 亿斤粮食生产能力规划（2009—2020 年）》确定的 800 个产粮大县中的农业综合开发县，取消其县级财政配套任务。2014 年中央一号文件又提出，要"降低或取消产粮大县直接用于粮食生产等建设项目资金配套"。

但是实际情况是，直到今天，大部分产粮大县仍然需要承担部分地方财政配套的任务。绥化市北林区的调研数据显示，该区近 5 年的农业项目配套资金累计达到 1.4 亿元，而该区每年的财政收入只有 3 亿余元，配套压力很大。

3. 产粮大县奖励力度太小，大部分资金用于解决历史欠账和补充地方人员经费支出

产粮大县奖励政策的出台，对于产粮大县一度起到了很好的激励作用。据统计，从 2005 年到 2014 年，全国产粮大县奖励资金由最初的 55 亿元增加到 351 亿元，年均增幅 23%，10 年累计拨付奖励资金 1589.2 亿元，很大程度上缓解了产粮大县的财政紧张状况。

随着国家经济的发展，产粮大县奖励资金对于地区财政支出的作用越来越差，激励作用就越来越小。从被调研的 6 县（市）2013 年获得的产粮大县奖励资金占财政支出的比例来看（表 4-5），占比最大的为滑县，占到了其财政支出的 2.54%，与其占全县

35.4%比重的第一产业产值极不匹配；而对比更为悬殊的是黑龙江省兰西县，其产粮大县奖励资金只占到财政支出水平的0.76%，而其第一产业产值比重则高达56.5%。从人均占有的奖励资金来看，最高的方正县只有143.2元，还不如外出打工一天的收入高；最低的兰西县人均占有奖励资金则更低，只有27.9元。

而另据一项调研数据，产粮大县和其他工业大县、经济强县发展的差距正在变得越来越大。目前，产粮最大的50个县（市）的人均财政支出水平不到全国平均水平的1/3。如果拿产粮大县奖励资金与全国平均财政支出水平相对比，就更微不足道了。

表4-5 2013年被调查6县（市）获得的产粮大县奖励资金及占财政支出的比例

地区	方正县	兰西县	滑县	长垣县	潜江市	余江县
产粮大县奖励资金/万元	3327	1500	9649	3336	3063	2854
人均产粮大县奖励资金/（元/人）	143.2	27.9	71.4	44.6	29.5	74.1
财政支出/亿元	15.6	19.8	38	29.4	69.9	21.5
产粮大县奖励占比/%	2.13	0.76	2.54	1.13	0.44	1.33
第一产业产值比重/%	31.5	56.5	35.4	14.0	22.2	30.2

即使是如此少的奖励资金，真正用于奖励农业生产者的比例也非常低。从目前资金使用情况来看，很大一部分产粮大县奖励资金被用于弥补历史欠账和补充人员经费支出。以湖北省潜江市为例（表4-6），很大比例的经费被用于其他支出，2011年和2012年用于补充行政事业单位人员开支分别占到了41.0%和32.8%；2012年和2013年的产粮（油）大县奖励资金用于处理粮食财务挂账问题，均占到了年奖励资金的14.5%；2013年补充教育经费支出和公共卫生经费支出的比例之和更是达到了54.0%。

表4-6 潜江市2011—2013年产粮（油）大县奖励资金使用情况

单位：万元

年份	省拨付资金			资金使用								
	合计	产粮	产油	补充行政事业单位人员	补充教育经费支出	补充公共卫生经费支出	农田水利设施	粮食生产支出	处理粮食财务挂账	修缮粮油仓储设施	扶持粮油加工	扶持粮油工业园建设
2011年	2215	1096	1119	909.1	—	—	307	224.9	—	64	200	510
2012年	2807	1421	1386	921	—	—	500	264	406	100	100	516
2013年	3063	1946	1117	—	380.57	1273.43	—	259	444	100	100	506

相比来说，6个被调查的县（市）中，潜江市属于经济发展和财政收入较好的地区，国有粮食企业改制非常彻底，但该市每年依然需要拿出大量资金来处理粮食财务挂账，其他产粮大县的情况更为糟糕。国家每年投入的产粮大县奖励资金大部分都用来填历史负担的"窟窿"，没有余力改善粮食生产条件和进一步加大粮食生产。

4. 现行土地制度和干部考核方式使得"保粮食"与"促发展"存在矛盾，不利于调动"抓粮"积极性

从目前产粮大县的土地制度和干部考核方式来看，产粮大县粮食生产和经济发展之间存在矛盾，"保粮食"客观上使得产粮大县失去了很多发展机遇。

一方面，我国对基本良田实施极为严格的保护制度，而产粮大县由于耕地比例较高，肩负着保护耕地和基本农田的重任，土地规划受限，可用于建设的土地较少。例如，河南省GDP排名前15位的县（市），其平均耕地面积占到县域面积的35%，滑县更是高达72%。也就是说，除了县城、村镇、道路等之外，基本上都是农田，实行了严格的耕地保护制度，没有多余的土地来发展工业和第三产业。但是，"无工不强，无商不富"，没有工业和商业发展的支撑，农业生产没钱投入、农民增收得不到保障，产粮大县经济发展越来越慢；与此同时，由于没有其他发展机遇，产粮大县只能进一步加大粮食生产。由此，产粮大县陷入了"越抓（粮食）越穷、越穷越抓"的怪圈，即使有许多大企业计划投资上亿元的大项目，但由于土地限制，项目也未能顺利开展。另一方面，以GDP和财政收入为主的干部考核方式不利于产粮大县粮食生产的发展，按照经济数据排名的考核方式，更有利于工业型、资源型的地区发展，产粮大县往往很吃亏。

5. 农业社会化服务体系不健全，特别是金融保险对于粮食生产起不到应有的作用，使得地方政府承担的社会责任进一步加大

我国长期以来的"大政府"传统使得农民习惯什么事情都依赖政府解决，再加上在一些具体事务上确实"有利可图"，使得一些原本应该由市场解决的社会化服务职能一直由政府担任。在产粮大县粮食生产中，金融保险等社会化服务功能比较落后，严重制约了农业的发展，具体体现在以下方面。

一是信贷支持缺位。发展规模经营、扶持新型经营主体是我国农业发展的一个方向。在合作社、种粮大户转包的耕地中，大多是排灌条件差、耕种难度大的田土，前期需投入大额资金用于修渠筑路和土地整理，生产期还需购买种子、化肥、农药等生产资料，筹资压力很大。但是筹资过程中缺乏有效的抵押和担保，贷不来钱，只能靠民间借贷来获取。

二是农业保险有问题。一方面是保障水平太低，另一方面是保障制度不健全。某农业局局长说："现在农业保险保额太低，一亩小麦玉米才补偿300元，补偿标准太低，而将一亩地租出去，租金都远远高于这个数字；另外，农业保险赔付中，农户和保险公司的信息存在极大的不对称，保险赔付条件又极为苛刻，这就造成了农民不愿意投保。"

四、地方政府对粮食宏观调控政策的评价和需求

现有粮食宏观调控政策对于提高主产区政府抓粮积极性、促进农民增收具有一定的作用。但是总体来说，还不能满足农民增收的需要，而且主产区对国家粮食安全的贡献越大，承受的负担越多。

1. 粮食宏观调控政策较好地促进了主产区粮食生产，但种粮效益较低的现状无法改变

1978年以来，我国粮食主产区粮食产量占全国的比重一直超过粮食播种面积占比，并且差距逐年扩大，从2005年的相差不足1%，到2013年的4%以上。可见，国家粮食宏观调控政策促进了我国粮食的单位亩产粮逐年增加，并超过全国平均水平。但是，从主产区各产业的产值情况看，主产区第一产业增加值不及全国平均水平。另外，2001—2012年主产区第一产业增加值占全国的比重为63%~68%，低于其粮食产量比重，2007年以后两者的差距扩大到8%~9%，足见粮食主产区种粮效益的低下。

2. 对主产区农户的补贴政策对于农户增收的贡献率不及全国平均水平，种粮补贴有待进一步提高

2001年以来，主产区农户家庭经营纯收入占总收入的比重高于全国平均水平的3%~5%，经营性收入对农民增收的贡献率明显高于全国平均水平，是农民收入的重要来源。粮食主产区作为保障我国粮食安全的中坚力量，其获得的补贴收入不及全国平均水平，极大阻碍了农民的种粮积极性。因此，国家对于主产区生产者的种粮补贴需要进一步提高或优化。

3. "粮食大省、财政穷省"成为新常态

很多研究表明，粮食产量与地方经济发展水平之间表现为负相关关系，"产粮大省，经济弱省，财政穷省"已经成为事实。主产区农民的收入水平远低于主销区，粮食生产净利润呈下降趋势；粮食主产区为国家粮食安全所做贡献越大，承受负担越重。2013年，13个粮食主产区中只有6个地区的农村居民人均纯收入高于全国平均水平；从粮食主产区人均财政收入情况来看，除湖北、辽宁和内蒙古的人均财政收入高于全国平均水平外，其余10个主产区的财政收入均低于全国平均水平。

4. 主产区政府迫切需要国家不断优化我国粮食宏观调控体系，以提高粮食主产区政府抓粮积极性

一是直接补贴政策和农机具购置等生产资料综合补贴政策，应改进补贴方式和补贴标准，提高补贴力度。例如，对于农机具购置的补贴政策要根据当年的价格水平进行相应调整，最大限度的弥补农民种粮的机会成本。二是加大对产粮大县的财政转移支付强度，

降低地方政府抓粮行为的行政成本和农民种植土地的机会成本，并且给予多余的资金用于地方社会服务建设。另外，为了减少主产区政府抓粮成本，中央应该对配套农业基础设施建设给予全额支持，保证地方政府在抓粮的同时不会承担过重的经费支出。三是粮食补贴政策要依据政策的实施效率有所倾斜。根据现有研究，粮食补贴政策的实施效率在不同地区、不同农户之间是不同的。补贴效应通常表现为补贴政策对于促进农民增产增收的效果。一般来说，粮食主产区的补贴效应好于主销区，种粮大户的补贴效应好于一般农户等。因此，我国粮食补贴政策要有所倾斜，主要向粮食主产区和种粮大户倾斜，这样才能高效地利用粮食补贴政策。

五、本章小结

本章基于利益补偿机制的相关基础理论，首先，梳理了我国粮食主产区利益补偿政策及其成效，主要包括国家对粮食主产区的财政转移支付机制、产粮大县激励机制、主产区与主销区的利益协调机制、粮食主产区发展基金机制及国家支持主产区粮食深加工的政策等。这些针对主产区的利益补偿政策，调动了主产区农民的生产积极性，促进了农民增收，提高了主产区经济水平，为我国粮食安全提供了保障。其次，基于黑、豫、鄂、赣4省产粮大县的实地调查，分析了粮食宏观调控对地方政府抓粮行为的影响。在现行粮食宏观调控下，粮食主产区政府的抓粮态度比较积极，但是行为却存在一定偏差。由于粮食生产对地方财政收入的贡献不大，且国家对粮食主产区的利益补偿力度不大，加之主产区农业基础设施差、服务体系不健全等因素影响，地方政府为提高地方财政收入，经常将资金投向一些高回报率和速效的投资项目，并且农业专用资金使用分散，使用效率低下。最后，总结了我国粮食主产区利益机制存在的主要问题。我国粮食主产区农民直补和综合性收入补贴力度不足，农机补贴和良种补贴等专项补贴机制不健全，产粮大县激励政策的效果较弱，且国家在主产区农业基础设施建设方面投资不足，最终导致了我国粮食主产区利益机制的失衡。

第五章　宏观调控背景下我国粮食加工业发展现状及问题

——基于黑、豫、鄂、赣、冀5省产粮大县的实地调研

粮食加工业是粮食产业和食品工业的重要组成部分，是连接粮食生产、流通与消费的重要环节，在保障国家粮食安全、推进全面建设小康社会和构建和谐社会中具有重要战略地位。大力发展粮食加工业，对加快新农村建设，发展现代农业、现代粮食流通和食品工业，不断改善城乡居民生活，加快形成城乡经济社会一体化新格局具有重要意义。

一、粮食加工业在国家粮食宏观调控中的重要性

（一）有利于调节粮食供需平衡，促进粮食产业结构的深层次调整

粮食加工业是粮食产业连接种植与消费的关键环节，其制成品稻谷、面粉、饲料等价格变动对消费者价格指数有重要作用，产品价格需求弹性低，外部性较强，直接影响国家粮食安全，具有一定的战略产业属性，是特殊的竞争性行业。粮食加工产业作为一项战略工程，其经济效应关乎食品、饲料、轻化工、医药生产等多个领域，社会效应涉及城乡统筹发展和"三农"问题的解决。粮食加工处于"生产—收储—加工—流通—消费"整个粮食产业链的中间位置，具有巨大的经济效益和社会效益。其既具有食物应急缓冲器的重要作用，同时粮食非食用用途的加工还可以起到"丰歉平衡器"的调节作用。对上游产业，其需求直接拉动粮食生产和粮食收储业的供应；对下游产业，其供应直接影响粮食加工品流通企业的供应。大力发展粮食加工业，盘活粮食生产和流通两大环节，促进粮食产业结构的深层次调整，进而推动当地农业生产转方式、调结构，降低生产成本，是经济新常态下改善粮食主产区农民种粮积极性和地方政府抓粮积极性的关键所在，也是提升我国粮食宏观调控政策的实效性和维护我国粮食安全的根本途径。在丰收年景，

可以增加原粮和加工品的储备,维持最终食品的供需平衡,防止"谷贱伤农";在粮食歉收年景,则可以起到保障食用粮供应的作用。因此,实现粮食加工产业化,有利于稳定粮食安全调控机制,也是中国粮食经济发展的必然趋势。因此,做大做强粮食加工业是提升粮食主产区农民种粮与地方政府抓粮"两个积极性"的根本途径,也是新常态下维护国家粮食安全的重要保障。

(二)有利于农村居民消费结构的改善和农村三次产业结构的调整与优化

在保障粮食安全的前提下,主产区适度发展粮食精深加工转化,以促进粮食加工向产业化、规模化方向发展,对于提高主产区粮食的综合利用率和转化增值,带动关联行业和提供大量的就业机会、促进农民增收和构建社会主义新农村具有不容忽视的战略意义。一是有利于农村居民生活消费水平的提高和消费结构的改善。"国以民为本,民以食为天",粮食加工业既关系到城乡居民日常生活消费,也影响着粮食主产区种粮农民的切身利益。随着我国人民生活质量的不断提高,城乡居民对粮食产品需求提出了新的更高要求。适度发展粮食产地加工,不但可以提高粮食食品的价值,还可以按照人们对营养的不同需要,生产出各种各样的专用食品,为改善人民群众的食物产品结构和营养结构发挥着重要作用。与此同时,通过粮食加工业的发展,可以促进和带动种粮农民增收,提高农户种粮的积极性。二是利于农村三次产业结构的调整与优化。新形势下,"三农"的中心任务是对农业产业结构进行战略性调整,大力促进农村一二三产业融合互动发展。发展粮食加工产业,既有利于推进粮食种植结构调整,缓解粮食品种供需矛盾,形成以粮食加工为主的支柱产业,壮大粮食产业化龙头企业,培育为粮食产业化发展服务的仓储和粮食物流体系建设,还可带动饮食业、商贸流通业的快速发展,形成龙头带基地、基地连农户的产业化生产格局,从而创造更多的就业机会,让农民分享粮食加工升值收益,提升农业产业化的综合效益,促使农村剩余劳动力就近就业,增加农民收入,缩小城乡差距,促进城乡一体化发展。

二、我国粮食加工产业发展面临的机遇和挑战

(一)我国粮食加工业面临的新机遇

1. 粮油健康消费需求升级为我国粮食加工业创造了市场新空间

随着主食品的消费需求升级和城镇化进程加快,安全优质、营养健康和多元化、个性化、定制化、品牌化的中高端粮油产品消费潜力逐步释放,推动加工企业向高附加值产品方向转型。未来几年是我国全面建成小康社会和推动新型城镇化建设的关键时期,对粮食加工产品的需求将呈平稳增长和结构不断优化的态势。如今的消费者不满足于吃

第五章　宏观调控背景下我国粮食加工业发展现状及问题
——基于黑、豫、鄂、赣、冀5省产粮大县的实地调研

饱，还要求吃好，食物消费行为正向着个性化、多样化趋势发展，对优质品牌的消费意识普遍增强，为粮食加工产业提供了更大的发展空间。而随着人口增长、生活水平提高和城镇化进程加快，我国粮食消费需求在总量上也将继续保持刚性增长的趋势。当前，我国人均GDP已超过7000美元，对粮食的需求从温饱型向营养健康型转变，粮食消费进一步多样化，居民粮食消费趋向安全、优质、营养、方便，消费结构升级加快。这些既对新时期粮食加工产业的发展提出了新要求，也为粮食加工业提供了广阔的发展空间。

2. 国家"三大战略"的实施为粮油加工业拓宽了发展空间

国家实施的"一带一路"倡议、京津冀协同发展和长江经济带发展战略，能促进我国粮食加工产业不断对外开放，有利于加工企业充分利用全球资源，吸引更多的国外资金、技术和先进的管理经验，开展产能国际合作和转移，带动粮机装备与工程服务"走出去"，为我国粮食加工产业技术和经营管理水平的提高，推动资源共享，加大技术创新力度，着力支撑粮食加工业实现跨越发展带来了重大机遇，有助于提高粮食产品的档次、品质和深度，推动粮食加工业由粗放型向集约型转变，最终实现我国粮食加工产业的健康、快速、稳定发展。

3. 深化改革为我国粮食加工业产业健康发展提供了制度保障

坚持市场化改革取向与保护农民利益并重的粮食收储制度改革不断深化完善，有利于理顺粮食市场价格形成机制，激发市场主体活力，为发展"产购储加销"一体化模式提供了坚强的制度保障。当前，粮食安全问题已上升到国家战略高度，粮食加工业日益受到国家和有关部门的高度重视。自2004年以来，历年中央一号文件均提出要加快发展包括粮食加工业在内的农产品加工业。2008年农产品初加工税收目录调整后，降低了粮食加工企业的税负。2009年《国务院关于进一步促进中小企业发展的若干意见》对粮食加工中小企业发展给予重点支持。2010年国家又出台了《粮食加工业发展规划（2011—2020年）》。不仅如此，近年来，从中央到地方各级政府陆续出台了建立健全粮食主产区利益补偿制度等有关发展粮食生产及保障粮食安全的重要举措，并从市场准入、产业扶持、财税补贴、金融支持、食品监管等多个角度制定和出台了一系列扶持政策。例如，通过完善现代农业生产发展资金、农业结构调整资金、粮食风险基金、农业产业化资金、农业综合开发、中小企业发展专项等资金投向和项目选择协调机制，综合应用投资补助、财政贴息、财政救助、股份投资等方式，适当向粮食加工企业倾斜，积极推进粮食产业化经营；同时，还进一步健全了国家支持粮食加工业发展的各项税收优惠政策，落实和完善了农产品初加工企业所得税优惠政策，我国粮食加工业发展的宏观环境逐渐改善，粮食产业化经营得到快速推进和发展。

4. 科技创新为我国粮食加工业发展带来了新支撑

近年来，新一轮科技革命和产业变革蓄势待发，新技术、新产品、新模式、新业态、

新主体不断涌现，生物技术、信息技术、装备技术等加快发展应用催生了新供给、新动能。随着信息、生物等高新技术在粮食加工领域的推广应用，粮食加工产业的科技支撑能力逐渐增强。不仅可以保证食品营养、安全、卫生、方便，降低生产成本，还可以凸显节能降耗和环保优势，为发展现代粮食加工业提供了强有力的科技支撑。例如，当前许多地方政府和企业都把传统饮食文化与现代粮食加工科技有机结合，支持主产区产、学、研联盟建设，推动资源共享，加大技术创新力度，着力支撑粮食加工业实现跨越发展。这些新发展、新趋势有助于提高粮食产品的档次、品质和深度，推动粮食加工业由粗放型向集约型转变，最终实现我国粮食加工产业健康、快速、稳定的发展。

（二）我国粮食加工业面临的挑战

当前，随着我国经济的不断下行，农业产业结构面临转方式、调结构和促增收的压力也越来越大，加上跨国粮商对我国粮食产业链上下游的逐步渗透，我国粮食主产区在维护国家粮食安全并为工业化建设做贡献的同时，其面临的挑战也进一步凸显。

1. 谷物供求阶段性过剩问题突出

高产量、高库存量和高进口量"三高"叠加问题短期内仍然突出，特别是玉米、稻谷阶段性过剩特征十分明显，原粮与成品粮、国内与国际、产区与销区粮食价格"三个倒挂"，消化粮食库存任务艰巨。随着收入水平和生活水平的不断提高，广大城乡居民的粮食消费观念和方式发生了深刻变化，绿色优质粮油产品的消费需求旺盛，但当前这方面的供给缺口很大。粮食产品低端"大路货"多、高端精品少，难以满足城乡居民消费升级的新要求。从生产来看，粮食生产产量连创新高，但结构性矛盾十分突出。从品种来看，玉米、稻谷阶段性过剩特征明显，小麦优质品种供给不足，大豆产需缺口巨大。从布局来看，粮食生产日益向东北等水热条件并不占优势的北方核心产区集中，13个粮食主产区占全国粮食产量的75%以上，粮食跨区域流通和平衡的压力越来越大。从产量与产能的关系来看，产量高但资源环境牺牲大，持续保障粮食安全的生产能力还相当薄弱。从产量与效益的关系来看，高产量与低效益并存，特别是2016年种粮纯收益开始下降，有的经营主体已经处于微利甚至亏损状态。从粮食流通来看，粮食供应充足，但"高库存、高进口、高成本"的"三高"压力沉重，粮食价格形成机制尚不完善，资源要素配置扭曲。当前粮食库存处于历史高位，而且库存大部分集中在政府手中，占到85%以上，其中，中央事权的粮食占88%，财政负担重、资源浪费大。一方面是"高库存"，另一方面又"高进口"，特别是大豆和玉米替代品进口大幅增加，这既有生产结构不合理的问题，也有市场价格扭曲等流通体制机制改革不到位的问题。此外，受流通现代化水平低等因素影响，我国粮食流通成本偏高，比发达国家平均水平高出1倍多。

2. 粮食加工产业发展与居民消费需求不相适应

随着城镇化加快推进、人口持续增加和人民生活水平的不断提高，部分品种粮食供求结构性失衡问题凸显，大豆供给严重依赖国际市场，优质化、专用化、多元化粮食原料发展相对滞后，中高端产品供给不足，知名品牌少。加工企业转型升级相对滞后，产加销脱节，加工业布局与粮食生产布局不匹配，优质优价专收专储能力不足。目前，我国粮食进口量呈不断增长的趋势，对国内粮食上下游加工企业产生深刻影响，进一步打压了国内粮食价格，对国内市场产生了巨大冲击，既损害了粮农的利益，又不利于国内粮食生产的稳定增长，尤其会抵消现有粮食生产扶持措施的积极作用。这些情况，将会削弱我国对粮食产业链的绝对控制权，加重粮食加工企业的运营风险。因此，我国粮食供需将长期处于紧平衡状态。

3. 生产成本的不断上升挤压了加工企业的利润空间

经济发展进入新常态，发展面临资源环境约束加大、要素成本上升等挑战，融资难、用地难现象仍存在，农资成本、土地成本、人工成本、能源成本和市场运行成本不断上涨，拉升了我国粮食加工的原料成本和生产成本，致使国内粮食加工企业的利润空间不断压缩。例如，从2012年起，国内粮价开始逐渐高于国际市场，到2015年上半年，稻谷、小麦、玉米等主粮价格均超过国际市场的50%，粮棉油糖等大宗农产品的进口完税价每吨大体比国内低1000元，导致很多用粮企业转向国际市场进口更便宜的农产品或替代品。调研中发现，越南、缅甸等国外稻谷到岸价格才1.6元/斤，而我国稻谷加工企业收购本地稻谷加工成本为1.9元/斤，仅成本就比国际价格高出0.3元/斤。更关键的是，2012—2015年，全球粮价下跌了40%～50%，配额内进口玉米及不受配额管理的替代品进口完税后的价格仍远低于国产玉米。这部分产品进入我国市场，大大挤占了国产玉米加工企业的市场空间。

4. 外资企业的不断进入和渗透加剧了我国粮食加工业的市场竞争

经济全球化促进了国外先进技术、资金和管理机制向国内粮食加工业等领域的转移，在推动我国粮食加工产业发展的同时，大型跨国粮食加工企业依靠资本、技术、管理及国际化经营等方面的优势，加快进入我国小麦、稻谷加工等领域，国内粮食加工领域竞争加剧，内资粮食加工企业面临生存危机的挑战。当前，ADM、邦吉、嘉吉、路易达孚四大粮商已控制了中国市场80%的大豆压榨能力，并在国内植物油生产和销售终端掌握话语权。近年来，一些跨国粮商通过控制粮食流通领域和粮食加工业，进而控制上游的粮食生产布局和下游的消费市场，尤其是对食用油产业上游原料、期货，中游生产加工、品牌和下游市场渠道与供应的控制权。同时，发达国家在我国粮食精深加工领域，也实施技术垄断。外资企业凭借其先进的管理技术和充足的资金，扩大市场占有率，进而可能控制成品粮价。目前，外资企业特别是国际四大粮商及益海嘉里集团最具备以单个企业或企业集团垄断粮食加工部分行业的实力，国有的中粮和华粮集团及大型民营粮食加工企业还远不具备垄断的实力。这样跨国公司就可能从根本上控制中国的粮食生产和粮食加工等相关产业链，对我国粮食加工的民族工业形成严重冲击。

5. 粮食加工信息化数字化程度低、发展方式粗放等问题突出

产能结构性过剩与优质产能不足并存，深加工转化能力不足与成品粮油过度加工并存，产业链条短，成品率低、副产物综合利用率低、附加值低，创新能力不强，部分品种盲目无序低水平发展等矛盾亟待解决。目前，我国粮食加工信息化、数字化程度较低，制约了粮食流通产业快速发展。一是人才不足，基层国有购销企业存在年龄偏大后继乏人、学历偏低、专业人才特别是信息化专门人才稀缺，严重制约粮食信息化建设水平。二是硬件设施投入不足，由于历史的原因，我国粮食加工数字化信息化平台建设刚刚起步，仓储物流设施建设和基层仓储设施维修仍然不足，平房和楼房仓库的比例仍然很高，智慧化仓储建设滞后于粮食去库存的要求。在粮食出入库运输方面，粮食中转接受能力偏低，粮食快速接卸能力不足，散粮运输工具落后，存粮和运粮成本偏高、管理运行效率低、接受中转粮食损耗大等问题非常突出。这些问题都直接影响政府对粮食安全供给和稳定粮食市场的宏观调控能力。

6. 粮食加工产业面临的自然资源和生态环境问题依然严峻

全产业链食品质量安全保障体系尚不健全。单位产品能耗、水耗和污染物排放仍然较高，与资源节约型和环境友好型社会水平要求仍有较大差距，节能减排和环保治理任务艰巨，在土地等资源不断减少的情况下，我国粮食"十二连增"是以化肥、农药等投入增加、农业开发强度濒临极限、牺牲生态环境为代价获得的。数据显示，2013年我国中重度污染耕地达到5000万亩左右，耕地污染超标率为19.4%，超标面积达3.5亿亩；我国每亩耕地化肥施用量是发达国家的3倍左右，农药利用率仅为33%左右，低于发达国家20~30个百分点，由于农药使用不当，全国约有1.4亿亩耕地受农药污染。与此同时，自然资源的开发利用接近"极限"。我国土地资源自给率只有80%，仅能满足国内90%谷物、油料等农产品的消费需求。截至2014年年底，中国人均耕地面积减少至1.52亩，仅为世界平均水平的40%；人均水资源拥有量不到世界平均水平的1/4，是全球13个人均水资源最贫乏的国家之一。面对人多地少、水土资源匮乏、农业生产力水平低、农民科学文化知识与技术水平相对落后的基本国情，我国粮食生产和加工产业面临严重的资源短缺挑战。

三、我国粮食加工产业发展基本现状

"十二五"以来，我国粮食加工业持续快速发展，产业规模和企业实力明显提高，市

第五章 宏观调控背景下我国粮食加工业发展现状及问题
——基于黑、豫、鄂、赣、冀5省产粮大县的实地调研

场供给能力不断增强,产品质量和安全水平不断改善,在满足城乡居民日益多元化的食品消费需求、促进农业产业结构调整、带动地方经济发展和提升农业产业效益、促进农民增收等各方面,均取得了显著成效,为确保国家粮食安全和食物有效供给发挥了重要作用。

(一) 企业数量与生产能力分析

近年来,随着我国城乡居民生活消费水平的不断提升和工业发展对粮食加工产品的需求持续增加,我国粮油加工企业数量呈现快速增长态势。统计数据显示(表5-1),2008—2014年,全国粮油加工企业数量从13 681家增加到19 366家,增长41.55%,年均增速5.96%。从细分行业来看,稻谷加工企业数量最多,占我国粮油加工企业总数的比重达到50.76%;其次是小麦加工和饲料加工行业,分别占15.83%和14.25%;此外,食用植物油加工企业占8.57%,粮食食品加工企业占6.88%,玉米加工企业占1.73%,杂粮加工企业占1.48%。

表5-1 2008—2014年不同品种粮油加工企业数量

单位:个

年份	合计	稻谷加工	小麦加工	食用植物油加工	玉米加工	粮食食品加工	杂粮加工	饲料加工
2008年	13 681	7311	2819	1222	323	546	127	1256
2009年	14 471	7687	2786	1321	331	591	215	1457
2010年	16 457	8521	3027	1484	369	685	253	2035
2011年	18 111	9390	3224	1633	400	795	276	230
2012年	19 330	9788	3292	1734	409	1262	308	2445
2013年	19 880	10 072	3248	1748	397	1329	300	2685
2014年	19 366	9830	3066	1660	336	1333	287	2760
2014年占比/%	—	50.76	15.83	8.57	1.73	6.88	1.48	14.25
2014年比2008年产量增长/%	41.55	34.45	8.76	35.84	4.02	144.14	125.98	119.75

数据来源:对国家粮食局统计资料进行处理获得。

数据分析表明,稻谷加工业企业数量占我国粮油加工业企业数量比重过半,其次是小麦加工和饲料加工行业。与此同时,近年来粮食食品加工业、杂粮加工业和饲料加工业的企业数量增长最快。这说明我国粮食油加工仍然以简单粗加工为主,但粮食食品和杂粮加工等精深加工类企业呈快速增长态势。

从企业加工规模来看,根据国家粮食局统计数据测算显示(表5-2),2008—2014年,产能在30吨/天以下、30~50吨/天和50~100吨/天这3个规模层次的企业数量基本保持不变,但占企业总数的比重均呈下降趋势;而100吨/天以上规模层次的加工企业数量均呈现快速增长态势,占企业总数的比重也持续上升。例如,2008年全国粮油加工企业生产能力在100吨/天及以上数量占全部企业数量的比重为36.71%;2010年,100吨/天以上企业数量占比首次超过50%,达到51.64%;2014年,100吨/天及以上企业数量占比上升到58.59%。这说明增加的近6000家企业主要向中等和大规模生产能力集中,我国粮油加工企业正逐渐向规模化和专业化方向发展。

表5-2　2008—2014年全国粮油加工业企业生产规模情况

项目类别	企业数量/个	按生产能力规模分类及占比/(吨/天),%						
		30以下	30~50（含30）	50~100（含50）	100~200（含100）	200~400（含200）	400~1000（含400）	1000以上（含1000）
2008年	13 681	14.87	15.80	31.12	20.18	10.59	4.22	1.72
2009年	14 471	11.79	14.50	30.34	22.78	12.69	5.18	2.14
2010年	16 457	10.41	12.53	24.92	25.74	16.01	7.28	2.61
2011年	18 111	10.86	11.60	23.88	25.43	16.65	8.29	2.80
2012年	19 330	11.82	10.67	23.32	24.68	17.28	8.87	2.89
2013年	19 880	11.24	10.14	22.25	25.32	17.89	9.55	3.11
2014年	19 366	10.75	9.38	20.80	25.77	19.03	10.46	3.33

数据来源:国家粮食局统计资料。

总体来看,近年来我国粮油加工企业数量呈快速增长态势,粮油加工企业的产能也得到迅速提升,主要表现为龙头企业加快发展,加工规模不断扩大,粮食加工业逐渐向规模化和专业化方向发展。

(二)实际产量与品种结构分析

近年来,随着我国城镇化的逐步推进和农村人口快速向城镇集聚,城乡居民对粮食加工产品消费需求的不断增加,拉动了我国粮食加工业的快速发展,主要产品产量持续增加。统计数据显示(表5-3),2014年全国规模以上加工企业的稻谷、小麦粉、食用植物油、玉米加工产品、粮食食品、杂粮及薯类、饲料分别比2008年增长了106.36%、75.74%、55.81%、12.60%、113.02%、257.98%、230.86%。其中,优质米、一级稻谷、小麦特制一等粉、特制二等粉和专用粉产量及配合饲料等产品的产量不断提升,专用粉、专用米产量不断增加,推动我国粮食加工产品结构得到进一步优化。尤其是2014年,我

第五章　宏观调控背景下我国粮食加工业发展现状及问题
——基于黑、豫、鄂、赣、冀5省产粮大县的实地调研

国稻谷和面粉总产量均接近1亿吨，创历史新高；稻谷和小麦加工企业的数量和加工能力均居世界首位，有效保障了国内消费需求，为应对国际金融危机做出了积极贡献。

表 5-3　2008—2014 年全国粮油加工产品产量及占比

年份	产量及占比	稻谷	小麦粉	食用植物油	玉米加工产品	粮食食品	其中：大豆食品	杂粮及薯类	饲料
2008年	总量/万吨	4783	5506	1928	3499	1006	—	119	4980
	占比/%	21.92	25.23	8.84	16.04	4.61	—	0.55	22.82
2010年	总量/万吨	7295	7529	2243	3374	1047	—	300	10 847
	占比/%	22.35	23.07	6.87	10.34	3.21	—	0.92	33.24
2013年	总量/万吨	9459	9873	2879	3571	2310	211	336	16 127
	占比/%	21.23	22.16	6.46	8.01	5.18	—	0.75	36.20
2014年	总量/万吨	9870	9676	3004	3940	2143	128	426	16 477
	占比/%	21.68	21.25	6.60	8.65	4.71	—	0.94	36.18
2014年比2008年产量增长/%		106.36	75.74	55.81	12.60	113.02	—	257.98	230.86

数据来源：根据国家粮食局统计资料处理获得。

从不同品种产量在粮油加工品总产量的比重来看（图5-1），2008—2014年，全国稻谷产品占粮油产品的比重一直保持在21%左右，小麦粉占比从25.23%下降到21.25%，食用植物油从8.84%下降到6.60%，玉米加工产品从16.04%下降到8.65%，粮食食品从4.61%上升到4.71%，杂粮及薯类产品从0.55%上升到0.94%，饲料从22.82%上升到36.18%。数据分析表明，我国饲料产品近年来无论是产量，还是在整个粮油加工产品中的比重均呈快速增长态势；粮食食品和杂粮及薯类产品占比有波幅上升，其他产品虽然总量有所增长，但在整个粮油加工产品中的比重却呈下降态势。

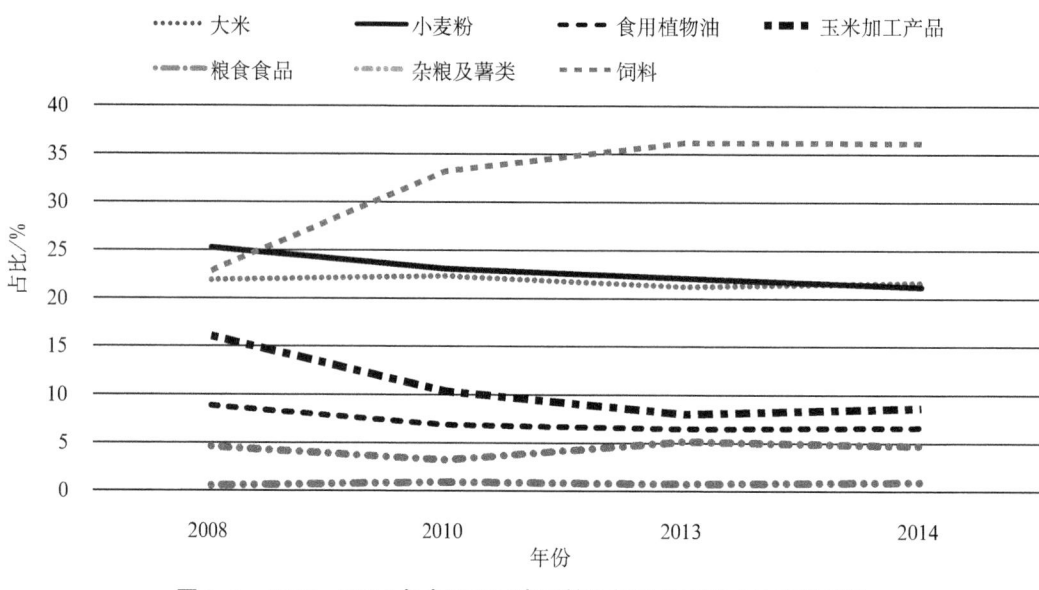

图 5-1　2008—2014 年全国不同类型粮油加工品产量占比变化情况

（三）产业经济效益与企业盈利能力分析

近年来，随着国家支持粮食加工业发展的各项税收优惠政策的陆续出台，粮油加工业技术改造升级的有序推进，我国粮食产业化经营获得快速发展。从整个行业的经济效益来看（表5-4），2008年全国粮油加工业总产值为9733.1亿元，产品销售收入9565.7亿元，利税总额为384.3亿元，全行业利润总额达到213.2亿元；到2013年，全国粮油加工业总产值上升为24496.3亿元，较2008年增长151.68%，年均增速为99.98%；产品销售收入增加到24216.1亿元，较2008年增长153.16%，年均增速为102.98%；利税总额为986.7亿元，较2008年增长156.75%，年均增速为110.58%；全行业利润总额达到639.6亿元，较2008年增长200.00%，年均增速为242.00%。截至2015年上半年，全国规模以上粮食加工企业达到17 090家，实现主营业务收入20 479.6亿元，同比增长4.7%，利润总额1307.5亿元，同比增长9.0%，高于全国农产品加工业8.0%的平均增长水平。大部分子行业（淀粉工业除外）主营业务收入实现稳步增长，其中发酵调味品、焙烤食品及豆制品加工业主营业务收入和利润总额增幅位居前列。

第五章　宏观调控背景下我国粮食加工业发展现状及问题
——基于黑、豫、鄂、赣、冀5省产粮大县的实地调研

表 5-4　2008—2014 年粮油加工企业主要经济指标情况表

单位：亿元

年份	工业总产值	企业平均产值	产品销售收入	企业平均销售收入	企业平均成本	利税总额	企业平均利税	利润总额	企业平均利润
2008 年	9733.1	0.7114	9565.7	0.6992	—	384.3	0.0281	213.2	0.0156
2009 年	11 183.1	0.7728	11 098.2	0.7669	—	450.3	0.0311	311.9	0.0216
2010 年	15 408.9	0.9363	15 283.8	0.9287	—	624.3	0.0380	432.8	0.0263
2011 年	19 171.9	1.0586	19 189.3	1.0595	—	743.4	0.0410	489.1	0.0270
2012 年	22 797.2	1.1794	22 638.8	1.1712	1.0295	884.9	0.0458	585.8	0.0303
2013 年	24 496.3	1.2322	24 216.1	1.2181	1.1135	986.7	0.0496	639.6	0.0322

数据来源：国家粮食局统计资料。

从企业经济发展指标来看，2008 年企业平均产值为 0.7114 亿元，企业平均销售收入为 0.6992 亿元，企业平均利税为 0.0281 亿元，企业平均利润为 0.0156 亿元；到 2014 年，企业平均产值上升为 1.3289 亿元，较 2008 年增长 86.80%；企业平均销售收入达到 1.3161 亿元，增长 88.23%；企业平均利税为 0.0502 亿元，增长 78.65%；企业平均利润上升到 0.0328 亿元，增长 110.26%。数据分析表明，我国粮油加工业无论是在行业整体效益还是企业盈利能力方面，均得到快速提升，粮油加工业对于带动地方经济发展和保障国家粮食安全与服务"三农"的作用日益凸显。

（四）市场主体及企业性质分析

当前，我国粮食加工业发展中民营企业、国有企业、外资企业"三足鼎立"的多元化主体格局已经形成，其中，民营加工企业独占鳌头。从企业性质来看（表 5-5），2014 年民营企业为 17 462 家，占粮油加工企业总数的 90.61%；国有企业 1238 家，占粮油加工企业总数的 6.42%；外资企业 571 家，占粮油加工企业总数的 2.96%。从企业生产能力规模来看，民营企业生产规模在 100 吨以下企业占比为 41.84%，生产规模在 100～400 吨企业数量占比为 45.38%，生产规模在 400 吨及以上企业数量占比为 12.79%；国有企业生产规模在 100 吨以下企业占比为 40.30%，生产规模在 100～400 吨企业数量占比为 48.30%，生产规模在 400 吨及以上企业数量占比为 11.39%；外资企业生产规模在 100 吨以下企业占比为 21.36%，生产规模在 100～400 吨企业数量占比为 26.80%，生产规模在 400 吨及以上企业数量占比为 51.84%。

表 5-5 2014 年不同类别粮油加工企业生产能力情况

企业性质	企业数量（个）	按不同生产能力规模企业占比/（吨/天），%						
		30 以下	30～50（含30）	50～100（含50）	100～200（含100）	200～400（含200）	400～1000（含400）	1000 以上（含1000）
民营企业	17 462	10.62	9.57	21.65	26.13	19.25	10.14	2.65
国有企业	1238	12.84	9.77	17.69	30.29	18.01	7.35	4.04
外资企业	571	12.08	4.20	5.08	9.11	17.69	28.72	23.12

数据来源：国家粮食局统计资料。

从企业产品产能分布看（表 5-6），2014 年民营企业加工产能为 93 607 吨，占全国总产能的 81.22%，主要集中在稻谷、小麦、食用植物油和饲料加工领域；国有企业加工产能为 8559 万吨，占全国粮油加工总产能的 7.43%，不足民营企业加工产能的 1/10，主要集中在稻谷加工、食用植物油、小麦加工行业；而外资企业数量虽然仅占 2.96%，但加工产量达到 13 086 万吨，占全国粮油加工产品总产量的 11.35%，且主要集中在食用植物油、饲料和玉米加工产品等高附加值行业。行业动态分析显示，当前我国大部分民营和国有粮油加工企业加工方式都以粗浅加工为主，产业链条短，精深加工产品少，转化增值率低。同时，由于企业规模过小，粮食加工产业链条难以得到充分延伸，导致全国许多地区的粮食加工业普遍存在结构趋同、缺乏明确的产业特色和分工，且产品品种单一、技术含量不高，制约了产业集聚扩张和市场竞争力的提升。

表 5-6 2014 年粮油加工企业产品产量情况

单位：万吨

企业性质	合计	稻谷加工	小麦加工	食用植物油加工	玉米加工产品	粮食食品	杂粮及薯类	饲料
民营企业	93 607	30 301	19 346	15 046	5362	2604	1057	19 891
国有企业	8559	2967	1325	2746	697	112	161	551
外资企业	13 086	448	984	6463	1586	619	89	2897
合计	115 252	33 716	21 655	24 255	7645	3335	1307	23 339

数据来源：国家粮食局统计资料。

数据分析显示，在粮油加工企业数量和规模上，我国民营企业都均占据优势；但从不同性质企业的生产规模分布上来看，外资企业加工产能主要集中在大中型规模以上，资源配置结构较国内民营企业和国有企业更趋合理；国内企业产能结构仍然以中小型规模为主。调研实践表明，近年来，虽然在国家相关补贴支持下，一批粮油加工大型国有和民营骨干龙头企业发展迅速，生产规模得到提升。例如，2014年3月，五得利面粉集团亳州分公司一期日处理1500吨小麦制粉工程顺利投产，建成目前世界上最大的小麦面粉单产车间，五得利集团日处理小麦规模增至27 500吨，连续3年蝉联全国销量第一，但相比于外资企业，我国民营和国有粮油加工企业的资源配置结构仍然有待进一步优化。又如，2014年日产千吨以上的外资粮油加工企业达到132家，是相同规模国有企业的2倍多。

综上所述，尽管当前我国粮食加工业中民营企业、国有企业、外资企业"三足鼎立"的多元化主体格局已经形成，尤其是近几年来，我国民营粮食加工企业异军突起，在企业数量和总体规模上都已占据粮食加工业的优势地位，但单个外资企业的产能规模仍远大于国有及民营企业，其资源配置结构较国内民营企业和国有企业更趋合理，而国内企业产能结构仍然以中小型规模为主，资源配置结构仍然有待进一步优化。因此，我国民营和国有粮食加工业企业无论是在生产能力，还是在抵抗市场风险的能力上，均较外资企业存在不小差距。

（五）生产布局与产业集聚度分析

近年来，我国粮食加工业发展立足资源优势，以市场为导向，在政策推动下，生产布局逐步向粮食主产区集聚，产业集聚程度也得到了较快提升。从粮油加工业产值规模来看（表5-7），2013年我国13个粮食主产区粮油加工业实现总产值17 989.1亿元，占全国粮油加工产业总产值的73.44%；实现产品销售收入17 794.5亿元，占全国粮油加工产业总产值的73.48%。全国7个粮食主销区粮油加工业实现总产值3994.1亿元，占全国粮油加工产业总产值的16.30%；实现产品销售收入4083.0亿元，占全国粮油加工产业总产值的16.86%。全国11个粮食产销平衡区粮油加工业实现总产值2513.0亿元，占全国粮油加工产业总产值10.26%；实现产品销售收入2338.4亿元，占全国粮油加工产业总产值的9.66%。统计数据分析显示，当前我国粮油加工业实际产能主要集中在13个粮食主产区，产业布局也进一步向主产区集聚，产业集中度得到较快提升。

表5-7 2013年全国不同区域粮油加工企业主要经济指标情况

区域		工业总产值	产品销售收入	利税总额	利润总额
全国/亿元		24 496.3	24 216.1	986.7	639.6
主产区	总量/亿元	17 989.1	17 794.5	707.9	455.6
	占比/%	73.44	73.48	71.74	71.23

续表

区域		工业总产值	产品销售收入	利税总额	利润总额
主销区	总量/亿元	3994.1	4083.0	185.8	117.5
	占比/%	16.30	16.86	18.83	18.37
产销平衡区	总量/亿元	2513.0	2338.4	93.2	66.3
	占比/%	10.26	9.66	9.45	10.37

数据来源：根据国家粮食局统计资料进行处理获得。

（六）产业效益与企业盈利能力分析

产值规模的大小并不代表行业利润的高低和企业盈利能力的大小，因此，除对产业总体利税和利润进行比较分析以外，还需要对产业利税率等进行全面分析。从粮油加工业的利税情况来看（表5-7），2013年我国13个粮食主产区粮油加工业创造利税707.9亿元，占全国粮油加工产业利税总额的比重为71.74%；7个粮食主销区粮油加工业实现利税185.8亿元，占全国粮油加工产业利税总额的比重为18.83%；11个粮食产销平衡区粮油加工业创造利税93.2亿元，占全国粮油加工产业利税总额的比重为9.45%。从粮油加工业企业获得的净利润来看，2013年，我国13个粮食主产区实现利润总额455.6亿元，占全国粮油加工产业利润总额的比重达到71.23%；全国7个粮食主销区粮油加工业实现利润总额117.5亿元，占全国粮油加工产业利润总额的比重达到18.37%；11个粮食产销平衡区粮油加工业实现利润总额66.3亿元，占全国粮油加工产业利润总额的比重达到10.37%。从产业利润率来看（表5-8），全国粮油加工企业平均利润率为2.64%，13个粮食主产区的粮油加工企业平均利润率为2.56%，低于全国平均水平；7个主销区粮油加工企业的平均利润率为2.88%，高于全国平均水平；11个产销平衡区粮油加工企业的平均利润率为2.84%，也高于全国平均水平。另外，从产值利税率、销售利税率及成本费用利税率来看（表5-8），粮食主产区3项指标均低于全国平均水平，主销区3项指标最高，而产销平衡区的产值利税率和成本费用利税率要低于主销区和主产区，但销售利税率与主产区接近，低于主销区。从成本费用利润率来看，主产区不但低于主销区和全国平均水平，也低于产销平衡区。数据分析表明，我国粮油加工产业效益与企业盈利能力整体偏低，其中，13个粮食主产区粮油加工企业的整体效益和企业盈利能力不但低于其产值和销售收入占全国的比重，也低于全国平均水平和粮食主销区与产销平衡区的整体水平。

表 5-8　2013 年全国不同区域粮油加工企业主要盈利能力指标

单位：%

区域	利润率	产值利税率	销售利税率	成本费用利税率	成本费用利润率
全国	2.64	4.03	4.07	4.46	2.89
主产区	2.56	3.94	3.98	4.37	2.81
主销区	2.88	4.65	4.55	4.97	3.15
产销平衡区	2.84	3.71	3.99	4.26	3.03

（七）进出口与产业国际化情况

据国家统计局数据，2014 年我国主要粮食加工制品仍呈现净进口态势，如淀粉、方便食品、谷物膨化、烘焙食品等，进口总量虽然不大，但同比增幅高达 30%～50%。淀粉产品进口总量排在首位，1—6 月进口 90.1 万吨，同比增长 40.3%，进口金额 4.0 亿元，同比增长 33.7%。到了 2015 年上半年，粮食加工制品中的烘焙、方便食品的进口数量与金额同比亦呈现超过 20% 以上的增幅。不仅如此，国际大型粮食加工企业也逐步深入我国粮食加工市场。一方面，为我国粮食加工行业带来了先进管理模式和技术资源，帮助其在市场竞争中不断发展。例如，2014 年 3 月，中粮集团与荷兰农产品贸易集团 Nidera 签署协议，收购其 51% 的股权，完成了我国粮油行业最大规模的国际并购，有望将中国市场与全球化资源连接起来。国内一些民营粮食加工企业（山东美晶集团等）也在积极部署"走出去"战略，柬埔寨、缅甸及俄罗斯远东地区成为国内企业优选的海外粮食生产基地。但另一方面，国际大型企业也以其先进技术和成本优势抢夺了国内粮食加工行业部分市场份额，使得原有实力较弱的加工品种不得不转手于人。例如，油脂加工行业，国外四大粮商及丰益国际集团已经垄断了我国 80% 的进口大豆货源和 60% 的压榨能力；而丰益国际收购嘉里粮油后，旗下油料品牌"金龙鱼"占据了国内食用油市场 45% 以上的市场份额。

四、我国粮食加工产业发展存在的问题及成因

近年来，我国粮食加工业快速发展，成为产业关联度高、行业覆盖面广、中小微企业多、带动作用强的重要支柱产业和民生产业，并且正引领着农村一二三产业融合互动发展，为"三农"和经济社会发展全局做出了重要贡献。但同时也面临着下行压力加大，自身发展、政策扶持和公共服务等方面存在一些瓶颈问题和特殊困难，迫切需要加强引导和扶持。

（一）我国粮食加工产业发展存在的问题

1. 粮食加工企业开工不足，产能普遍过剩

当前，我国粮食加工业在快速发展的同时，大部分行业都不同程度存在产能过剩问题，许多行业开工率最高的不足60%。例如，国家粮食局统计资料显示，2014年我国稻谷加工能力在33 234万吨，但实际稻谷产能为9459万吨，按照稻谷出米率折算后，全国稻谷加工企业产能利用率仅为43.69%，较2008年的44.49%还下降了0.8个百分点。2008—2014年，小麦加工企业产能利用率从55.84%下降至52.57%，油脂精炼企业产能利用率从70.65%下降至59.64%，玉米产品加工企业产能利用率从83.05%下降至55.42%，只有饲料加工企业产能利用率从63.76%上升至70.60%（表5-9）。整体来看，我国粮油加工企业的产能利用率均较低，尤其是稻谷、小麦粉、食用植物油及玉米加工产品行业产能利用率仅为1/2左右。国内大部分省区也都不同程度存在实际加工量远低于设计加工能力的产能过剩问题，企业开工率大部分不足60%，基本上加工半年、停产半年，部分企业甚至全年有3/4的时间停产。但与此同时，很多地方还在大量盲目建设各类粮食加工厂，导致产能过剩问题进一步加剧。主要原因在于我国粮食加工行业技术和资本的准入门槛低，小企业与规模化龙头企业争资源、争市场的矛盾，加剧了市场无序竞争，致使行业集中度难以提高，制约了行业产能效率的提升和结构的优化。

表5-9　2014年全国粮油加工企业产能利用率情况

单位：%

年份	稻谷加工	小麦加工	油脂精炼	玉米产品加工	饲料加工
2008年	44.49	55.84	70.65	83.05	63.76
2009年	43.98	53.54	67.57	71.97	76.91
2010年	44.74	55.52	56.46	55.59	74.27
2011年	43.20	56.28	50.43	46.76	75.70
2012年	43.16	55.70	52.64	42.27	76.10
2013年	42.48	53.46	55.97	43.54	75.40
2014年	43.69	52.57	59.64	55.42	70.60

数据来源：国家粮食局统计资料。

实地调研显示，当前国内大部分省区都不同程度地存在实际加工量远远低于设计加工能力的产能过剩问题，开工率最高的可接近60%，而最低的不到15%；尤其是企业规模越小，开工率越低。例如，浙江省玉米加工转化企业开工率在40%左右；吉林省玉

米加工转化企业开工率在60%左右，稻谷加工企业平均开工率仅为14.9%，部分企业处于停产状态；广东省小麦实际加工能力占统计能力的57%，植物油仅为42%，稻谷为54%。但与此同时，很多地方还在大量盲目建设各种类型的粮食加工厂，导致产能过剩问题进一步加剧。

2. 产品技术含量偏低，标准和质量控制体系不完善

目前，我国粮油加工业大型成套设备研制不足，自动化、标准化程度低，长期陷入"引进—落后—再引进"的恶性循环中。同时，科研经费短缺、科技资源配置不尽合理、缺乏技术储备、缺乏中试条件造成有限的科研成果难以推广转化，大部分粮油加工企业产品的技术含量普遍较低。实地调研中发现，湖北、黑龙江、河南、江西、河北5省受访的近20家企业中有一半仍然停留在手工作坊的水平。即使是河南、湖北和黑龙江受访的一些大型加工企业，部分粮食加工技术装备还处在发达国家20世纪80年代的水平，它们同粮油加工科研院所及大专院校的互动也十分欠缺，技术创新能力不足、企业缺乏发展后劲。而技术创新能力的不足，进一步导致我国粮油加工业资源利用率和产品出品率偏低，能耗物耗偏高。据国家粮食局统计，我国粮食加工业每年产生的副产物大约为稻壳3000万吨、米糠1000万吨、碎米2000万吨、小麦胚芽和玉米胚芽250万吨。此外，粮食加工业的质量标准和检测体系建设十分滞后，且与国际尚未接轨，导致产品原料专用性不强，优质原料在物流过程中混杂，影响加工品的等级和质量，竞争力较弱，难以适应国际市场需求。例如，泰国稻谷有15个等级、5个粒型指标、12个含杂指标，而中国仅有4个等级。在知识产权保护越来越严格的发展趋势下，我国粮食加工产业如何提升自主创新能力和完善质量标准控制体系，是当前制约我国粮食加工产业长效发展的关键瓶颈。

3. 企业加工规模仍然偏小，产业链条难以延伸

当前，我国粮油加工中小企业在数量上仍占主导，大中型企业偏少，行业规模化、集约化水平偏低。且大部分粮食主产区加工企业加工方式以粗浅加工为主，产业链条短，转化增值率低，"大路货"产品居多，高端深加工产品少。以玉米加工为例，目前世界上已开发出来的玉米加工产品多达几十类、数千个品种，主要有饲料、淀粉、淀粉糖、酒精、玉米油、玉米食品及其他深加工产品。在美国，淀粉、甜味剂和乙醇占据玉米深加工产业的95%，而我国玉米加工业较为发达的长春，只开发了二三十个玉米加工品种，发展空间很大。此外，据国家粮食局统计资料，2013年粮食加工行业共有企业19 880家，且大多数企业生产规模都集中在日产50～400吨，其中，日生产能力在400吨及以上的粮油加工企业数量仅占全部企业总数的12.66%。从各个细分行业来看，2013年，面粉加工行业日处理小麦能力400吨以上的大中型面粉加工企业仅95家，日处理小麦能力在1000吨以上的特大型面粉加工企业只有河北五得利、中粮面业和古船食品等少数15家企业；稻谷加工业日生产能力100吨以下的企业占规模以上企业数量的84%。此外，由于企业规模过小，粮食加工产业链条难以得到充分延伸，进而导致全国许多地区的粮食加工业普遍存在产业趋同、缺乏明确的产业分工和特色，粮食精深加工不足，产品附加值低，大众化粗放型加工产品多，产品品种单一，技术含量较高的高档次加工产品较少，粮食资源未能充分利用，市场竞争力差，进而制约了产业集聚扩张和经济效益的提升。实地调研的5个粮食主产省的15个粮食加工企业中，哈尔滨方正秋然米业有限责任公司、方正县宝兴新龙米业有限公司、河南志情面业有限责任公司、潜江市巨金米业有限公司、江西新华米业有限公司、江西信江粮油有限公司、河北民佳面粉有限公司均没有深加工项目，产品附加值不高，销售利润率较低，仅为3%左右；除黑龙江昊天玉米开发有限公司、河北邯郸丛台酒业股份有限公司、河北太极酒业集团有限公司深加工比重较大外，湖北喜颂粮油（集团）有限公司、武汉伟润集团农产品有限公司深加工项目比重很小，占其总产能的比重分别为15%和20%（表5-10）。不仅如此，小企业与规模化龙头企业争资源争市场的矛盾，在一定程度上也影响到粮食加工业的正常发展和市场秩序，使得通过优化调整结构、促进节约资源、降低能源消耗的难度加大。

表 5-10 主产区受访粮食加工企业基本情况

地区	企业名称	主营业务	粮食仓容/万吨	年加工能力/万吨	实际产能/万吨	销售净利润率/%	深加工规模/万吨
黑龙江	哈尔滨方正秋然米业有限责任公司	稻谷加工	15	30	30	3.2	0
	方正县宝兴新龙米业有限公司	稻谷加工	4	20	10	4.0	0
	黑龙江昊天玉米开发有限公司	玉米加工	5	45	45	3.6	22
河南	安阳辛安面业有限公司	小麦加工	20	80	60	4.6	0
	安阳广联饲料有限公司	饲料加工	1.5	35	25	5.5	0
	河南志情面业有限责任公司	小麦加工	3	30	20	3.5	0
	新乡市蒲北食品有限公司	主食加工	0	6.3	3.2	10	0.5
湖北	湖北喜颂粮油（集团）有限公司	粮油加工	3.6	20	15	2.4	3
	武汉伟润集团农产品有限公司	粮油加工	5	10	8	6.8	2
	潜江市巨金米业有限公司	稻谷加工	2	15	12	4.4	0

续表

地区	企业名称	主营业务	粮食仓容/万吨	年加工能力/万吨	实际产能/万吨	销售净利润率/%	深加工规模/万吨
江西	江西新华米业有限公司	稻谷加工	5	10	3	2	0
	江西信江粮油有限公司	稻谷加工	5	10	3	3.4	0
河北	河北太极酒业集团有限公司	酿酒	1	3	2	3.6	3
	河北邯郸丛台酒业股份有限公司	酿酒	1	5	2	5	5
	河北民佳面粉有限公司	面粉加工	0	0.8	0.5	4.2	0

资料来源：根据实地调研整理而得。

4. 加工成本不断上升，企业普遍面临亏损

当前，在人民币不断升值的背景下，我国粮食生产成本不断上升，最低收购价逐年上涨，国产粮食的低成本和低价格竞争优势逐渐消失，我国与国际粮食价格价差日益明显。例如，自 2014 年下半年以来，进口玉米与国内临储拍卖玉米持续 800～900 元/吨的高位价差；越南、泰国进口稻谷较我国同类稻谷价格普遍低 800～1200 元/吨。截至 2015 年 5 月底，东北临储玉米收购量已超过 8000 万吨，加上 2014 年库存余量，实际收储玉米量已高达 1.3 亿吨，占 2014 年总产量的 60% 左右（远高于联合国粮农组织规定的 17% 的粮食安全收储标准）。以玉米为原料的淀粉、淀粉糖、氨基酸等传统出口产品因原料价格畸高而彻底丧失国际市场竞争力，改出口为进口，行业产能呈现严重的阶段性过剩。随着国家粮食储备规模日益扩大，不仅带来沉重的国家财政负担，同时因加工业需求乏力、粮食转化不足而导致的粮食库存积压亦带来了陈化粮的风险，产业发展陷入恶性循环。

面对当前国内粮食保护价与进口粮食到岸价存在的巨大价差，国内许多粮食加工企业开工严重不足，甚至导致全面亏损，企业生存面临险境。例如，2015 年上半年，以玉米为主要原料的淀粉、饲料加工业发展仍处于历史低谷期，产成品产值同比增长率均呈现出负增长（-5.35%，-7.91%）；尤其是淀粉加工业自 2014 年以来行业经重新洗牌后资产得到优化，另加上财政补贴力度增加，行业利润总额同比有了较快增长（12.45%），但主营业务收入仍为负增长（-8.32%），显示出行业产能仍受到抑制。小麦、稻谷等主粮消费市场购销量虽有回暖，但企业开工率仍不理想，大型、特大型面粉厂开机率尚能维持 70% 左右，中型及中小型企业开机率不足 40%；东北地区稻谷加工企业开工率降至年中低位。终端需求平淡、原料成本高企、产能过剩等问题集中出现。

若按照此种趋势发展下去，我国稻谷、小麦和玉米三大主粮的平均价格会在一段时间后明显超过国际粮价,届时取得市场主导地位的外资粮食加工企业可能沿袭大豆加工业模式以进口原粮来大量替代国内原粮,2216万吨的粮食关税配额一段时间后就可能满负荷。而即使国内粮价接近高成本农业国家如日本、韩国的1/3,65%的配额外关税也无法阻挡国外粮食进口,就会造成高价国产粮以最低收购价收购后大量积压中储粮仓库中,同时又大量进口国外低价粮进行加工,粮食自给率不断下降甚至突破目标底线,严重威胁国家粮食安全。

5. 弱势品种进口依赖度高,加工企业面临原粮紧缺的风险

据发展改革委统计资料显示,近年来我国小麦、玉米和大豆等的进口量均保持在高位,超过1/7的量要依赖进口,特别是大豆进口量持续增长,2015年大豆进口量占进口总量的78.97%。实地调研发现,不少粮食加工企业由于本地粮食质量低下,宁愿"舍近求远"引进其他地区的粮食甚至进口国外粮食作为加工原料。例如,河北太极酒厂属于粮食的深加工企业,需要的加工原料中小麦和玉米占30%,高粱30%,主要引进自东北和山西;稻谷糯米占40%,引进自湖南和湖北。又如,河北丛台酒厂的深加工原料中高粱全部依赖国外进口,因为国外的高粱产品质量好、淀粉含量高、产酒多,价格跟国内差不多;而玉米和小麦依赖东北引进,价格便宜且淀粉含量高。

(二)我国粮食加工业面临问题的成因分析

1. 长期统购统销的管制模式导致国内粮食市场放开时间晚、发展程度低、调控措施多而杂

2004年粮食购销市场化改革以来,随着民营粮食加工业的快速发展,粮食加工业被视为一般竞争性行业。因此,一方面国家财政并没有像支持粮食生产、收购、存储、流通、消费等行业一样,加大对粮食加工业的投入,也没有专门制定外商投资粮食加工业的管理办法,导致粮食加工业发展明显滞后于粮食生产和流通的发展,产业安全面临隐患。另一方面,粮食加工业发展规划起步较晚,导致不同类型地区粮食加工业结构雷同现象严重,多数企业只能开展初加工,产业链短,达不到规模经济要求,整体水平比较低。调研中发现,许多主产区粮食加工企业没有充分利用和发挥农业资源的比较优势,加工模式以简单粗加工为主,虽然利润率比深加工低很多,但依赖显著的资源优势,企业仍有利可图;而失去资源优势保护的粮食主销区,加工企业在生存压力的促使下,往往通过提高加工技术和劳动生产率,大力发展深加工产业,以便赚取更多利润。

2. 粮食加工业准入门槛低,加剧市场无序竞争

现行的粮食加工业准入门槛低,中小企业数量逐年增长,大多数企业依靠产能扩张降低生产成本,导致市场竞争激烈,行业集中度难以提高。例如,河南滑县有10吨以上的小面粉厂百余家,其转化加工量约占本地城乡居民口粮数量的1/3,总加工量约为

5 万吨；湖北潜江市稻谷加工企业有 32 家，年加工规模 10 万吨的企业仅有潜江市巨金米业有限公司一家，年加工规模 5 万吨的企业有 6 家，占比为 19%，年加工规模小于 5 万吨的企业有 25 家，占比为 78%。大多数中小企业依靠生产规模小、生产计划组织灵活勉强维持经营，粮油加工企业内的优胜劣汰、行业整合难以进行。大量中小企业进入导致行业产能进一步扩张，行业产品价格竞争加剧，行业产能利用率长期处于较低水平，企业停产现象不容忽视。

3. 企业自主创新能力弱，制约了整个行业的转型升级

当前，我国中小型粮食加工企业占据粮食主产区加工行业的很大比例，普遍创新意识淡薄，粮食加工技术装备落后，科研能力十分薄弱，规模小、作业简单，基本没有技术研发机构和人员。由于经济效益往往较低，企业基本没有能力对技术、产品进行改进和创新；多数粮食加工方面的关键技术仍然处于仿制阶段，科技成果储备相对较少，并且转化缓慢，产品技术含量也相对较低。整个粮食加工业都呈现基础研究薄弱的态势，缺乏国家工程技术中心、国家实验室、工程实验室、企业技术中心等重大技术研究和创新平台，拥有自主产权的成果较少。由此导致粮食加工企业自身造血机能差，自主创新能力弱，从而制约了粮食加工业的升级。目前，重要的粮食加工工艺和技术装备主要依靠从发达国家引进，形成了较强依赖性，这对粮食加工业的长远发展有严重的制约性。2011 年全国粮油加工企业科技研发经费投入 33.4 亿元，仅占销售收入的 0.2%，相比其他行业明显偏低，也远低于发达国家 2%～3% 的平均水平。

4. 支持粮食加工业发展的政策力度不够，粮食加工调节粮食供求的市场化机制尚不完善

当前，相较于粮食生产环节而言，我国粮食加工业缺少政策扶持，尤其是信贷资金严重不足。粮食行业是一个进入市场经济较晚的行业，在资金、技术、品牌、规模及人员素质等方面处于相对劣势。政府在信贷、税收、投资等政策方面对粮食加工企业扶持较少。调研显示，许多粮食加工企业信贷困难，资金压力巨大。尤其是粮食收购季节性强，收购资金比较集中，金融部门对加工企业实行的是商业贷款，而商业贷款难度较大，且额度远远不能满足需要。与此同时，粮食加工业发展滞后于粮食生产，粮食加工引导生产、促进流通和消费、调节供求的功能未能得到充分发挥。局部区域粮食供求总量和品种结构矛盾凸显，粮食加工终端产品调控能力不强。此外，我国粮食应急加工体系建设刚刚起步，应急加工、物流、供应等环节不够完善，难以满足自然灾害、突发事件对粮食应急供应的要求。

五、本章小结

近年来，我国粮油加工企业数量快速增长，生产规模不断提升，加工产品产量持续增长，品种结构得到优化，产业经济效益与企业盈利能力均逐步提升；同时，加工主体日趋多元化，生产布局正逐步向粮食主产区集聚，加工产业国际化步伐不断加快。但与此同时，仍存在粮食加工企业开工不足，产能普遍过剩；产品技术含量偏低，标准和质量控制体系不完善；企业加工规模仍然偏小，产业链条难以延伸；加工成本不断上升，企业普遍面临亏损；弱势品种进口依赖度高，加工企业面临原粮紧缺的风险等问题。从行业发展总体情况来看，我国粮食加工业仍与发达国家存在较大差距。究其原因，主要是由于长期统购统销形成的管制思维和垄断模式，致使中国粮食市场放开时间晚、发展程度低、调控措施多而杂，且粮食加工业准入门槛低，加剧了市场无序竞争；而企业自主创新能力弱，又制约了整个行业的转型升级；加上粮食现代物流效率不高，支持粮食加工业发展的政策力度不够等造成的。

对此，新形势下，我国应把粮食加工业摆在战略性基础产业的位置上给予重点支持，切实加强产业政策指导，设立财政专项资金，重点扶持粮食加工龙头企业，并加大对粮食加工业的科技研发投入力度，加快企业加工技术改造升级的步伐。以优质粮基地建设为抓手，以点带面全面推广循环经济模式，确保优质粮源供应；培育壮大龙头企业，推动企业并购、重组、联合，支持优势企业做大做强，提高粮食加工市场集中度。

第六章　我国粮食宏观调控与流通体系建设研究

粮食流通是连接粮食生产和消费的桥梁和纽带。经过多年发展，我国粮食流通体系在组织粮食生产流通、合理配置粮食资源、规范粮食市场秩序、实现国家对粮食宏观调控、确保粮食安全方面的成效越来越显著。"十三五"时期是全面破解粮食供求阶段性、结构性矛盾的关键期，是全面推进粮食流通能力现代化的攻坚期，是全面释放粮食产业经济活力的转型期，是全面促进国内与国际粮食市场深度融合的机遇期，对我国基于粮食安全的宏观调控体系改革和粮食流通体系建设提出了新的更高要求。

一、我国粮食流通体系的基础条件建设情况

（一）粮食批发市场数量逐年增长，粮油零售网点建设遍布城乡

2011—2013年，我国各类粮食批发市场数量逐年增加，从448家发展到512家，增长14%。其中，成品粮市场是粮食批发市场的主要组成部分。截至2013年年底，全国各类粮食批发市场数量达512家。其中，商流市场106家，成品粮市场406家。同时，粮食批发交易量也逐年增加，截至2013年，粮食批发交易量约1.5亿吨，约占全社会商品流通量的43%（表6-1）。

表6-1　粮食批发市场发展情况

年份	粮食批发市场数量/个	商流市场数量/个	成品粮市场数量/个	粮食批发交易量/亿吨
2011年	448	92	356	1.1
2012年	473	—	—	1.1
2013年	512	106	406	1.5

数据来源：《中国粮食年鉴》2012—2014年。

目前，以城镇集贸市场、大型超市、便民连锁店为主要形式的城乡粮油零售供应网点快速发展，已初步形成网点覆盖面广、质量安全有保障的粮油零售供应网络，在满足城镇居民多元消费需求方面发挥了重要作用。同时，农村粮油产品连锁经营、物流配送等新型零售业态发展较快，农村粮食零售市场交易活跃，功能日趋完善。"放心粮油进社区、进农村"活动继续深入开展。截至2012年年底，全国建立"放心粮油店"和示范销售店6000家以上，放心粮油销售网点23万多个，其中农村网点7万多个，创建示范配送中心达400多家，已成为政府保障粮食质量安全的重要抓手。

（二）粮食仓储设施建设不断加强，大数据智慧仓储系统加速构建

近年来，中央及各级政府加快投资扶持力度。2011—2013年，粮食流通基础设施建设投资额从782亿元增长到801亿元，年完成投资额从209亿元增长到247亿元，基础设施建设项目从6769个增长到8045个（表6-2）。其中，项目总投资、年完成投资以粮食物流和粮油仓储项目为主。2013年，建设项目和已具备建设条件的前期项目总投资中，主要是粮食现代物流项目（占41%）和粮油仓储设施项目（占50%），两类项目约占总投资的91%；各类项目中粮食现代物流项目占25%、粮油仓储设施项目占56%，两类项目约占完成投资总额的81%。"十二五"期间，经国务院批准，发布实施了"粮安工程"建设规划，3年时间中央财政投资248亿元，带动地方和企业配套投资近800亿元，建设现代化仓容1388亿斤，维修改造"危仓老库"仓容2460亿斤，粮食收储能力比2011年增长32%。2015年，全国粮食企业共有14 179.2万吨仓容装备了环流熏蒸系统，占有效仓容的40.6%；有19 167.6万吨仓容实现了计算机测温，占54.9%；有26 588.9万吨仓容实现了机械通风，占76.2%。另外，全国粮食企业共配备检化验仪器设备22.3万台；通风机18.3万台，输送机械12.7万台，其他移动式设备3.6万台；汽车衡2.0万台；运粮汽车10 774辆，火车皮4446节，船舶43艘；谷物冷却机1082台；烘干设备6125台(套)，烘干能力7.6万吨/小时；累计配置储粮装具1000万套，每年为农户减少粮食损失25亿斤以上。此外，中央持续安排94亿元补助投资用于支持粮油仓储设施、储粮罩棚、粮食现代化物流设施建设、"危仓老库"维修改造、农户科学储粮专项和粮食质量安全检验检测能力项目建设，基层一线骨干粮库收储功能明显增强，库容库貌焕然一新。

表6-2　2011—2013年粮食流通基础设施建设情况

年份	中央补助投资额/亿元	总投资额/亿元	基础设施建设项目/个	年完成投资额/亿元
2011年	25.8	782	6769	209
2012年	28.8	834	6892	263
2013年	39.4	801	8045	247

数据来源：《中国粮食年鉴》2012—2014年。

随着粮食流通基础设施建设投资力度的不断加大，我国粮油仓储企业数逐年增加，粮食仓储能力不断增强。2013年，全国共有粮油仓储企业19 495户，与上年相比，企业户数增加266户；完成建设仓容2204万吨，比上年新建仓容增加54万吨（表6-3）。截至2013年年底，全国可用仓容25 975万吨，较上年增加934万吨，增幅3.7%。此外，粮食储备型企业仓储能力最强，加工型企业次之，物流型企业仓储能力最弱。据不完全统计，按企业主营业务类型划分，储备类型企业可用仓容2.0亿吨，占全部可用仓容的76.9%；加工类型企业可用仓容5015万吨，占19.3%；物流类型企业可用仓容93万吨，占3.8%。

表6-3　2007—2013年全国粮油仓储企业数量汇总

单位：户

年份	合计	分规模企业构成				
		非国有	2.5万吨以下	2.5~5万吨	5~10万吨	10万吨以上
2007年	18 254	3108	15 114	1655	991	494
2008年	17 869	3507	14 653	1658	1033	525
2009年	17 995	4372	14 434	1826	1136	599
2010年	18 326	5290	14 432	2019	1220	655
2011年	18 226	6044	14 068	2133	1310	715
2012年	19 229	7368	14 289	2516	1523	901
2013年	19 495		14 913	2338	1414	830

数据来源：《中国粮食年鉴》2012—2014年。

同时，随着"互联网+"国家战略快速推进，物流大数据进入发展快车道，仓储软件系统纷纷制定云计算发展战略，物流云成为仓储业热词，互联网+仓储推动了仓储资源共享发展，促进了仓配一体化与共同配送的发展，以仓储共享为核心的智慧仓储技术应用成为物流领域投资热点，智慧粮库发展迅速。互联网+仓储设备发展促进了仓储机器人、无人仓储叉车、货到人自动拣选、货到机器人自动拣选、自动智能打包机器、自动输送分拣设备、自动化智能立体库等现代新型仓储技术的快速发展。大数据可以为仓储网点智能补货和物流系统货物分拨提供支持，大数据与云计算技术应用使得信息孤岛的仓库智能联网实现了统筹运作。目前，江苏省已经率先完成了智慧粮库的覆盖工作，截至2016年年底，全省已经建设完成基层国有智慧粮库超过600家，实现收购全程信息化。

（三）粮食现代物流设施建设不断提速，"两横、六纵"8条重点线路加快推进

近年来，我国围绕"一带一路"建设、京津冀协同发展、长江经济带发展三大战略，大力推进东北、黄淮海、长江中下游、华东沿海、华南沿海、京津、西南和西北八大粮食物流通道建设，突出大节点，强化主线路，重点完善和发展"两横、六纵"8条粮食物流重点线路。安排中央预算内投资30.3亿元支持建设粮食物流设施，形成了一批多功能粮食物流园区，重点布局50个左右一级节点，110个左右二级节点，推动火车散粮运输系统工程、港口散粮运输提升工程建设，形成节点层次清晰、线路结构优化、通道发展平衡的粮食现代物流格局。南宁中国—东盟粮食物流园区、西安粮食物流枢纽、贵州西南粮食城等项目积极推进。2015年，全国粮食现代物流项目完成投资超过62亿元，长江流出通道所占比重最大，其次是华南、黄淮海和东北通道，最小为京津通道（表6-4）。新建粮食专用码头泊位41个，能力1564万吨；新建铁路专用线24千米，其中有效长度14千米；新建铁路罩棚19万平方米；新增散粮接收能力2.9万吨/小时，发放能力2.3万吨/小时；新增烘干能力8947万吨/小时；新增散粮汽车574辆，散粮火车皮6节，散粮船舶2艘。其中，中央财政安排补助投资6.785亿元，用于支持八大跨省粮食物流通道粮食现代物流项目建设。

表6-4　2015年粮食物流项目各通道完成投资情况

通道	年完成投资/亿元	比重/%
合计	62.3	100
东北流出通道	7.9	12.6
黄淮海流出通道	8.5	13.7
长江流出通道	18.4	29.6
华东沿海流入通道	6.7	10.7
华南沿海流入通道	9.3	14.9
京津流入通道	1.4	2.3
西南流入通道	4.9	7.9
西北流入通道	5.2	8.3

数据来源：《中国粮食发展报告2016》。

为加快推进散货火车入关运营，打通"北粮南运"主通道，国家粮食局积极沟通协

调有关部门开通了"吉林白城—安徽蚌埠"和"吉林松原—湖南岳阳"散粮火车运输线路，以及"辽宁开原—四川青白江"铁路集装箱散粮运输试点。充分整合利用八大通道现有资源，优化物流节点布局，推动粮食物流向主要线路和节点聚集，促进粮食物流规模化运营，实现公路、铁路、水路多式联运和多种装卸方式的无缝衔接，提升接发效率，深化产区与销区的对接。东北通道重点以东北港口群、战略装车点为支撑，依托重点线路和优势产区（含加工集聚区），完善散粮集并发运设施和集装单元化装卸设施，着力提升铁路散粮（含集装单元化）入关外运能力。对接华南、华东、长江中下游地区，主要发展铁水联运、公水联运和铁路直达运输；对接西南、西北地区，主要推进铁路集装单元化运输。

（四）粮油质检体系初步形成，检验检测水平明显提升

粮油质检体系建设在各级政府及国家粮食局的支持下得到快速发展并逐渐完善。目前，已建成了样品前处理、油脂、原粮、成品粮、色谱、光谱、微生物、加热室、天平室、小麦品质、化学分析、物理快速检测、烘焙、品质评价、粮食仪器检定等现代化实验室，可满足原粮、饲料、成品粮等124种产品质量检测，以及卫生、农残、真菌毒素和营养四大类52个通项检验，高精端的色谱仪、近红外分析仪、原子吸收分光光度计、酶标仪、烘焙设备等根据各市粮油质量业务状况给予配置，各市级站的样品处理、加热室、天平室、物理检验室、化学分析室、色谱室、光谱室等试验场所得到了规范化建设，初步形成了以省粮油质检为中心，省辖市粮油质监站为骨干，县级粮油质检站和大型粮油加工企业化验室为基础的粮油质检体系，全面开展粮食收购前的质量调查、粮食品质测报，以及技术人员培训和质量标准的修订等工作。

建立了以国家为龙头、省为核心、地市为骨干、县为基础的国家食品安全风险监测制度和技术网络。经过"十五"到"十二五"的建设，构建了覆盖11个省、市的化学污染物监测网和16个省、市、区的食源性疾病监测及病原菌检测试点及其相关的网络报告制度。2015年，食源性疾病及食品污染监测工作已经覆盖了全国31个省（市、区）和新疆生产建设兵团，地市级基本覆盖，县级达到了75%以上。特别是食源性疾病的报告工作，国家、省、地市和县的2962个疾控机构基本实现了全覆盖。

快速检测试剂和装备产业化水平明显提升，市场监管和应对突发事件能力明显增强。近年来，我国制备各种抗体300余种，研发快速检测产品600余种，市场占有率从"十五"末期不到10%升至80%以上。建立了自主知识产权的抗体筛选平台，形成了一批快速检测产品，包括生物毒素和中毒控制常见毒物检测产品（如检测试剂盒、免疫层析柱和快速检测卡等）、农兽药快速检测产品，以及食品添加剂、饲料添加剂与违禁化学品检测试剂等，市场占有率从"十五"末期的10%上升到90%。

（五）农贸市场发展迅速，粮食数字化、可追溯管理体系初步建立

农贸市场的发展为粮食流通体系的建立提供了关键节点，目前，我国农贸市场发展迅速，农贸市场数字化、可追溯管理体系已初步形成。为商户统一配置可追溯电子秤，商户的每一笔交易记录会实时回传到粮食供应公司的数字中心后台管理系统，一旦发现食品安全、缺斤短两等问题，消费者可以根据消费记录进行深度追溯食品来源，最大限度地保证了食品安全。与此同时，公司数字中心会对收集到的农贸市场交易信息与公司一二级批发市场及终端连锁店等自营领域交易信息进行综合汇总、分析，为企业科学经营决策提供准确数据支撑，为政府进行市场供求分析、价格预警、宏观调控及有效应对突发事件等提供真实可靠的数字依据。

（六）粮食流通信息平台初步建立，竞价交易平台布局覆盖全国

目前，我国已初步建立全国和区域粮食物流公共信息平台，形成了物流信息化服务体系，提升粮食物流信息监管和共享水平，促进以市场为导向的资源整合和产销衔接，推进粮食物流供应链等高效物流运营管理模式的发展。此外，通过运用工业自动化、信息化、智能化方式，利用物联网、商业智能、云计算、SOA 和 ETL 等技术，精确采集粮食存储过程中的所有信息，并整合到一个统一的信息管理平台上，实现了以任务驱动为核心的粮库信息化管理模式。同时，粮库信息管理平台对所有数据进行数据挖掘、综合分析，从而达到对粮食仓储企业进行科学、高效、低成本、绿色生态的管理。此外，全国统一的粮食竞价交易平台已基本覆盖全国，为落实宏观调控意图提供有效支撑。2015年，平台已与 31 个省（区、市）的粮食批发市场联网，系统会员达到 2 万家以上，交易品种包括小麦、稻谷、玉米、油脂油料等大宗粮油，可以实现全国快速联动，有针对性地实施宏观调控举措。此外，在各省粮食批发市场的基础上，国家粮食局组建国家粮食交易中心，承担政策性粮食销售任务。国家粮食交易中心具有大批量、大规模交易的特点，是体现国家粮食宏观调控的重要渠道。国家粮食交易中心及各地区粮食批发市场利用全国粮油统一电子竞价交易系统平台很好地完成了国家政策性粮油竞价销售任务，提高了宏观调控效果，降低了调控成本，在最短的时间内调节市场供给，稳定粮食市场价格，为国家宏观调控粮食市场发挥了重要作用。

二、我国粮食流通市场体系的业务构成情况

随着市场化改革的不断推进，各类型粮食流通市场也不断发展壮大，市场分工逐步明晰，粮食收购、零售、批发、期货市场都有了很大的发展，各种市场功能也得到有效发挥。

（一）收购市场多元主体格局基本形成，目标价格改革试点持续推进

目前，我国粮食收购市场已形成以国有粮食企业为主，多元化市场主体共同参与的主体形态。国有粮食购销企业是政府进行粮食宏观调控的主要抓手，是保障国家粮食安全的核心主力军。2015年，国家继续在小麦、稻谷主产区实行最低收购价政策，保持小麦和稻谷的最低收购价格水平与上年持平；继续对玉米实行临时收储政策，但将玉米收购底价由 1.11～1.13 元/斤统一调降至 1 元/斤，调降幅度达 9.91%～11.50%；将油菜籽临时收储政策改为由省级政府自行组织收购。根据《关于总结东北和内蒙古大豆目标价格改革试点经验》的要求，继续实施东北三省一区大豆目标价格改革试点，2015年大豆目标价格定为 2.4 元/斤，与 2014 年持平。继续在 2015 年秋冬播种之前公布 2015 年小麦最低收购价格，2015 年生产的小麦（三等）最低收购价格为 1.18 元/斤，与 2014 年持平，稳定农民对小麦种植的收益预期。总体看来，2015 年粮食收储政策稳中有变，对于小麦、稻谷这两大口粮品种，收储政策继续维持稳定；对于国内明显过剩的玉米，采取了逐步调降收储底价的政策转变；对于大豆和油菜籽等对外依存度较大的品种，采取了更加市场化的政策取向。截至 2014 年年底，全国取得粮食收购资格的企业达到 8.63 万家，其中国有及国有控股企业 1.61 万家，个体工商户、民营企业、外资粮商等多元化主体 7.02 万家（表 6-5）。同时，粮食收购市场秩序也得到改善，各级粮食行政管理部门对各收购主体严加监管，严格按照"五要五不要"原则执行收购任务。

表 6-5　2010—2014 年我国各类粮食企业数量情况

单位：万家

年份	粮食收购企业数	国有企业		其他多元主体	
		企业数	占比/%	企业数	占比/%
2010 年	8.75	1.75	20	7.00	80
2011 年	8.60	1.64	19	6.96	81
2012 年	8.25	1.57	19	6.68	81
2013 年	8.43	1.52	18	6.91	82
2014 年	8.63	1.61	19	7.02	81

数据来源：《中国粮食年鉴》2011—2015 年。

（二）市场导向的零售网络深入民生，成为应急供应的重要支撑

目前，以城镇集贸市场、大型超市、便民连锁店为主要形式的城乡粮油零售供应网点快速发展，已初步形成网点覆盖面广、质量安全有保障的粮油零售供应网络，在满足

城镇居民多元消费需求方面发挥了重要作用。同时，随着农村粮油产品连锁经营、物流配送等新型零售业态发展较快，农村粮食零售市场交易活跃，功能日趋完善。此外，随着人们对粮食质量安全要求的提高，"放心粮油店"日渐成为深受广大居民欢迎的零售形态，政府也将"放心粮油店"作为民生工程大力推广。在政府宏观调控下，粮油零售供应网络已成为政府保障粮食质量安全的重要抓手，即通过粮油零售供应网络，以合理的价格，相对稳定地供应适销对路的优质粮油、杂粮及其制品，为广大人民群众服务，同时保障国家粮食安全。

（三）批发市场综合服务功能不断完善，成为宏观调控重要载体

近些年，粮食批发市场已成为粮食流通的主要渠道，在服务国家粮食宏观调控和合理配置粮食资源方面发挥了重要作用。目前，我国已经形成以国家粮食交易中心为龙头、区域性批发市场为骨干、城镇成品粮市场为基础，多层次的粮食批发市场体系，在做好政策性粮食交易、服务国家粮食宏观调控的情况下，加强贸易粮交易职能，实现贸易粮交易与政策性粮食交易两大功能共同发展。截至2014年，我国共有25家国家粮食交易中心。国家粮食交易中心能够加强产销区粮食市场信息对接，组织好粮食购销，在服务主产区农民增收、满足主销区粮食需求方面发挥着积极作用。

不仅如此，随着信息产业的快速发展和交通运输条件大大改善，特别是互联网络的大力发展，传统意义上的将粮食汇集到甲地然后分散到乙地的做法，已经部分被网上交易所取代，粮食运输开始朝着信息、组织、集散、运送、服务等方面的快速优质方向发展。从全国各地粮食批发市场的情况来看，目前的综合服务功能主要体现在：粮油质量监督检测和协调仲裁、撮合交易、代购代销、代储代运、物流配送、货款结算、运输、税务、工商、银行、城管、食宿后勤等协调服务。随着粮食批发业务实践的发展，一些粮食批发市场已经开始尝试新的发展途径：一是粮食批发市场开始向粮食加工等领域延伸；二是粮食批发市场组建期货经纪公司，代理粮食期货交易；三是粮食批发市场通过网上集中竞价的方式，组织栈单交易；四是承担储备粮轮换、陈化粮销售、退耕还林粮食采购等政策性粮食竞价交易，发挥"载体"作用；五是开展多种商业性的经营活动，并以多种经营收益促进粮食批发市场的发展。

（四）期货市场规模和成交量连年攀升，成为稳定粮价的重要手段

近年来，粮食期货市场改革、创新的步伐加快，粮食期货市场在国民经济中的地位和作用步步提升。例如，郑州商品交易所和大连商品交易所都是国内经营粮食期货交易的重点市场，涵盖了大豆、玉米、小麦、豆粕等主要粮食品种。早籼稻作为我国主要的稻谷品种，已于2009年在郑州商品交易所上市交易，粳稻也于2013年年底在郑州商品

交易所挂牌交易。此外，粮食期货市场的成交量与交易额较快增长。2013 年，我国粮食期货市场的成交量与交易额分别为 112 759.66 万手与 439 809.75 亿元，比 2011 年增长 215% 与 124%（表 6-6）。虽然就目前情况看，我国粮食期货市场与国外发达期货市场的差距较大，但这也说明我国粮食期货市场发展具有广阔的空间。

表 6-6　2011—2013 年我国粮食期货市场的成交量与交易额

年份	成交量 / 万手	成交额 / 亿元
2011 年	35 718.21	195 515.12
2012 年	102 899.78	443 271.98
2013 年	112 759.66	439 809.75

三、我国粮食流通市场主体培育情况

随着我国粮食市场化改革的不断深入，粮食流通市场形成了多元化的市场主体结构。目前，我国粮食流通市场主体包括两部分：一是粮食市场供给主体，即农民（尤其是种粮大户）、粮食经纪人、种粮专业合作社；二是粮食市场流通主体，即国有粮企、私营粮企、外资企业和散户经营商。

（一）经纪人队伍不断壮大升级，成为粮食流通市场生力军

近些年来，粮食流通市场主体发展的显著特点之一就是粮食经纪人的地位得到法律认可，成为购销市场的重要成员。粮食经纪人作为一支活跃在农村粮食流通市场上的主力军，是新形势下把国务院要求建立的粮食省长责任制具体落实到基层的一个重要抓手和实施国家粮食局提出的"粮安工程"的一个现实切入点，它是收集粮源的主力、农民卖粮的帮手、沟通产销的桥梁及粮食安全的基石。当前，随着粮食流通体制改革的深化和市场主体多元化格局的形成，农村粮食经纪人迅速发展，队伍不断扩大，经营日趋活跃，作用日益显现。此外，绝大部分粮食经纪人在转型升级、发展壮大过程中表现出新特点、新趋势。一是从个体经营向实体经济转变，即从走村串户式的粮贩向经营实体的企业家转变；二是从单一模式向复合模式转变，即在继续保持传统的粮食购销经营的基础上，结合实际发展了粮食土地流转、仓储、烘干、加工、期货等粮食类业务，丰富了自己的经营内容，扩大了经营范围，从而使自己能更好地适应市场；三是由单打独斗向"抱团作战"转变，即组建各种粮食合作组织，流转土地建立粮源生产基地，壮大发展规模，由单打独斗向规模化、集团化发展，或者积极引进外援，采取联营、挂靠、代收代储等方式，与大型国企加工企业合作，增强市场竞争力；四是由传统购销向现代营销转变，

即不少粮食经纪人已经形成现代市场营销理念，积极引进现代物流、网上竞拍、电子商务等多种现代营销手段，参与市场竞争，提升经济效益。

（二）专业合作社数量显著增加，成为宏观调控的关键抓手

粮食专业合作社大致分为粮食销售合作社与粮食加工合作社，是搞活粮食流通的重要主体。粮食销售合作社，一方面，可以有组织地销售粮食，最大程度避免农民的"抛售"和"惜售"行为、粮食流通企业的"杀跌"行为，从而化解农民与流通企业利益受损、粮食安全形势恶化的风险；另一方面，可以消除粮食生产者同步"抛售"行为，参与市场粮价形成，降低市场粮价跌到最低收购价以下的风险，从而减轻国家财政和国有粮食企业的负担。粮食加工合作社，一方面是优化粮食加工工业区域布局，化解产销区利益矛盾的重要组织形式；另一方面是粮食产业化经营形成真正的利益共同体，化解粮食生产者与龙头企业利益矛盾的需要。此外，从改善我国粮食宏观调控来说，调控粮食专业合作社显然比调控千家万户更容易实现国家的粮食宏观调控目标。粮食专业合作社是各级政府对粮食生产、销售进行宏观调控的基层组织，可以把国家有关政策作用于粮食生产者、经营者和粮食消费者。近些年来，我国粮食专业合作社发展较迅速。据农村经营管理情况统计，截至2015年6月底，纳入调查的农民专业合作社总数达120.0万个，比2014年年底增加6.2万个，增长5.5%。其中，粮食类合作社23.9万个，比2014年年底增长12.0%。

（三）国有粮企改革不断深化，成为粮食流通市场核心主体

国有粮食企业一直都是我国粮食流通的主体。自市场化改革以来，国有粮食企业在深化粮食流通体制改革中获得新生，越来越适应市场经济的发展要求。国有粮企一直承担着粮食宏观调控任务，认真执行国家粮食最低收购价政策和粮油临时收储政策，托市收购价格稳中有升，确保了国内粮食市场基本稳定，有效保护了种粮农民积极性。近年来，各级粮食部门在坚持积极稳妥、加强监管和防止国有资产流失的同时，鼓励粮食产业化龙头企业、新型粮食生产经营主体等多元市场主体参与国有粮食企业改革，稳妥发展混合所有制粮食经济，完善公司治理结构，建立完善现代企业制度，提高了企业活力和市场竞争力，放大了国有资本功能。国家粮食局持续大力推进县级国有粮食企业重组，以优势骨干粮库为主体，对分散的库点资产进行整合，实行统一财务核算、经营管理和制度管控，把单打独斗的"巴掌"握成五指并拢的"拳头"，企业资产实力和经营能力明显提高。截至2016年年底，全国大部分省份实现了"一县一企、一企多点"。湖北、安徽、江苏、陕西等省把县级粮食企业整合与土地确权变性、做强做优做大结合起来。湖北近3年省级财政累计安排1.4亿元补助资金支持基层企业改革，85%的资产确权和土地变性

工作已完成，全省86个县市全面实现了"一县一企、一企多点"改革重组任务。

国有粮食企业通过兼并重组、产权改革，经济效益也稳步提升。据历年粮食市场发展报告统计，国有粮食企业自2007年以来已连续7年实现统算盈利，截至2014年年底，统算已实现利润77.3亿元。

（四）民营粮食企业迅猛发展，成为粮食流通市场重要成员

随着粮食流通市场的开放，私人粮商、民营企业积极入市，成为粮食流通市场的活力主体。民营粮食企业的快速发展，有利于营造多元竞争环境，进一步搞活粮食流通，加快粮食流通速度，保障国家粮食安全。数据显示，2011年我国粮食加工企业数量达到了18 138家，2014年增长到了19 366家，其中民营粮食加工企业占粮食加工企业的绝大部分（表6-7）。

表6-7　2011—2014我国粮食加工企业数量汇总

单位：家

企业性质	2011年			2012年			2013年			2014年		
	企业数量	产能规模/万吨		企业数量	产能规模/万吨		企业数量	产能规模/万吨		企业数量	产能规模/万吨	
		<200	>200		<200	>200		<200	>200		<200	>200
总计	18 138	13 013	5038	19 330	13 625	5613	19 880	13 707	6072	19 366	58 448	39 145
国有及控股企业	1447	1054	387	1423	1066	352	1408	1036	368	1240	4249	2644
外商投资企业	610	229	374	601	202	391	587	188	391	579	1781	1158
民营企业	16 081	11 730	4277	17 306	12 357	4870	17 885	12 483	5313	17 547	52 418	35 343

数据来源：《中国粮食年鉴》2012—2014年。

四、我国粮食流通政策体系与环境建设情况

（一）粮食流通政策体系日益健全

粮食流通体制改革进程加快。一是2015年，国务院出台《国务院关于进一步深化粮食流通体制改革的意见》，指出改革总目标是：在国家宏观调控下，充分发挥市场机制在配置粮食资源中的基础性作用，实现粮食购销市场化和市场主体多元化；建立对种粮农民直接补贴的机制，保护粮食主产区和种粮农民的利益，加强粮食综合生产能力建设；

深化国有粮食购销企业改革，切实转换经营机制，发挥国有粮食购销企业的主渠道作用；加强粮食市场管理，维护粮食正常流通秩序；加强粮食工作省长负责制，建立健全适应社会主义市场经济发展要求和符合我国国情的粮食流通体制，确保国家粮食安全。二是专门出台政策进一步健全省长粮食安全负责制，国家粮食安全保障制度建设取得重大突破。2014年年底国务院印发了《关于建立健全粮食安全省长责任制的若干意见》，明确界定了各省（区、市）人民政府保障本地区粮食安全的主体责任；2015年又配套出台了考核办法，监督考核机制正在抓紧建立；各地积极主动推进粮食安全省长责任制的全面落实，31个省级人民政府全部出台了实施意见，大部分省份制定了考核办法。三是以"粮安工程"为抓手，推进粮食流通体制改革进程。2015年6月，发展改革委、国家粮食局、财政部三部委印发《粮食收储供应安全保障工程建设规划（2015—2020年）》，提出抓紧推进"粮安工程"建设。

粮食流通政策的内容不断完善。现行粮食流通政策主要涉及如下内容：粮食购销市场化；粮食价格市场化；加快国有粮食企业改革；稳定发展粮食期货市场；市场主体多元化；完善粮食宏观调控等。其中，核心政策包括粮食购销政策、粮食储备政策、粮食补贴政策。粮食购销政策主要有自由购销、统购统销、"双轨制"、保护价收购及最低价收购等政策；粮食储备政策主要有中央储备粮和地方储备粮管理的各项规定；粮食补贴政策主要有直接补贴和价格补贴两种。

（二）粮食流通市场环境不断完善

公平、公正、平等的市场环境逐步形成。首先，加快《粮食法》立法进程。国家粮食局主动加强与国务院法制办的沟通，研究提出完善《粮食法》的意见建议，配合调研工作。同时，各地粮食法制建设取得积极进展，如广东、贵州、宁夏和江苏无锡、甘肃兰州等地颁布实施了地方性粮食法规，一大批地方政府规章先后出台。此外，各地公布了粮食行政权力清单，认真开展粮食执法检查工作，积极探索推进省际联合执法，依法治粮、依法管粮取得实效。其次，完善粮食行政许可。粮食行政管理部门按照《行政许可》和国家有关规定，健全行政审批制度，规范审批流程，为粮食流通经营主体提供服务。截至2013年，我国各级粮食行政管理部门共审批各类粮食收购主体达84 343个，中央储粮代储资格企业2069户。

粮食市场信息体系建设步伐明显加快。各级粮油市场信息机构通过粮油市场信息服务网站、专业媒体、广播、电视和微信平台编发专业性的市场报告等多种手段，面向社会提供了大量有价值的信息，提供了比较优质的信息服务。例如，黑龙江粮食批发市场在信息服务方面不断强化信息公共服务理念，通过引入先进的技术和经验及跨行业合作，持续提升服务水平。安徽省粮油信息中心紧密围绕"服务粮食宏观调控、服务粮食流通、服务粮食企业经营",不断完善"中国粮食网"的功能作用,有力促进了安徽省粮食工作信息化、网络化建设。武汉国家粮食交易中心,一方面整合完善湖北粮食监测系统,与全省45家价格监测点开展了价格报送工作的良性互动,承接新版粮油价格周报的编撰报送任务,积极履行粮油市场监测职能,被发展改革委授予全国价格监测先进单位;另一方面继续加强7个信息发布平台建设,陆续新推微信公众服务平台和粮食市场季度报告。

(三)粮食流通管理效能显著提高

近年来,国家积极稳妥推进粮食收储体制改革,玉米临时收储探索形成"一主多辅"模式,价格更加贴近市场,油菜籽收购交由省级政府组织实施。统计业务实现归口管理,网上直报系统投入运行,统计制度改革基本完成,统一、精简、准确、实用的粮食流通统计体系初步形成,服务宏观调控决策的水平进一步提高。以"一县一企、一企多点"模式为主推进国有粮食企业改革,代储代烘、粮食电商等新业态服务"三农"效果明显。启动实施科研项目督导评估新机制,积极推进新一轮粮食科技体制改革。大幅减少行政审批事项,切实提高审批效率和服务水平。积极扩大开放,加强国际合作,国家粮食局与农业部联合举办APEC第三届粮食安全部长级会议,成功举办APEC粮食安全政策伙伴关系机制系列会议,与多个国家涉粮机构签署了战略合作协议,建立了良好的合作关系。加快推进法治粮食建设,《粮食法》立法进程加快。

(四)行业自主创新能力明显增强

近几年,中央财政累计投入9.4亿元,支持粮食公益性行业科研专项等25个重点项目,建成5个粮食产后领域国家工程实验室。横向通风储粮新技术和储运监管物联网等绿色高效技术得到推广应用,真菌毒素污染粮食安全利用技术研发取得重要阶段性成果。"现代食品加工及粮食收储运技术与装备"已列入国家重点研发计划,2016年全面启动实施。"十二五"期间,全国共有11项粮油科研成果获国家科技进步奖和发明奖;行业技能人才培养体系不断完善,4万多人获得国家粮食职业资格证书,河南工业大学和南京财经大学首次获得粮食专业博士培养项目,2015年粮食行业实现了院士"零突破"。

五、我国粮食流通体系建设存在的问题

(一)流通主体组织化程度低,抗风险能力有待提升

粮食流通体系运行离不开市场主体的成熟与完善。但是,我国现有粮食流通主体发育仍不充分,抗风险能力小,缺乏市场竞争力和市场活力。一是粮食经纪人作为收集粮源的主力、农民卖粮的帮手及沟通产销的桥梁,其本身的发展存在不足。首先,组织化

程度低，处于自发分散状态。由于对市场行情把握不准，常常盲目跟风，时有抬价抢购粮源和压价克扣粮农的不良现象发生，给农户和自身都造成了损失。其次，文化程度偏低，专业知识缺乏，政策观念不强。据山西省运城市闻喜县粮协对 68 个粮食经纪人的调查，高中文化程度占 24%、初中文化程度占 50%、小学文化程度占 26%，初中和小学文化程度共占 76%，即 3/4 以上。二是市场化改革以来，国有粮食企业改革成效显著，已具备一批如中粮储总公司、中粮集团、华粮等大型粮食企业，但是其"靠国家政策吃饭"的老观念思想未彻底除尽，现代化企业管理制度和经营机制仍需进一步健全和完善。随着多元化市场主体的发展，粮食流通市场竞争日益激烈，失去市场垄断地位的国有粮食企业不仅要自负盈亏、保障集体利益，还要保障国家利益，面临双重压力。三是民营粮食企业虽然拥有市场经济的先天优势，但小企业占主导，大中型企业偏少，整体实力偏弱，且布局分散。例如，我国中小粮油加工企业数量众多，但大部分企业加工生产能力很低。此外，目前我国粮食企业受外资企业抢占市场的冲击不断加大。国际四大著名粮商 ADM、邦吉、嘉吉、路易达孚自 2008 年开始正式进入我国粮食市场，开展种业、种植、收购、仓储、销售、运输、加工、物流、贸易等粮食经营活动，并掌握我国的大豆实际加工总量。粮食加工巨头益海嘉里更是"攻城略地"，采取盯防战术与国内大型的粮食企业争夺市场，并迅速确立其在我国粮食市场的重要地位。面对实力雄厚的外资粮商，我国粮食企业尤其是中小民营加工企业市场竞争力不够，生存环境堪忧，培养一批大规模、有实力的本土粮食企业已成为发展我国粮食流通市场体系的迫切需要。

（二）批发市场与期货市场发展程度偏低，粮食资源配置不均衡

当前我国粮食流通市场体系已初步形成了多元化市场结构，但作为粮食市场体系两翼的粮食批发市场和期货市场在自身建设上仍存在一些问题，影响粮食资源的配置。一是粮食批发市场区域发展不平衡，导致"有市无场""有场无市"的现象，在一些西部偏远地区表现得尤为明显。二是批发市场对整个粮食市场的带动作用有待加强。当前，我国粮食批发市场的分布密度和发展水平偏低，缺乏一批大规模、综合竞争力强的粮食批发市场。此外，粮食商流批发市场依赖国家政策性粮食收储业务，其业绩受托市粮源的影响较大，而发展较好的成品粮批发市场由于其集体和民营性质，不仅受建设用地、资金和优惠政策的制约，在仓储设施、物流设施、市场信息、市场管理等环节也存在问题，难以满足成品粮批发市场保障门粮充足、安全的供应。三是我国粮食期货市场起步晚，发展深度和广度仍显不足。首先，我国粮食期货品种较少，如最主要的粮食品种稻谷，目前只有早籼稻和粳稻上市交易；交易规模较小，相对于国际成熟粮食期货市场，我国粮食期货市场的潜力仍需大力挖掘。其次，受国家政策和社会观念约束，国有企业和金融机构等投资主体的期货市场参与度不高，投资主体以个体投资者为主，但是由于

个体投资者资金有限,并且大都抱有投机的目的,期货市场功能发挥不充分。最后,我国农民由于受生产规模和传统小农意识的制约,参与粮食期货市场的比例更低,约为 1/1 000 000。

(三)产业结构性矛盾突出,"三高"压力沉重

随着收入水平和生活水平的不断提高,广大城乡居民的粮食消费观念和方式发生了深刻变化,绿色优质粮油产品的消费需求旺盛,但当前这方面的缺口很大。粮食产品低端"大路货"多、高端精品少,难以满足城乡居民消费升级的要求。从粮食生产来看,粮食生产连获丰收,但结构性矛盾十分突出。品种上,玉米、稻谷阶段性过剩特征明显,小麦优质品种供给不足,大豆产需缺口巨大。布局上,粮食生产日益向东北等水热条件并不占优的北方核心产区集中,13个粮食主产区占全国粮食产量的75%以上,粮食跨区域流通和平衡的压力越来越大。产量与产能的关系上,产量高但资源环境牺牲大,持续保障粮食安全的生产能力还相当薄弱。产量与效益的关系上,高产量与低效益并存,特别是种粮纯收益开始下降,有的经营主体已经处于微利甚至亏损状态。从粮食流通来看,粮食供应充足,但"高库存、高进口、高成本"的"三高"压力沉重,粮食价格形成机制尚不完善,资源要素配置扭曲,粮食流通环节"高库存、高进口、高成本"问题十分突出。粮食库存处于高位,而且库存大部分集中在政府手中,财政负担重、资源浪费大。一方面是"高库存",另一方面又"高进口",特别是大豆和玉米替代品进口大幅增加,这既有生产结构不合理的问题,也有市场价格扭曲等流通体制机制改革不到位的问题,还有"高成本"因素,受流通现代化水平低等因素影响,我国粮食流通成本偏高,比发达国家平均水平要高1倍多。

(四)粮食储备布局不合理,产销区域粮食运输压力大

长期以来,我国把粮食仓储主要布局在粮食主产区,主产区不仅要承担保证国家粮食安全的生产责任,也要承担国家粮食安全的储备责任,还要承担粮食储存的资金压力,以致出现了"产粮大省、经济穷省"的不合理现象。加之东南沿海发达省区工业化、城市化迅猛推进,粮食主产区的北移,使中西部和北部经济本来就欠发达的省份因承担粮食安全责任而与东南沿海地区经济差距进一步拉大。现在,中央已经明确了自身的粮食安全责任,粮权属于国有的储备粮的收购资金、储备管理等费用都由中央负担,从某种意义上讲,地方政府储备粮食不再是经济负担,而是一个获利的经营项目。当前,我国粮食生产区域不均衡,是造成粮食储备布局不合理的首要原因,主要体现在粮食主产区和粮食主销区的粮食流通上。比如,东北地区作为商品粮的生产和输出基地,其远离粮

食需求比较大的东南沿海地区,商品粮的南北运输距离太大,容易受交通、天气和地域等因素的影响,粮食主产区和主销区粮食仓库分布不合理,粮食的紧急运输缺乏保障。尽管我国建立了从中央到地方的粮食储备管理体系,要求地方政府对当地的粮食安全负责,但是由于受地区粮食市场保护、恶性市场竞争和仓储运输成本等因素限制,当前我国的粮食储备仍然大部分集中在粮食主产区,粮食主销区的粮食储备远远不足。在这种储备格局下,大中城市粮食库点较少,难以在第一时间调动地方储备,以致当突发性粮食安全事件发生时,受交通等因素的制约,粮食无法及时地从粮食主产区运到粮食主销区。此外,由于粮食主产区经济相对落后,部分地区交通不便利,增加了区域之间的粮食调剂运输压力,而且在粮食短缺时,强化了卖方市场,给稳定粮食价格、保障粮食有效供给带来一定的困难。

(五)托市收购政策导致市场价格被扭曲,国内外粮价倒挂增加粮食进口压力

我国粮食流通体制改革是以不断完善粮食价格形成机制为重点突破口的。目前,从市场上看,自2010年起,我国所有粮食品种价格全都高于国际市场离岸价格,粮价上涨逼近"天花板",稳定我国粮食流通市场的形势十分严峻。调整和完善粮食价格形成机制已到了重要关口。而粮食流通价格机制不完善的最主要表现是粮食价格政策扭曲了市场价格。目前,我国粮食价格政策主要是粮食最低收购价政策和临时收储价政策。这两种政策虽然对于保障粮食产出、保护种粮农民利益、托举粮食市场、合理引导粮食价格和实现粮食市场化功不可没,但也使粮食价格呈现"政策化"倾向,扭曲了市场价格。近几年,国家不断提高小麦、稻谷的粮食最低收购价,向市场发出托底信号,形成了粮食"只涨不降"的价格预期,也使农民提高了粮食价格预期,产生"惜售"心理,市场粮食供应相对减少,从而推动粮价上涨;同时,也直接影响了粮食市场收购主体的行为,助长了粮食市场购销主体囤积居奇、待价而沽的心理,粮食最低收购价提高,也使国有企业在国家高额补贴下增加对政策性粮食的收储,以获得充足的库存,使得粮食流通量大幅减少,人为地增加了粮食需求,使得粮食市场价格波动更加频繁。

此外,近年来,我国农产品的进口压力不断增加,进口数量也持续增加。以稻谷、小麦和玉米三大主粮为例,20世纪90年代初,尤其是1996年,我国承诺依靠国内生产保障粮食自给率后,我国谷物维持着高度自给、少量进口的局面,除小麦产品外,稻谷和玉米产品尚有一定的出口。然而21世纪以来,随着需求增长超过生产增长,我国逐渐由粮食净出口国转变为粮食净进口国,且净进口量不断上升,尤其是2010年以来,我国三大主粮均需进口,并不断成为常态。更值得关注的是,国内农产品价格持续上涨,多数农产品价格已经远高于国际市场价格。一部分农产品如糖类、棉花的国内价格已经超

出国外农产品进口到国内再加上60%～70%配额外关税后的价格。

（六）粮食流通技术支撑体系建设不足，数字化信息网络配套设施落后

目前，我国粮食流通信息化、数字化程度较低，制约了粮食流通产业快速发展。首先是人才不足，基层国有购销企业存在人员年龄偏大、后继乏人，学历偏低，专业人才特别是信息化专门人才稀缺的不足，严重制约粮食信息化建设水平；其次是硬件设施投入不足，由于历史的原因，我国粮食流通数字化、信息化平台建设才刚刚起步；最后是部分市场主体信息化意识不强，无论是基层国有购销企业还是经纪人，参与粮食流通的方式还处于收原粮、卖原粮的初级阶段，大粮食、大流通、大购销的理念还没有形成，电子商务等现代流通业态还处于起步阶段。仓储物流设施建设和基层仓储设施维修仍然不足，平房和楼房仓库的比例仍然很高，智慧化仓储建设滞后于粮食去库存的要求。在粮食出入库运输方面，粮食中转接受能力偏低，粮食快速接卸能力不足，散粮运输工具落后，存粮和运粮成本偏高、管理运行效率低、中转粮食损耗大等问题非常突出。这些问题将直接影响政府对粮食安全供给和稳定粮食市场的宏观调控能力。

（七）粮食流通市场发展软环境亟待完善，经济新形势下宏观调控的难度增大

良好的发展环境是粮食市场体系健康发展的关键因素。目前，我国粮食市场体系的发展环境还不够理想，主要体现在以下几个方面：一是粮食市场发展的法规环境不够完善。我国正处于经济转轨时期，目前管理粮食流通市场的法律主要是2004年5月颁布的《粮食流通管理条例》，而涉及内容较多、较广的《粮食法》迟迟未出台。随着市场经济条件下粮食多元化市场主体格局的形成，各市场主体追求利益最大化，扰乱粮食市场正常秩序的行为大有存在，"问题粮"现象时有曝光，充分表明了我国粮食立法执法体系存在的漏洞，增加了我国粮食流通管理费用、降低了市场交易效率、影响市场合理配置粮食资源作用的发挥。另外，随着我国加入WTO，国内外市场联系日渐紧密，我国也急需一套既符合我国国情又与国际惯例接轨的法规体系作为保障。二是粮食流通市场发展的科技环境不完善。目前我国粮食科技发展仍需加快推进。在粮食加工方面，我国多数企业只能开展粮食初级加工，稻谷、小麦加工企业产能长期性、结构性过剩问题依然突出，产能利用率分别为44.5%与64%。在资源利用方面，据国家统计局资料，我国粮食加工业每年产生的副产物中大约有3000万吨的稻壳、1000万吨的米糠、2000万吨的碎米、250万吨的小麦和玉米胚芽，资源利用率和出品率偏低，达不到发展集约型粮食市场经济的要求。三是粮食行业人才环境和机制不完善。以人为本是粮食行业科学发展的基本要求。从整体上看，我国粮食行业从业人员的数量增长势头良好，但也存在一些问题：受工资、

社会福利的影响，农民兼业化、农村空心化现象严重；国有粮食企业受其现代化经营机制不灵活、工资待遇偏低的影响，导致人才流失，尤其是中青年人才流失，而人才后备力量不能得到及时的补充，国有企业老龄化趋势明显；粮食行业高技术人才的比重虽有增长，但总体水平仍偏低。

随着粮食购销市场化改革的深入，粮食宏观调控面临的环境越来越复杂，影响粮食市场稳定的因素不断增多，保持国内粮食市场稳定与国家粮食安全的任务日益艰巨。主要体现在：一是我国粮食市场供求紧平衡。首先，近年来虽然政府不断加大种粮补贴力度，提高粮食收购价格，但仍不能缓解生产成本上升带来的压力。成本上升直接导致种粮比较收益较低，不少粮食生产者逐步转向非农产业，如何提高农民种粮积极性加大了粮食宏观调控政策制定的难度。其次，随着人口总数量和非农人口数量的增长，饲料用粮、工业用粮的增加，我国粮食消费量增速更大，粮食产需缺口不断扩大，粮食进口大幅提升。在保持本国粮食的自给率和防止粮食过度进口冲击国内市场方面，粮食宏观调控压力加大。二是行政干预使粮食流通市场调控难度加大。自2004年以来，我国不断提高粮食最低收购价和临时收储价，实施生产补贴和财政补贴，以提高农民种粮积极性，保护农民利益，防止"谷贱伤农"，但是作为"百价之基"，粮食价格的上升带动了其他农产品甚至整个物价上升的连锁反应，给消费者，尤其是低收入群体生活带来一定压力，造成"米贵伤民"。粮食宏观调控在防止"谷贱伤农"、夯实粮食安全基础和避免"米贵伤民"，保持经济社会持续健康发展大局上面临两难困境。

六、本章小结

粮食流通体系是粮食流通的主体、职能、市场、渠道、方式、机制等基本要素所组成的统一有机整体。经过多年发展，我国粮食流通体系在组织粮食生产流通、合理配置粮食资源、规范粮食市场秩序、实现国家对粮食宏观调控、确保粮食安全方面的成效越来越显著。主要表现在：

第一，从粮食流通体系基础设施建设情况看，一是粮食批发市场数量逐年增长，2011—2013年，我国各类粮食批发市场数量从448家发展到512家，增长14%。二是粮食仓储设施建设不断加强，大数据智慧仓储系统加速构建。三是粮食现代物流设施建设不断提速，"两横、六纵"8条重点线路加快推进。四是粮油质检体系初步形成，检验检测水平明显提升，建立了以国家为龙头、省为核心、地市为骨干、县为基础的国家食品安全风险监测制度和技术网络。快速检测试剂和装备产业化水平明显提升，市场监管和应对突发事件能力明显增强。五是农贸市场发展迅速，粮食数字化、可追溯管理体系初步建立。六是粮食流通信息平台初步建立，竞价交易平台布局覆盖全国。

第二，从粮食流通市场体系业务构成和开展情况看，随着市场化改革的不断推进，各类型粮食流通市场发展不断壮大，市场分工逐步明晰，粮食收购、零售、批发、期货市场都有了很大的发展，各市场功能也得到不断的发挥：一是收购市场多元主体格局基本形成，目标价格改革试点持续推进。二是以城镇集贸市场、大型超市、便民连锁店为主要形式的城乡粮油零售供应网点快速发展，已初步形成网点覆盖面广、质量安全有保障的粮油零售供应网络，在满足城镇居民多元消费需求方面发挥了重要作用。在政府宏观调控下，粮油零售供应网络已成为政府保障粮食质量安全的重要抓手。三是批发市场综合服务功能不断完善，在服务国家粮食宏观调控和合理配置粮食资源方面发挥了重要作用。四是期货市场规模和成交量连年攀升，成为稳定粮价的重要手段。

第三，从流通市场主体培育情况看，随着我国粮食市场化改革的不断深入，粮食流通市场形成了多元化的市场主体结构。一是经纪人队伍不断壮大升级，成为粮食流通市场生力军。二是粮食专业合作社数量显著增加，成为宏观调控的关键抓手。三是国有粮企退出、兼并重组、租赁等改革不断深化，优化资源配置，成为粮食流通市场核心主体。四是民营粮食企业迅猛发展，成为粮食流通市场重要成员。

第四，从我国粮食流通政策体系与环境建设情况看，一是粮食流通政策体系日益健全，先后出台了《国务院关于进一步深化粮食流通体制改革的意见》和省长粮食安全负责制，国家粮食安全保障制度建设取得重大突破。二是粮食流通市场环境不断完善，公平、公正、平等的市场环境逐步形成，粮食市场信息体系建设步伐明显加快。三是粮食流通管理效能不断提高，统一、精简、准确、实用的粮食流通统计体系初步形成，服务宏观调控决策的水平进一步提高。四是行业自主创新能力明显增强。

与此同时，也应该看到，当前我国粮食流通体系建设过程中仍存在一些问题和不足。第一，粮食经纪人、国有粮食企业、民营粮食中小企业等流通主体组织化程度低，抗风险能力有待提升。第二，批发市场与期货市场发展程度偏低，粮食资源配置不均衡。第三，产业结构性矛盾突出，"三高"压力沉重。第四，粮食储备布局不合理，产销区域粮食运输压力大。第五，托市收购政策导致市场价格被扭曲，国内外粮价倒挂增加粮食进口压力。第六，粮食流通技术支撑体系建设不足，数字化信息网络配套设施落后。第七，粮食流通市场发展软环境亟待完善，经济新形势下宏观调控的难度增大。

第七章　国际比较与竞争：生产、加工与贸易

粮食安全不仅仅是一个国家和地区的问题，而是关系到全人类的生存和发展。2015年，我国粮食产量已实现"十二连增"，与此同时，在旺盛的国内需求推动下，粮食进口持续快速增加，出现了粮食产量、进口量、库存量"三量齐增"的怪现象，粮食质量出现下降，造成了生态环境的破坏和食品安全危机。随着世界粮食市场的加速融合，国内外粮食市场的关联度越来越强，特别是近几年国际粮食形势对我国粮食市场的影响更加直接。面对当前复杂多变的自然条件和国际形势，正确认识世界粮食生产、加工的特点与发展趋势，把握国际粮食贸易的演变、现状及趋势，分析我国粮食在国际上的竞争力，对于进一步理解和把握我国的粮食安全、加强国家的粮食储备、增加粮食产量、统筹布局安排粮食作物的生产与贸易具有重大的意义。

一、世界粮食的生产布局与趋势展望

（一）世界粮食的生产总体分布格局

过去20多年来，世界粮食产量呈增加趋势。据美国农业部统计，2013年世界粮食总产量达到25.32亿吨，比2000年的18.42亿吨增长37.46%，其中三大主粮（小麦、稻谷、玉米）由15.74亿吨增长到21.80亿吨，增长38.5%。除产量增长之外，世界粮食的生产格局也有所变化，地理分布更加趋于分散，主产国所占比重下降。美国依然是世界上最大的粮食生产国，但所占份额显著地下降。欧洲的小麦和玉米产量在世界所占份额也有不同程度的下降。2012年，美国的小麦和玉米分别占世界小麦和玉米总产量的9.4%和31.7%，分别比2000年减少了1个百分点和11.5个百分点，中东欧、非洲、南美、南亚及中国等发展中国家和地区的粮食生产形势则大为改善（表7-1）。

表 7-1　2000 年和 2012 年世界粮食生产的地区分布

单位：%

国家/地区	小麦产量份额		玉米产量份额	
	2000 年	2012 年	2000 年	2012 年
美国	10.4	9.4	43.2	31.7
南美	3.6	2.8	11.2	13.8
欧盟 28 国	22.6	20.4	11.3	6.8
独联体 12 国	11.0	11.8	1.3	3.8
中东、北非	7.0	8.2	1.5	1.5
非洲南部	0.9	1.0	5.3	6.8
南亚	17.4	19.1	2.5	3.2
中国	17.1	18.4	18.1	23.8

资料来源：根据美国农业部统计数据计算。

（二）世界主要粮食产品结构与地域分布

1. 世界主要粮食产品结构

从产品结构来看，玉米是对世界粮食产量增加贡献最大的品种（图 7-1）。1991—2013 年，世界玉米收获面积由 1.325 亿 hm² 增加到 1.767 亿 hm²，增长了 33.3%，同期稻谷收获面积增长 8.5%，小麦收获面积减少了 1.4%。其中，大部分变化发生在 21 世纪，2000—2013 年，玉米收获面积增幅达 28.9%，产量提高 62.9%。

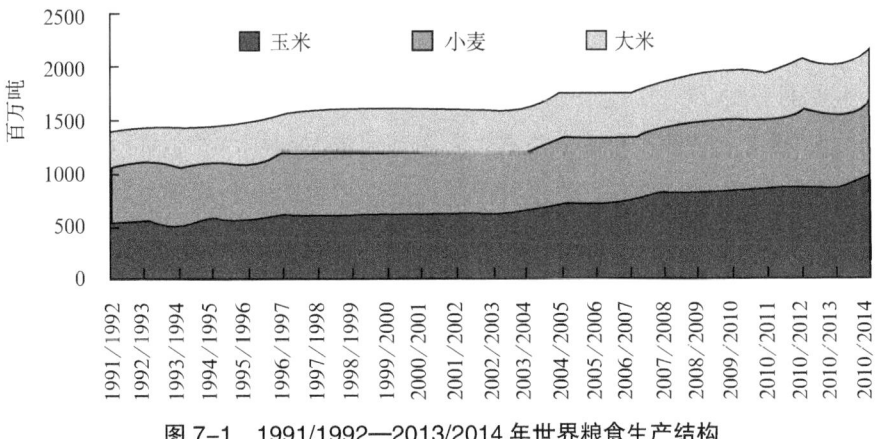

图 7-1　1991/1992—2013/2014 年世界粮食生产结构

数据来源：根据国家统计局、美国农业部等数据计算。

表 7–2 给出了 2000 年和 2012 年几种主要粮食作物的种植耕地面积、单产和总产的情况。可以看出，2000 年时四大作物中小麦种植面积最大，稻谷第二，玉米第三，大豆最少；2012 年时，玉米的耕种面积超过稻谷，跃居第二；这两个时期的粮食平均单产上玉米贡献均为最大，稻谷其次，小麦和大豆较低。因此，从总产上来看，玉米已经超过了小麦和稻谷，成为产量第一大的作物品种。

表 7-2　2000 年和 2012 年几种主要粮食作物粮食生产变化

品种	耕种面积 / 百万 hm²		平均单产 / (吨/hm²)		总产量 / 百万吨	
	2000 年	2012 年	2000 年	2012 年	2000 年	2012 年
小麦	219.28	215.59	2.66	3.04	584.00	656.17
玉米	136.94	176.27	4.29	4.90	587.34	862.88
稻谷	151.68	157.34	3.91	4.44	397.76	468.96
大豆	75.35	108.69	2.32	2.47	175.10	268.02
油菜	25.11	36.08	1.50	1.75	37.60	63.02
棉花	32.40	34.33	0.60	0.78	88.74	123.08

注：棉花的总产量单位为百万包（480 lb/包，217.72kg/包）。
资料来源：美国农业部世界农业生产报告（World Agricultural Production）。

2. 世界主要粮食生产地域分布

（1）小麦

小麦是全世界分布范围最广、种植面积最大、产量最高、贸易额最多的粮食作物之一，世界上约有 40% 的人以小麦为主食。在三大粮食作物中，小麦的贸易额占比一直稳定在 40% 左右。小麦的种植区域主要分布在海拔 3000 米以下的地区，主产区在北半球的北纬 30°～60° 的温带地区和南半球的南纬 25°～40° 的地带。

从各大洲的分布看，小麦生产主要集中在亚洲，面积约占世界小麦面积的 45%，其次是欧洲，占 25%，美洲占 15%，非洲、大洋洲和南美洲各占 5% 左右，各洲小麦产量分布情况与面积比重大体一致。亚洲和欧洲既是生产大洲，也是消费大洲，但亚洲由于自身产量不能满足需求，需要大量进口；北美（含中美）洲和大洋洲虽然产量不是很高，但洲内消费比例较低，大部分用于出口；非洲产量最低，但消费量相对较高，需要大量进口；南美洲生产和消费总量基本持平。小麦的供需结构决定了世界小麦贸易的特点：交易范围广、交易量大、参与国家多。小麦的主要生产国家包括中国、印度、美国、法国、俄罗斯、加拿大、澳大利亚、英国和德国等，主要消费国家有中国、印度、美国、俄罗斯、巴基斯坦、法国、德国、英国等国。

(2) 玉米

世界上玉米生产集中在三大地带：一是美国中部玉米带，生产了世界 2/5 以上的玉米；二是中国的华北平原、东北平原、关中平原、四川盆地等，占世界玉米产量的 1/6 以上；三是欧洲南部平原，西起法国，经意大利到罗马尼亚。美国、中国、巴西、墨西哥和印度这五大生产国的玉米播种面积超过世界播种面积的 50%。

多年来，玉米作为饲料原粮进行消费一直占总产量的 65% 左右，是玉米消费的"大头"。随着社会生产力水平的不断提高，玉米已经走过作为口粮消费的阶段，如今被广泛应用于饲料原料和工业原料进行消费。玉米富含多种家畜、家禽生长所必需的营养物质，是最重要的饲料原粮之一。

从世界各国来看，玉米的供求情况大致包括 3 种情形：

① 自给有余型，典型国家为美国。

② 自给自足型，如中国和巴西两国年消费量与其年生产量大致相符。

③ 国外供给型，以日本、韩国为代表。这两个国家玉米消费几乎完全依赖进口，库存量很小。

(3) 稻谷

稻谷一直是仅次于小麦的世界第二大粮食作物（从耕作面积上来看），产量虽较大，但以就地消费为主，是三大主要粮食作物中贸易量最小的作物。

稻谷种植喜高温、多湿、短日照。稻谷种植的主要地区是东亚、东南亚和南亚的热带雨林和季风气候区。亚洲占世界稻谷收割面积的 90% 和稻谷总产量的 92%。亚洲稻谷种植业具有小农经营、机械化水平低、科技水平低等特点，但增长潜力很大，在未来很长时期，亚洲稻谷种植的优势将无法替代（表 7-3）。我国稻谷主产区主要是东北地区、长江流域和珠江流域。

表 7-3　亚洲稻谷种植业特点及成因

特点	成因	今后发展措施
小农经营	人均耕地少，家庭为单位	集约经营
单产高，商品率低	精耕细作，农民人口多，自给为主	控制人口数量，增强商品意识
机械化水平低	经济水平低，体力劳动为主	加快机械化发展
水利工程量大	夏季风不稳定，水旱频繁	大力投资水利工程
科技水平低	农民文化科技素质低，凭传统经验	加大科技投入

(4) 大豆

大豆生产主要集中在美洲和中国，但是近20年来，中国大豆种植面积逐年萎缩，目前已经成为世界上最大的大豆进口国。世界大豆产量美国最多，其次是巴西和阿根廷。主要出口国也是美国、巴西和阿根廷，主要进口国家和地区是欧盟、日本和中国。

（三）世界粮食生产的趋势展望

近年农产品价格上涨、流动性充裕刺激了世界范围内农业投资的积极性，耕种面积扩大和技术进步为今后全球粮食产量增加提供了可能。但是，世界粮食产量不可能呈现持续、大幅增长趋势，农业生产仍相对脆弱、易波动。大部分国家和地区缺乏不断扩大种植面积的能力，水资源短缺和灾害性极端气候频发也是限制耕地面积扩大和粮食增产的关键因素。

据经济合作与发展组织（OECD）和联合国粮食及农业组织（FAO）的预测报告，到2022年，世界小麦产量将达到7.84亿吨，产量增速比21世纪以来的年均增速有所放缓，主要是由于玉米的竞争使得耕地面积扩张受限，耕种面积扩大主要依赖于俄罗斯、乌克兰和哈萨克斯坦。受玉米的生物能源需求和饲料需求刺激，粗粮耕种面积将继续扩大，巴西、阿根廷和撒哈拉以南的非洲国家将是其中的主力，俄罗斯、乌克兰、美国的玉米产量也将继续增加，2022年世界粗粮总产量有望达到14.07亿吨，稻谷产量将达到5.49亿吨，产量增长主要来自印度、缅甸、柬埔寨和非洲的一些不发达国家，而主要增产因素是平均单产的提高而非耕地面积的扩大。

总的来说，世界粮食生产仍有增长潜力，但受有限的土地资源、水资源和农业科技发展水平限制，增产空间有限，速度将放缓，同时全球极端气候频现使得供应的不确定性增大。但是，随着人口增长和收入水平提高，粮食需求也将急剧增加，再加上世界性的生物能源需求的快速发展，使得需求增长正逐步超过产量增长，特别是粮食增产潜力最大的发展中国家和地区同时也是粮食需求增长最快的地区，全球主要粮食作物的供求关系将持续处于紧平衡状态。

二、世界粮食生产成本的国际比较分析

面对中国粮食生产成本过高、上涨过快的现实问题，本小节通过回顾21世纪以来中国主要粮食品种生产成本的构成及变化，并与同期的发达国家美国、日本进行对照分析，探究粮食生产成本变动的规律，寻求降低种粮成本的途径。其中，中国数据来自国家发展和改革委员会价格司的《全国农产品成本收益资料汇编》（2001—2014年），美国数据来自美国农业部经济研究局的《农产品成本收益核算表》（2001—2014年），日本数据来

自日本农林水产省的《粮食成本收益核算表》(2001—2014 年)。

(一) 小麦生产成本结构比较分析

根据中美日 3 国小麦生产成本核算数据的整理计算，得出小麦生产成本各投入要素的占比，如表 7–4 至表 7–6 所示。

由表 7–4 可知，2001 年中国小麦生产成本中各投入要素由高到低排序为劳动力费用、肥料费、农机作业费、土地成本、种子秧苗费、税金和保险费、固定资产投入、一般管理费、农药费；2013 年小麦生产成本中各投入要素由高到低排序为劳动力费用、肥料费、农机作业费、土地成本、种子秧苗费、农药费、固定资产投入、税金和保险费、一般管理费。2001—2013 年，劳动力费用、肥料费、农机作业费和土地成本上涨较快，直接推动小麦生产成本增加了 1.8 倍，亩均生产成本由 2001 年的 323.6 元上升为 914.7 元。由于小麦生产成本过快上涨，导致小麦生产者的成本利润率由 2004 年的峰值 47.7% 下降为 2013 年的 −1.4%。

表 7–4 中国小麦生产成本结构

单位：%

年份	种子秧苗费	一般管理费	土地成本	肥料费	农机作业费	固定资产投入	税金和保险费	农药费	劳动力费用
2001 年	7.7	2.2	12.5	19.3	17.3	3.6	4.7	1.6	31.1
2002 年	7.2	0.9	14.2	19.2	16.2	3.2	7.0	1.7	30.4
2003 年	7.1	1.1	15.2	19.1	15.9	3.2	6.5	1.7	30.3
2004 年	7.2	0.6	12.3	21.9	18.3	2.0	4.4	1.9	31.4
2005 年	7.7	0.4	13.3	24.7	18.6	1.8	0.3	2.1	31.1
2006 年	7.7	0.4	13.5	24.8	20.4	1.6	0.0	2.1	29.6
2007 年	7.4	0.3	15.7	23.3	21.3	1.4	0.0	2.1	28.4
2008 年	7.4	0.2	17.4	23.9	21.0	1.3	0.1	2.0	26.7
2009 年	6.9	0.2	18.3	25.4	20.0	1.2	0.2	2.0	25.7
2010 年	7.2	0.2	19.6	20.7	19.6	1.3	0.3	2.1	28.9
2011 年	7.2	0.2	18.2	19.8	19.6	1.2	0.3	1.9	31.7
2012 年	6.7	0.2	17.1	20.1	17.4	1.0	0.4	1.9	35.1
2013 年	6.5	0.2	16.8	18.6	17.0	0.9	0.5	1.9	37.6

由表 7-5 可知，2001 年美国小麦生产成本中各投入要素由高到低排序为固定资产投入、土地成本、肥料费、劳动力费用、一般管理费、农机作业费、农药费、种子秧苗费、税金和保险费；2013 年小麦生产成本中各投入要素由高到低排序为固定资产投入、土地成本、肥料费、一般管理费、劳动力费用、农机作业费、种子秧苗费、农药费、税金和保险费。2001—2013 年，农机作业费、种子秧苗费、肥料费上涨较快；劳动力费用有所下降，其中雇工费下降了 11%，最终小麦生产成本增长了 70.2%。美国小麦生产成本中增长最快的因素是种子秧苗费、农机作业费，体现了美国粮食生产科技投入不断增强。

表 7-5 美国小麦生产成本结构

单位：%

年份	种子秧苗费	一般管理费	土地成本	肥料费	农机作业费	固定资产投入	税金和保险费	农药费	劳动力费用
2001 年	3.5	8.3	21.6	13.0	5.0	32.5	2.1	3.9	10.1
2002 年	3.8	8.0	22.3	10.1	4.9	33.7	2.2	4.1	11.0
2003 年	4.0	8.2	20.9	12.1	5.7	33.0	2.1	3.6	10.4
2004 年	4.1	8.2	19.8	12.0	6.4	30.2	2.9	4.5	11.9
2005 年	3.9	7.9	19.8	12.6	7.8	29.4	3.2	4.1	11.3
2006 年	3.9	8.1	18.9	13.1	8.2	29.4	3.2	4.1	11.2
2007 年	4.2	7.7	18.8	14.1	8.5	28.7	3.4	3.8	10.8
2008 年	5.8	6.6	17.6	18.9	9.1	26.1	3.3	3.4	9.3
2009 年	5.3	7.7	17.6	16.5	4.6	34.0	2.2	5.4	6.8
2010 年	4.3	8.0	18.2	12.7	6.0	36.2	2.3	5.4	7.0
2011 年	4.7	7.5	18.3	15.4	6.9	34.0	2.2	4.7	6.4
2012 年	5.1	7.2	19.1	15.3	6.4	33.8	2.1	4.7	6.3
2013 年	5.2	7.2	20.4	14.8	6.2	33.3	2.1	4.6	6.3

由表 7-6 可知，2008 年日本小麦生产成本中各投入要素由高到低排序为一般管理费、固定资产投入、土地成本、肥料费、劳动力费用、农药费、农机作业费、种子秧苗费、税金和保险费；2013 年小麦生产成本中各投入要素由高到低排序基本没有发生变化，仅肥料费和土地成本交换了顺序。2008—2013 年，投入要素费用上涨较快的项有劳动力费用中的雇工费（69.2%）、一般管理费中的生产管理费（25.8%）、肥料费（16.1%）。土地

成本下降了3%,固定资产投入中农田建筑物折旧下降了17.4%。结果使得小麦生产成本微幅上涨了5.6%。

表7-6 日本小麦生产成本结构

单位:%

年份	种子秧苗费	一般管理费	土地成本	肥料费	农机作业费	固定资产投入	税金和保险费	农药费	劳动力费用
2008年	4.2	24.1	16.2	14.3	5.2	18.1	2.1	7.1	9.7
2009年	4.5	22.8	16.5	17.9	4.4	17.7	2.0	7.2	9.7
2010年	4.5	22.0	16.5	15.6	4.5	18.3	2.0	7.6	9.8
2011年	4.2	24.0	16.0	14.6	4.8	18.6	2.0	7.4	10.0
2012年	4.3	24.3	14.9	15.0	4.6	18.5	2.0	6.9	9.9
2013年	4.4	24.2	14.9	15.7	5.0	18.3	2.1	7.2	9.8

(二)玉米生产成本结构比较分析

根据中美两国玉米生产成本核算数据的整理计算,得出玉米生产成本各投入要素的占比,如表7-7至表7-8所示。

由表7-7可知,2001年中国玉米生产成本中各投入要素由高到低排序为劳动力费用、肥料费、土地成本、农机作业费、种子秧苗费、税金和保险费、固定资产投入、一般管理费、农药费;2013年玉米生产成本中各投入要素由高到低排序为劳动力费用、土地成本、肥料费、农机作业费、种子秧苗费、农药费、固定资产投入、税金和保险费、一般管理费。2001—2013年,劳动力费用、农机作业费、土地成本、种子秧苗费和农药费上涨较快,直接推动玉米生产成本增加了2.1倍,亩均生产成本由2001的327.9元上升为1012元。由于玉米生产成本过快上涨,导致玉米生产者的成本利润率由2007年的峰值44.7%下降为2013年的7.7%。

表7-7 中国玉米生产成本结构

单位:%

年份	种子秧苗费	一般管理费	土地成本	肥料费	农机作业费	固定资产投入	税金和保险费	农药费	劳动力费用
2001年	4.7	2.5	11.9	20.4	11.0	3.4	3.8	2.3	40.1
2002年	6.0	1.2	13.7	19.8	10.1	3.1	6.6	2.1	37.5

续表

年份	种子秧苗费	一般管理费	土地成本	肥料费	农机作业费	固定资产投入	税金和保险费	农药费	劳动力费用
2003年	5.2	1.2	14.4	20.5	9.8	3.3	6.2	2.1	37.5
2004年	5.5	0.9	16.4	22.7	10.0	2.2	3.0	2.0	37.4
2005年	6.3	0.6	17.3	23.0	10.5	2.0	0.2	2.3	37.8
2006年	6.3	0.5	17.8	23.1	12.1	1.6	0.0	2.2	36.4
2007年	6.0	0.5	20.3	21.6	12.4	1.4	0.0	2.4	35.5
2008年	5.4	0.4	19.7	24.9	12.1	1.3	0.0	2.4	33.8
2009年	5.8	0.3	21.3	21.5	12.6	1.2	0.2	2.3	35.0
2010年	6.1	0.3	21.7	18.7	12.5	1.1	0.3	2.2	37.2
2011年	6.0	0.2	21.0	18.5	12.2	1.0	0.4	2.1	38.7
2012年	5.6	0.2	19.6	16.8	11.6	0.8	0.4	1.9	43.1
2013年	5.4	0.2	19.5	15.3	11.6	0.7	0.5	1.9	45.0

表7-8可知，2001年美国玉米生产成本中各投入要素由高到低排序为土地成本、固定资产投入、肥料费、种子秧苗费、劳动力费用、农药费、一般管理费、农机作业费、税金和保险费；2013年玉米生产成本中各投入要素由高到低排序为土地成本、肥料费、固定资产投入、种子秧苗费、一般管理费、农机作业费、农药费、劳动力费用、税金和保险费。2001—2013年，费用上涨较快的投入要素包括种子秧苗费、肥料费和土地成本。美国玉米生产成本中增长最快的因素是种子秧苗费、肥料费，表明美国粮食生产科技投入不断增强。

表7-8 美国玉米生产成本结构

单位：%

年份	种子秧苗费	一般管理费	土地成本	肥料费	农机作业费	固定资产投入	税金和保险费	农药费	劳动力费用
2001年	9.3	7.2	24.8	15.8	6.1	19.6	1.6	7.6	8.0
2002年	9.5	7.1	26.2	12.7	5.7	20.7	1.6	7.8	8.6
2003年	9.8	6.8	25.2	14.3	6.6	20.0	1.6	7.4	8.4
2004年	9.8	6.7	24.4	14.5	7.8	20.3	1.5	7.1	8.0

续表

年份	种子秧苗费	一般管理费	土地成本	肥料费	农机作业费	固定资产投入	税金和保险费	农药费	劳动力费用
2005年	10.5	6.6	24.1	17.9	6.9	20.2	1.7	5.9	6.2
2006年	10.6	7.0	22.2	19.6	7.0	19.8	1.7	5.8	6.3
2007年	11.1	6.7	21.9	21.0	7.1	19.1	1.7	5.5	6.0
2008年	11.3	5.2	20.3	26.3	8.1	17.3	1.6	4.8	5.2
2009年	14.3	4.8	22.5	23.8	5.3	17.6	1.5	5.1	5.1
2010年	14.8	6.3	23.1	20.4	4.7	19.7	1.5	4.8	4.6
2011年	13.8	5.8	22.5	24.0	5.3	18.7	1.5	4.3	4.2
2012年	14.1	5.6	23.7	24.0	4.7	18.3	1.4	4.2	4.1
2013年	14.4	5.5	24.8	22.7	4.8	18.1	1.4	4.2	4.1

（三）稻谷生产成本结构比较分析

根据中美日3国稻谷生产成本核算数据的整理计算，得出稻谷生产成本各投入要素的占比，如表7-9至表7-11所示。

由表7-9可知，2001年中国稻谷生产成本中各投入要素由高到低排序为劳动力费用、肥料费、农机作业费、土地成本、税金和保险费、农药费、固定资产投入、种子秧苗费、一般管理费；2013年稻谷生产成本中各投入要素由高到低排序为劳动力费用、农机作业费、土地成本、肥料费、农药费、种子秧苗费、固定资产投入、税金和保险费、一般管理费。2001—2013年，劳动力费用、农机作业费和土地成本上涨较快，直接推动稻谷生产成本增加了1.9倍，亩均生产成本由2001年的400.5元上升为1151.1元。由于稻谷生产成本过快上涨，导致稻谷生产者的成本利润率由2004年的峰值62.7%下降为2013年的13.5%。

表7-9 中国稻谷生产成本结构

单位：%

年份	种子秧苗费	一般管理费	土地成本	肥料费	农机作业费	固定资产投入	税金和保险费	农药费	劳动力费用
2001年	3.4	2.0	12.0	15.8	14.7	4.1	5.1	4.5	38.5
2002年	3.7	1.0	13.6	15.4	14.1	4.1	7.2	4.4	36.8
2003年	3.6	0.7	13.6	15.6	14.5	4.0	6.6	4.7	36.7

续表

年份	种子秧苗费	一般管理费	土地成本	肥料费	农机作业费	固定资产投入	税金和保险费	农药费	劳动力费用
2004年	3.7	0.8	12.5	17.8	15.3	3.2	3.3	5.6	37.7
2005年	4.1	0.8	13.4	18.9	15.7	3.0	0.1	6.6	37.4
2006年	4.2	0.5	14.8	17.7	17.1	2.5	0.1	7.2	36.0
2007年	4.2	0.4	15.3	17.3	18.1	2.2	0.1	7.4	35.0
2008年	4.0	0.3	16.4	19.8	18.2	1.9	0.1	7.0	32.3
2009年	4.3	0.3	17.9	17.0	18.6	1.9	0.3	6.5	33.2
2010年	4.7	0.4	18.5	15.0	18.4	1.7	0.4	6.1	34.8
2011年	4.7	0.3	17.8	14.7	18.4	1.5	0.6	5.4	36.6
2012年	4.6	0.3	16.6	13.5	17.6	1.4	0.7	5.1	40.4
2013年	4.5	0.3	16.8	12.1	17.1	1.3	0.7	4.7	42.5

由表7-10可知，2001年美国稻谷生产成本中各投入要素由高到低排序为土地成本、固定资产投入、一般管理费、农机作业费、劳动力费用、肥料费、农药费、种子秧苗费、税金和保险费；2013年稻谷生产成本中各投入要素由高到低排序为土地成本、农机作业费、固定资产投入、肥料费、一般管理费、农药费、种子秧苗费、劳动力费用、税金和保险费。2001—2013年，农机作业费、土地成本、肥料费和种子秧苗费上涨较快，劳动力费用仅上涨了5%，其中雇工费下降了16%，最终稻谷生产成本增长了75%。美国稻谷生产成本中增长最快的因素是种子秧苗费和农机作业费，表明美国粮食生产的科技投入不断增强。

表7-10　美国稻谷生产成本结构

单位：%

年份	种子秧苗费	一般管理费	土地成本	肥料费	农机作业费	固定资产投入	税金和保险费	农药费	劳动力费用
2001年	3.6	15.7	17.6	10.0	13.3	17.2	2.7	8.3	11.8
2002年	3.5	15.9	18.3	7.4	12.1	17.9	2.7	9.5	12.7
2003年	3.1	15.5	17.1	8.8	13.8	17.2	2.7	9.6	12.2
2004年	4.1	15.1	17.4	9.0	13.8	17.3	2.5	8.8	12.0
2005年	3.9	14.6	16.1	10.0	17.2	16.7	2.4	8.1	11.1

续表

年份	种子秧苗费	一般管理费	土地成本	肥料费	农机作业费	固定资产投入	税金和保险费	农药费	劳动力费用
2006 年	5.4	10.9	17.4	8.9	18.6	18.1	2.3	9.7	8.8
2007 年	5.7	11.0	16.3	9.3	19.6	17.9	2.5	9.2	8.7
2008 年	5.5	8.9	15.3	13.4	21.8	16.8	2.3	8.3	7.7
2009 年	8.0	9.1	17.9	12.6	15.2	17.8	2.2	9.2	8.0
2010 年	8.0	9.0	17.8	9.6	18.2	18.3	2.3	8.9	7.9
2011 年	7.1	8.6	18.4	11.4	20.4	16.9	2.1	7.9	7.3
2012 年	7.0	8.3	19.6	11.5	19.4	17.1	2.0	8.0	7.2
2013 年	7.9	8.3	20.8	10.8	18.8	16.5	1.9	7.9	7.1

由表 7–11 可知，2006 年日本稻谷生产成本中各投入要素由高到低排序为劳动力费用、固定资产投入、土地成本、一般管理费、农机作业费、肥料费、农药费、种子秧苗费、税金和保险费；2013 年稻谷生产成本中各投入要素由高到低排序基本没有发生变化，只有肥料费与农机作业费交换了顺序。2006—2013 年，各投入要素费用几乎没有增长。生产管理费上涨最快，增长了 33.3%，肥料费上涨了 15.4%。土地成本下降了 21.7%，劳动力费用下降了 17.2%（其中，雇工费上涨了 1.7%，家庭用工费下降了 18.2%）。结果，稻谷生产成本下降了 9.5%。

表 7–11 日本稻谷生产成本结构

单位：%

年份	种子秧苗费	一般管理费	土地成本	肥料费	农机作业费	固定资产投入	税金和保险费	农药费	劳动力费用
2006 年	2.7	9.5	13.6	5.6	6.7	22.1	1.8	5.0	29.3
2007 年	2.6	9.3	13.7	5.8	6.8	22.5	1.9	5.0	28.9
2008 年	2.4	8.4	12.2	5.9	7.0	28.1	1.8	4.7	26.3
2009 年	2.5	8.4	12.1	7.2	6.2	27.6	1.7	5.0	26.1
2010 年	2.4	8.5	11.9	6.6	6.3	28.1	1.7	5.2	25.9
2011 年	2.4	8.6	11.9	6.4	6.5	28.4	1.6	5.3	26.2
2012 年	2.5	8.7	11.4	6.6	6.5	29.3	1.6	5.4	25.7
2013 年	2.8	9.3	11.8	7.1	6.9	25.5	1.8	5.6	26.8

（四）比较结论及中国降低种粮成本的途径分析

首先，与美、日两国相比，我国的劳动力费用占比过高。中国粮食生产成本结构中，劳动力费用占比过高（最低的小麦为31.8%），而且近两年还存在快速上升的趋势；从国际比较来看，除日本的稻谷（26.2%）外，美国、日本粮食生产成本结构中劳动力费用占比均低于10%。因此，中国粮食生产成本降低的最大潜力在劳动力投入上。但如何在不降低种粮者积极性的前提下，实现劳动力费用的减少呢？在当前中国劳动力工资普遍存在"棘轮效应"的环境下，直接降低种粮雇工工资（家庭用工费）是不可行的。那就只能减少粮食生产过程中的劳动力费用，可行途径就是适当扩大粮食生产规模，通过机械替代劳动力或采用新技术提高劳动生产率来实现劳动力费用的减少。由中美日粮食生产的比较可以看出，由于各国粮食生产具体经营模式存在差异，美国的平均种植规模大于日本，日本的平均种植规模大于中国；劳动力费用占比是中国大于日本，日本大于美国。无论从自身粮食生产成本结构分析，还是从横向国际比较分析，扩大经营主体粮食生产规模是减少劳动力费用的最可行途径，也是粮食生产成本能够大幅下降的实现路径。

其次，土地成本在粮食生产成本构成中的相对占比存在上涨的趋势。以2009—2013年平均值计算的稻谷生产成本构成中，中国土地成本占比为17.5%，排在劳动力费用和农机作业费后；日本土地成本占比为11.8%，排在固定资产投入和劳动力费用后；美国土地成本占比为18.9%，排在第1位。由此可以看出，随着粮食生产规模的扩大，土地成本在粮食生产成本构成中的相对占比存在上涨的趋势。但在当前中国农业发展形势下，控制流转地租金的非理性上涨，给定粮食价格前提下，保持单产增长率超过流转地租金增长率可以实现土地成本的真实下降，为粮食生产成本的降低贡献力量。

最后，我国粮食的良种采用率、机械化率及"水肥地药"的有效利用率有待提高。在中美日3国粮食生产成本构成中，农机作业费和肥料费是将粮食生产成本控制在合理范围内的关键控制点。随着粮食生产规模的扩大，农机作业费相对会提高。但能够合理利用农机的使用时段和频次，也存在成本降低的空间。当前，中国粮食生产过程中投入要素使用效率与发达国家存在较大差距，灌溉水有效利用率，化肥、农药有效利用率均较低。中国粮食生产主要还是一家一户的小规模生产方式。促进中国粮食生产扩大生产规模，提高粮食生产过程中的良种采用率、机械化率及"水肥地药"的有效利用率是降低粮食生产成本的关键前提。

三、世界粮食加工的国际比较分析

（一）中国粮食加工业发展现状

1. 总体运行平稳，经营状况整体向好

2015年，全国规模以上粮食加工与制造企业17 459家，实现主营业务收入44 338.7亿元，增长4.4%，主营业务收入占比前三位的子行业分别为谷物磨制（13 403.4亿元）、饲料加工（11 052.8亿元）、酒类制造（8437.8亿元）；酒类制造和调味品加工业主营业务收入增长较快，增速分别达到27.0%、18.1%。全年实现利润总额累计2908.7亿元，增长5.3%，比上年同期上升4.6个百分点，其中增长最快的是调味品、焙烤食品加工业，增速分别达到30.4%、18.1%。

2. 粮食价格下跌，企业盈利情况好转

2015年，全国粮食生产实现"十二连增"，国内市场供需形势宽松，大宗粮食价格均有所下降。国家临储玉米拍卖价下调，2015年下半年国内玉米价格持续大幅下跌，并跌至近5年来的最低水平；2016年小麦最低收购价与上年持平，但受供需影响，2015年小麦价格稳中偏弱；稻谷价格虽保持相对平稳，但在湖北等主产区亦有小幅下跌。原粮价格下跌对加工企业，尤其是玉米淀粉生产企业较为有利，东北、华北等地淀粉加工厂开工率普遍提升，企业效益有所改善。

3. 主要加工产品价格相对平稳，副产品价格走低

2015年，面粉全国平均价格与上年基本持平，价格涨跌大致在10～60元/吨；粳米、晚籼米价格年底较年初上涨4.0%～6.0%，早籼米价格每吨有40～200元的下调。受低价非主粮进口力度持续增加、玉米价格大幅走低及饲料业需求疲软影响，麸皮、糠粕等副产品价格创近年来新低，尤其是麸皮价格下跌近30%。此外，复合调味品、西式烘焙食品等新兴产品市场需求持续增加，行业利润率普遍维持在两位数的增长水平。

4. 粮食及其制品进口量持续扩大，进口结构有所变化

2015年，我国进口粮食超过1.2亿吨，较之2014年增长17.0%。其中，进口大豆8169万吨，较2014年增长14.4%。除大豆外，进口总量排名前三位的是饲用玉米替代品——大麦、高粱、木薯，全年进口分别达到1070万吨、1069万吨及937万吨。DDGS饲料（干酒糟及其可溶物）进口总量也创纪录地达到682万吨，比2014年增长26%。玉米、稻谷、小麦三大主粮进口量分别为473万吨、335万吨和300万吨，分别增长82%、31%和0.1%。部分粮食进口渠道出现明显变化，2015年我国与乌克兰于2012年签署的贷款换玉米协议生效，从乌克兰进口玉米385万吨，占全年进口玉米总量的81.6%，乌克兰超过美国成为我国最大的玉米进口来源国。

（二）世界粮食加工业发展的特点与趋势

粮油是农产品中的大宗产品，是关系国计民生的重要商品，世界各国都非常重视其加工技术与设备的开发。我国是世界粮油生产和消费大国，但还不是粮油加工业的强国。根据国家科技攻关计划项目"农产品加工业技术创新体系与发展战略研究"课题中稻谷、小麦、玉米、大豆、油菜籽（包括双低油菜籽）加工业的技术创新体系与发展战略研究的研究成果，分析世界粮油加工业发展现状及趋势的五大特点。

1. 生产经营模式向规模化、集约化方向发展

稻谷、小麦、玉米、大豆、双低油菜籽加工业的规模化生产、集约化经营是发达国家发展粮油加工业的成功经验。美国最大的4家面粉公司的日产能力已占到全国总日产能力的20%以上，生产能力占全国总生产能力的63%。美国粉厂的开工率维持在90%以上，比起20世纪70年代开工率不足80%，更早些时候甚至不到70%来说，有很大提高。法国三大面粉集团公司所生产的面包粉接近市场份额的50%，整个制粉行业的产能利用率达到80%以上。日本的面粉加工企业从20世纪60年代的850家，到1996年仅存170余家，日清公司、日本公司、昭和产业公司和日东公司拥有35家粉厂，但其产量占总产量的66%。美国玉米精加工协会有9家公司，下属28家企业，分布在14个玉米主产区，市场集中度达到74%。美国年产淀粉1600万吨，只有22个工厂；日本原有2000多个淀粉厂，现在已不足200个，但淀粉产量却增加近2倍。稻谷加工业也是如此，日本、美国及稻谷出口量世界第一的泰国，稻谷加工企业的规模都在日产500~1000吨。为了增强企业的实力，降低生产成本，积极参与市场竞争，规模化生产、集约化经营、走联合之路已是国外企业发展的必然趋势。

2. 新技术不断应用，资源利用率不断提高

稻粕加工在美国、日本等发达国家具有很高的技术水平，其中以日本的稻谷加工技术和装备称雄世界。目前，世界发达国家把稻谷深加工的生物技术、膜分离技术、离子交换技术、高效干燥技术、超微技术、自动化工艺控制技术等高新技术作为稻谷加工业产品市场竞争力和行业发展及获得高额利润的关键因素。小麦制粉生产过程中，应用计算机管理和智能控制技术，应用各种传感装置，实现生产过程的计算机管理，最大限度地利用小麦资源，使生产过程平稳、高效地运行。利用生物技术的研究成果，采用安全、高效的生物添加剂改善面粉食用品质，替代现在使用的化学添加剂，使传统的小麦加工业生机蓬勃。玉米加工业采用大型湿磨、密闭循环工艺，采用电子计算机对生产过程进行控制，使工艺过程具有很高的透明度，随时变换和调节工艺条件，玉米淀粉、蛋白质、纤维和玉米油等玉米加工的综合利用率达到99%以上。应用现代生物酶技术、色谱分离、膜分离技术、喷射、超微及自动化计算机控制等技术，使产业进入高科技、高产出的快速发展阶段。此外，发达国家已把新的提取分离技术、酶技术、发酵技术、膜分离技

用于大豆加工业，大型的油菜籽脱皮分离、冷榨、挤压膨化、低温浸出新技术应用于双低油菜籽的制油工业，资源利用率不断提高。

3. 营养、卫生、安全和绿色成为加工产品的主流

从全球范围来看，营养、安全、绿色、休闲成为稻谷、小麦、玉米和油料加工的主流和方向。卫生和安全成为21世纪稻谷、小麦、玉米、油脂和油料蛋白加工企业的首要任务。美国早在20世纪70年代就建立了各谷物、油料的营养、卫生和安全的标准体系，规定了谷物的各种营养成分和卫生、安全的标准。联合国食品卫生法典委员会（CAC）已将GMP和HACCP作为国际规范推荐给各成员国。为防止出现食品安全危机，世界加速进入绿色食品的时代，许多国家对农产品的化肥、农药使用都做了严格限制，生态农业、回归自然、绿色农产品迅速发展，确保稻谷、小麦、玉米、油料及其产品安全已成为粮油加工业的共识。

4. 深加工、多产品成为粮食高效增值的重要途径

稻谷的综合利用是国外技术力量雄厚企业集团发展的重点。其产品有备受消费者钟爱的米酒、米饼、米粉、米糕、速煮米、方便米饭、冷冻米饭、调味品等品种繁多的米制食品；高纯度米淀粉、抗性淀粉、多孔淀粉、缓慢消化淀粉、淀粉基新脂肪替代物等各具特色和新用途的产品；不同蛋白质含量和不同性能的稻谷蛋白产品；具有营养和生理功能的发芽糙米、米胚芽健康食品、米糠营养素和营养纤维、米糠多糖等；米糠为原料的日化产品、米糠高强度材料、脂肪酶抑制剂、稻壳白炭黑、活性炭和高模数硅酸钾。稻谷深加工使稻谷的附加值提高5~10倍。小麦深加工产品有着广泛的市场，美国的食品、医药、化工、造纸、纺织、建材等工业都是小麦产品的下游市场。美国还把小麦产品新用途的开发及拓展作为未来小麦加工业发展的重点工作之一。玉米是重要的工业原料，有工业黄金原料之称，世界发达国家玉米加工，特别是深加工，可生产二三千种产品。种类繁多的产品应用在食品、化工、发酵、医药、纺织、造纸等工业领域。美国玉米深加工比例目前已达到20%以上。大豆和油菜籽的高效增值转化利用是世界发达国家主要研究方向，大豆、油菜籽除了应用新技术大规模制备食用植物油外，还可研发多样化、营养化、方便化、安全化、优质化的大豆制品；在非食用领域，研发大豆蛋白生物可降解性高聚物、黏合剂、薄膜、包装材料、增强材料等新材料；发展双低油菜脱皮冷榨制油技术；开发大豆功能性食品；研制高质量、高附加值、高效益的具有特殊营养功能的新产品。

5. 产品标准体系和质量控制体系越来越完善

发达国家农产品加工企业大都有科学的产品标准体系和全程质量控制体系，多采用GMP（良好生产操作规程）进行厂房、车间设计，对管理人员和操作人员进行HACCP（危害分析及关键控制点）上岗培训，并在加工生产中实施GMP、HACCP及ISO（国际标准组织）9000 族系管理规范。国际上对食品的卫生与安全问题越来越重视，世界卫生组织（WHO）、联合国粮农组织（FAO）和各国都为食品的营养、卫生等制定了严格的标准，旨在建立一个现代化的科学食品安全体系，以加强食品的监督、监测和公众教育等。

四、世界粮食贸易的国际比较分析

粮食贸易作为农产品贸易的重要构成部分，对一国粮食供需均衡及粮食安全起着重要调节与保障作用。根据联合国统计署数据库中的数据计算得出，2012 年世界谷物类粮食出口总额比 2002 年增加了 829.71 亿美元，11 年间增长超过 2 倍，年均增长超过 20%。

（一）世界粮食贸易的演变

世界粮食贸易的发展可追溯至 14 世纪。进入 14 世纪以后，欧洲的粮食贸易已具相当规模；在 15—16 世纪，荷兰的阿姆斯特丹成为世界粮食贸易中心；16—18 世纪，世界粮食贸易格局是美洲为出口一方，欧洲、西印度群岛为进口一方。至第二次世界大战前，西欧都是世界粮食的主要输入地区，而美国则成为世界粮食最大的供应者。第二次世界大战后的世界粮食贸易规模日益增大，贸易的品种结构、地区结构也逐步得以调整。

1. 世界粮食贸易规模的发展

第二次世界大战后，随着世界经济的加速发展，农业生产的国际分工逐步扩大，各国的农业贸易政策也不断进行着调整，为粮食贸易的快速发展创造了有利的内外在条件。1961 年，世界粮食进口量仅为 83.73 吨，1981 年已增至 258.52 吨，比 20 年前增长 208.75%，年均增长率超过 10%。进入 20 世纪 80 年代中期，随着乌拉圭回合多边贸易谈判的进行，逐步形成了涵盖削减和取消可能导致农业生产和贸易扭曲的农业支持政策等内容的《农业协定》，如配额、出口补贴等措施的使用受到了国际贸易规则的约束，既影响了粮食的市场供求状况，也束缚了世界粮食贸易的快速发展。1985—1986 年及 1993—1994 年，世界粮食贸易都出现连续下滑，进入 21 世纪前基本处于缓慢上涨态势，2001 年世界谷物粮食出口 320.31 吨，比 1981 年仅上涨 61.79 吨。

进入 21 世纪以来，世界粮食贸易呈平稳上升态势。如图 7-2 所示，近 10 年来，世界粮食贸易波动并不显著，2012/2013 年由于自然灾害导致粮食减产严重，世界粮食贸易有所下滑，其余年基本呈上涨之势。2012/2013 年世界谷物粮食出口量达 402.88 吨，比 2002—2003 年增长 34.63%，2006—2009 年均达 4% 以上的年增长率。

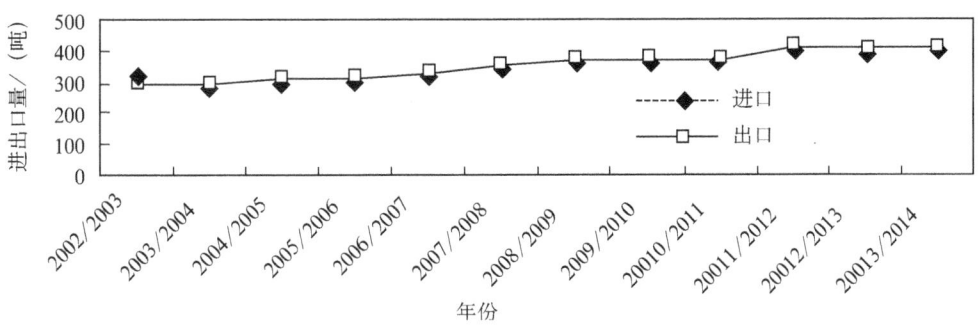

图 7-2 21 世纪后世界粮食贸易规模

数据来源：根据 FAO 数据库资料整理。

2. 世界粮食贸易结构的演变

（1）品种结构

在世界粮食贸易中，小麦一直是贸易量最大的粮食品种，其次是玉米、大豆和稻谷，如表7-12所示。1961年世界小麦出口量为39.53吨，占据世界粮食贸易近一半的市场规模；随着世界粮食贸易的发展，2001年小麦世界出口量达113.75Mt，尽管其占世界粮食贸易量的比重有所下降，但仍占到了1/3以上的规模。玉米是世界粮食贸易的第二大类品种，1961年以14Mt的出口量占到了世界粮食贸易量的16.74%；伴随着世界生物燃料需求的增长，玉米世界贸易量迅速扩张，2001年已达到83.82Mt的出口量，占据了世界粮食贸易量1/4的市场规模。大豆不仅是第三大类世界粮食贸易品种，还是增长速度最快的粮食贸易品种，1961年，世界大豆出口量仅4.17Mt，到2001年则已达56.96Mt，其出口量占世界粮食贸易量的比重也由1961年的不足5%上升为2001年的将近18%。稻谷出口量占世界粮食贸易的比重有所上升，但增速缓慢，2001年世界稻谷出口量为26.69Mt，占世界粮食贸易量的8.21%，仅比1961年提升0.67%。

表 7-12 21 世纪前主要粮食品种世界出口比重（含 2001 年）

单位：%

年份	玉米	稻谷	小麦	大豆
1961 年	16.74	7.54	47.26	4.99
1966 年	21.24	6.67	46.43	6.16
1971 年	23.67	6.62	39.82	9.43
1976 年	33.26	4.75	33.42	10.54
1981 年	30.23	5.03	36.68	10.07

续表

年份	玉米	稻谷	小麦	大豆
1986年	24.82	5.73	37.72	11.91
1991年	25.31	5.03	41.46	10.4
1996年	26.15	7.19	36.01	12.73
2001年	25.8	8.21	35.01	17.53

数据来源：根据 FAOSTAT 中 Trade 数据库相关数据整理得出。

2002—2012 年的世界粮食贸易品种结构延续了之前的主要发展趋势，如表 7-13 所示。小麦贸易规模仍然最大，出口量呈现与产量较为一致的波动状况，2012 年，世界小麦出口量达 139.65 吨，仍占世界粮食贸易量 1/3 的规模。随着世界生物燃料发展放缓，玉米贸易增长速度有所回落，经过多次波动，2012 年世界玉米出口量仅比 2002 年增加 19.74 吨，占世界粮食贸易量的比重基本维持在 25% 左右。大豆贸易持续快速增长，2012 年世界大豆出口量达 97.65 吨，逼近世界玉米出口量比重。稻谷贸易仍呈缓慢增长之势，2012/2013 年世界出口稻谷 38.54 吨，比 2002 年仅增长 10.36 吨，占世界粮食贸易量仍不足 10%。

表 7-13 21 世纪以来主要粮食品种世界出口比重

单位：%

年份	玉米	稻谷	小麦	大豆
2002年	26.38	9.42	34.44	20.54
2003年	27.58	9.25	35.12	18.95
2004年	24.79	8.53	36.04	20.69
2005年	25.37	9.57	35.63	20.91
2006年	26.67	8.86	34.63	21.54
2007年	28.62	8.99	32.2	22.45
2008年	23.44	8.24	38.69	21.55
2009年	24.25	7.99	35.38	24.83
2010年	25.84	8.31	33.47	24.14
2011年	24.92	8.82	35.68	22.88
2012年	24.49	9.57	34.66	24.24

数据来源：根据 FAOSTAT 中 Trade 数据库相关数据整理得出。

(2) 地区结构

伴随着生产格局和消费的变化，贸易格局也发生了巨大变化。首先，从世界谷物粮食贸易净出口地区分布来看。一个国家或地区年内的粮食净出口或净进口规模变化能反映出世界粮食贸易的地区结构变化及该国或地区对世界粮食安全的贡献度。仅从谷物类粮食贸易方面来看，美洲是自 1961 年以来年内净出口规模最大的地区，2010 年达到 95.65 吨的谷物粮食净出口，比 1961 年增加了 54.19 吨；大洋洲尽管净出口规模不大，但多年来都保持了较快的谷物粮食出口增长与较慢且规模甚小的谷物粮食进口增长，因此，大洋洲谷物粮食净出口也呈平稳增长趋势，2010 年的净出口量 19.98 吨，比 1961 年增加 13.07 吨；欧洲已由原来的谷物类粮食净进口地区变为谷物类粮食净出口地区，在 1981 年达到 56.61 吨的净进口后，净进口规模不断缩小，到 2010 年已变为 46.70 吨的净出口；亚洲则是世界谷物类粮食净进口规模最大的地区，50 多年以来，亚洲的谷物类粮食净进口规模持续增加，2010 年已达 94.1 吨，比 1961 年增加了 72.7 吨；非洲谷物类粮食也一直处于净进口地位，且净进口规模直线上升，1961 年仅 2.53 吨，2010 年已达到 62.75 吨。

再从主要粮食品种世界进口地区分布来看。图 7-3 显示了主要粮食品种的进口地区分布情况。由于大洋洲仅有少量小麦和稻谷进口，大豆和玉米进口量极微，图 7-8 中仅对亚洲、欧洲、美洲和非洲的进口数据了进行分析。由图 7-3（a）可知，1986 年以前，欧洲是最大的玉米进口地区，其次是亚洲、美洲和非洲；随着亚洲和美洲玉米需求的大量增加，两大地区玉米进口量直线上升，先后超过欧洲玉米进口量；2010 年世界玉米进口地区排序为亚洲（5202.07 万吨）、美洲（2331.85 万吨）、欧洲（1801.73 万吨）和非洲（1386.77 万吨）。由图 7-3（b）可知，亚洲一直是稻谷的最大进口地区，欧洲、非洲和美洲稻谷进口量在 1991 年以前差距较小，但随着发展中国家人口的增长，不同地区对主要用做口粮的稻谷的需求呈不同程度的增长，近年来，非洲成了第二大稻谷进口地区；2010 年世界稻谷进口地区排序为亚洲（1401.08 万吨）、非洲（901.90 万吨）、美洲（419.29 万吨）和欧洲（340.79 万吨）。由图 7-3（c）可知，除非洲小麦进口持续增长外，欧洲、亚洲、美洲小麦进口波动较明显，2010 年世界小麦进口地区排序为亚洲（4923.67 万吨）、非洲（3820.44 万吨）,欧洲（3453.96 万吨）和美洲（2174.70 万吨）。由图 7-3（d）可知，亚洲还是目前最大的大豆进口地区，其次是欧洲、美洲和非洲，2010 年的进口量分别为 7049.07 万吨、1706.70 万吨、565.44 万吨和 244.65 万吨。毋庸置疑，亚洲是最主要的粮食进口地区。

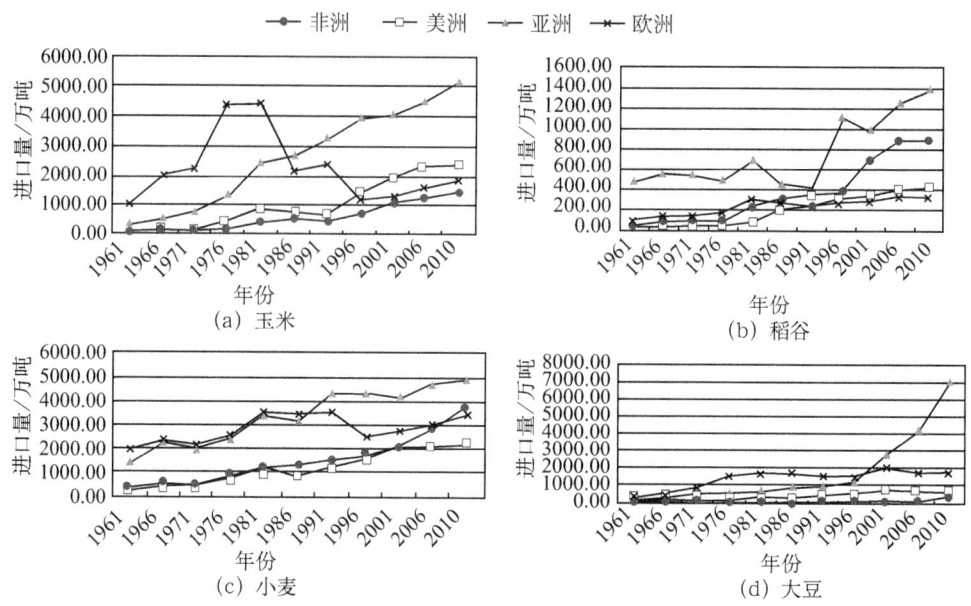

图7-3　主要粮食品种世界进口地区分布

数据来源：根据FAO数据库整理。

然后，从主要粮食品种世界出口地区分布来看。图7-4显示了主要粮食品种的出口地区分布情况。大洋洲小麦出口规模较大，但稻谷、玉米及大豆出口量尚小，故仅图7-4(c)涉及大洋洲相关数据。由图7-4(a)可知，美洲一直是最大的玉米出口地区，出口规模优势极为明显；2010年世界玉米出口地区排序为美洲（8188.62万吨）、欧洲（2079.76万吨）、亚洲（357.99万吨）和非洲（158.75万吨）。由图7-4(b)可知，亚洲长期以来都是最大的稻谷出口地区，其出口规模远超其他洲，结合上文可知，稻谷进出口贸易主要集中在亚洲；2010年世界稻谷出口地区排序为亚洲（2382.62万吨）、美洲（576.93万吨）、欧洲（206.46万吨）和非洲（105.06万吨）。由图7-4(c)可知，美洲是最主要的小麦出口地区，近10年来多数年份维持5000万吨以上的出口量；近年来欧洲小麦出口增长迅猛，已于2008年超过美洲，成为第一大小麦出口地区；大洋洲是世界第三大小麦出口地区，出口量平稳上升；非洲小麦出口极为有限；2010年世界小麦出口地区排序为欧洲（6774.61万吨）、美洲（5378.19万吨）、大洋洲（1589.54万吨）和亚洲（764.22万吨）。由图7-4(d)可知，美洲是具有垄断地位的大豆出口地区，2010年共出口大豆9057.08万吨，占到世界大豆贸易量的97%。

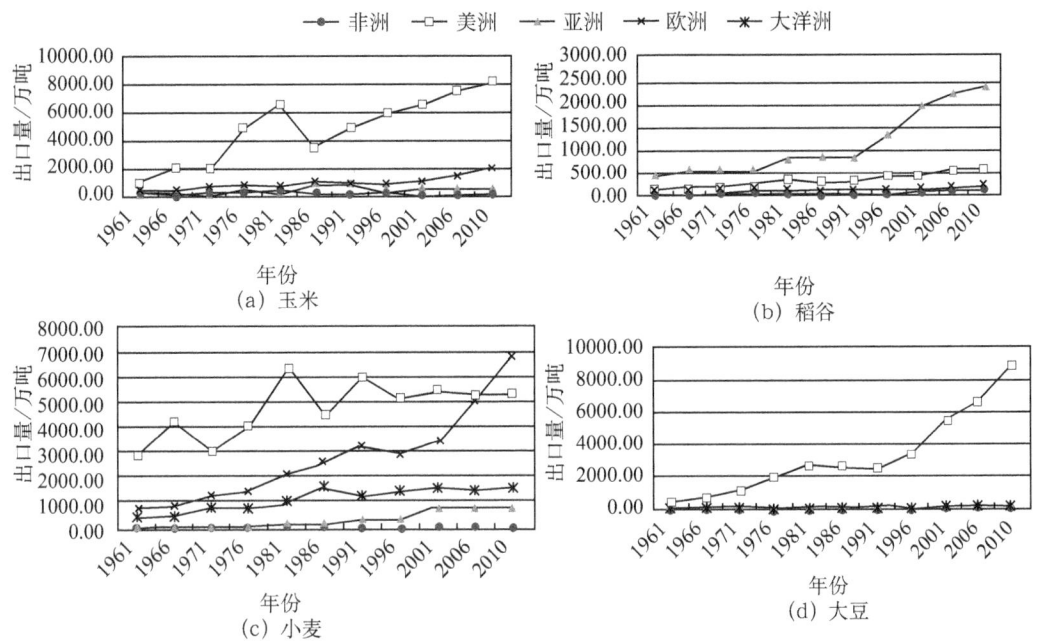

图 7-4 主要粮食品种世界出口地区分布

数据来源：根据 FAO 数据库整理。

（二）世界粮食贸易的现状

1. 世界粮食贸易现状

随着全球化的不断深化，冷战结束后全球粮食贸易日益活跃。2011 年全球谷物和大豆出口量为 3.85 亿吨，比 1991 年增长 79.34%。其中，小麦出口量为 1.48 亿吨，玉米为 1.09 亿吨，大豆为 9102 万吨，稻谷为 3626 万吨，分别比 1991 年出口增加 36.81%、65.72%、234.74% 和 177.66%。整体来看，出口量从大到小依次是小麦、玉米、大豆和稻谷。各粮食品种出口量在波动中逐年增加，小麦、玉米和大豆 2004 年以后的出口增速明显加快，大豆出口增速最快。1991—2011 年，4 种作物出口量年均增长率从高到低依次是大豆 11.73%、稻谷 8.88%、玉米 3.28%、小麦 1.84%。

全球粮食贸易总量虽然巨大，但是出口来源相对集中。表 7-14 列出了 2011 年各粮食品种出口前十位的国家及其所占份额情况。可以看出，各粮食品种出口前十位的国家出口量合计分别达到小麦出口总量的 85%、大豆的 98%、玉米的 90%、稻谷的 91%。分国家来看，美国由于其优越的自然条件、先进的农业技术水平、完善的农产品运销体系，是世界头号农业强国，是玉米、小麦和大豆的最大出口国，稻谷第五大出口国。巴西和阿根廷由于适宜耕作土地面积巨大、土壤肥沃及水资源充沛，具有较强的粮食生产和出口能力，其所有粮食品种的出口均位于世界前列。乌克兰地处东欧，拥有世界上面积最大的黑土地，自然条件优越，其小麦、大豆和玉米出口排名靠前。从区域上来看，小麦的出口主要集中在美洲、澳大利亚、欧洲和中亚，大豆出口主要集中在美洲，玉米出口集中于美洲，稻谷出口集中于东南亚。

表 7-14 2011 年各粮食品种出口情况

品种	国家	出口量/万吨	份额/%
小麦	世界	14 827.07	100.00
	美国	3278.99	22.11
	法国	2034.59	13.72
	澳大利亚	1765.71	11.91
	加拿大	1633.51	11.02
	俄罗斯	1518.59	10.24
	阿根廷	841.11	5.67
	德国	616.89	4.16
	乌克兰	409.73	2.76
	哈萨克斯坦	289.14	1.95
	巴西	235.07	1.59
大豆	世界	9102.14	100.00
	美国	3431.05	37.69
	巴西	3298.56	36.24
	阿根廷	1082.00	11.89
	巴拉圭	501.00	5.50
	加拿大	265.07	2.91
	乌拉圭	181.34	1.99
	乌克兰	109.63	1.20
	荷兰	73.75	0.81
	斯洛文尼亚	33.41	0.37
	比利时	26.45	0.29

续表

品种	国家	出口量/万吨	份额/%
玉米	世界	10 934.60	100.00
	美国	4588.83	41.85
	阿根廷	1580.56	14.42
	巴西	948.69	8.65
	乌克兰	780.63	7.12
	法国	624.65	5.70
	印度	395.21	3.60
	匈牙利	364.37	3.32
	南非	256.32	2.34
	罗马尼亚	231.07	2.11
	塞尔维亚	163.09	1.49
稻谷	世界	3626.29	100.00
	泰国	1067.12	29.43
	越南	711.20	19.61
	印度	500.42	13.80
	巴基斯坦	341.25	9.41
	美国	316.56	8.73
	巴西	129.16	3.56
	阿根廷	72.94	2.01
	意大利	72.21	1.99
	乌拉圭	57.23	1.58
	中国	48.91	1.35

数据来源：联合国粮农组织统计数据库（FAOSTAT），http://faostat.fao.org/。

从需求来看，中国、日本、埃及、韩国、墨西哥等国粮食进口规模较大，如表7-15所示。虽然中国粮食产量高，但粮食消费量也很大，中国在粮食总产量和结构上都需要有大量粮食进口来满足，特别是大豆的进口；日本除了稻谷外，其他粮食品种都需要通过进口来弥补。

表 7-15　2010 年主要粮食品种世界贸易前五位国家及其贸易量

单位：吨

排序		玉米		稻谷		小麦		大豆	
		国家	贸易量	国家	贸易量	国家	贸易量	国家	贸易量
进口	1	日本	16.19	菲律宾	2.38	埃及	10.59	中国	57.01
	2	韩国	8.54	尼日利亚	1.89	意大利	7.48	墨西哥	3.77
	3	墨西哥	7.85	沙特阿拉伯	1.28	巴西	6.32	荷兰	3.55
	4	中国	6.21	伊朗	1.13	日本	5.48	日本	3.46
	5	埃及	6.17	伊拉克	1.12	荷兰	5.26	德国	3.38
出口	1	美国	50.91	泰国	8.94	美国	27.63	美国	42.35
	2	阿根廷	17.55	越南	6.89	法国	21.08	巴西	25.86
	3	巴西	10.82	巴基斯坦	4.18	加拿大	18.39	阿根廷	13.62
	4	法国	6.61	美国	3.78	澳大利亚	15.89	巴拉圭	3.92
	5	匈牙利	3.91	印度	2.23	俄罗斯	11.85	加拿大	2.78

数据来源：根据 FAOSTAT 中 Trade 数据库相关数据整理得出。

2. 中国粮食贸易现状

（1）粮食进口量和进口额逐年上升

据统计，2012 年世界人均粮食拥有量为 321.17 公斤，而 2012 年中国人均粮食产量为 433.5 公斤，是世界水平的 1.35 倍。但实际上中国在 2008 年粮食自给率就已经不足 90%，中国粮食产量从 2004 年开始不能满足国内消费并从国外进口。如表 7-16 所示，出口方面，2003 年中国粮食出口量和出口额为 2002—2012 年中最高，2004 年出口量和出口额急剧下降，出口量下降 78.21%，出口额下降了 68.44%。2005 年出口量和出口额有所上升，但截至 2012 年，总体上呈现出下降的趋势，相比 2005 年，2012 年的出口量和出口额分别下降了 90% 和 58.88%。进口方面，2004 年进口量和进口额呈现大幅上涨的趋势，相对于 2002 年分别上涨 242% 和 386%。2005—2007 年贸易状况好转，进口下降，但从 2008 年到 2012 年进口又呈现大幅的上涨趋势，该期间进口量和进口额分别上涨 808% 和 554%。从贸易状况看，2002—2012 年总体的贸易状况恶化，从 2002 年的净出口 12.61 亿美元转变为 2012 年净进口 41.58 亿美元。至 2012 年，我国不包括大豆在内的贸易逆差为 41.58 亿美元，该数据加上大豆 347.9 亿美元的贸易逆差后，粮食贸易总逆差为 389.48 亿美元，占 2012 年中国农产品贸易逆差的 78.9%。

表 7-16 2002—2012 年我国粮食进出口情况（不包括大豆）

单位：万吨

年份	出口量	进口量	贸易总量	出口额	进口额	贸易总额	净出口总额
2002 年	1483.73	285.12	1768.85	17.2	4.59	21.79	12.61
2003 年	2200.38	208.68	2409.06	26.71	4.58	31.29	22.13
2004 年	479.51	975.35	1454.86	8.43	22.32	30.75	-13.89
2005 年	1017.49	627.2	1644.69	15.32	14.09	29.41	1.23
2006 年	609.88	359.5	969.38	11.73	8.41	20.14	3.32
2007 年	991.17	155.75	1146.92	22.09	5.36	27.45	16.73
2008 年	186.11	154.05	340.16	7.84	7.32	15.16	0.52
2009 年	137.1	315.1	452.2	7.39	8.98	16.37	-1.59
2010 年	124.33	570.84	695.17	6.93	15.28	22.21	-8.35
2011 年	121.48	544.68	666.16	8.12	20.44	28.56	-12.32
2012 年	101.61	1398.3	1499.91	6.3	47.88	54.18	-41.58

数据来源：根据中国农业信息网公布数据计算得出。

我国大豆受到国际的冲击尤其巨大，最著名的案例就是 2004 年中国大豆业的崩溃，在遭遇国际投资的疯狂打压之后，中国的大多数大豆加工和榨油商由于资金压力，多数企业被迫破产，大部分被跨国粮商低价收购，我国粮食企业严重受挫，尤其是我国大豆企业完全失去定价权。如表 7-17 所示，我国大豆进口数量逐年增加，2012 年仅大豆的进口量就已经达到了 5838.4 万吨，进口值为 349.89 亿美元。2013 年进口量继续增加至 6337.5 万吨，约为 2013 年官方公布的产粮大省黑龙江省 2121 万吨粮食总产量的 3 倍。

表 7-17 中国大豆进出口数据

年份	出口数量/万吨	进口数量/万吨	出口值/亿美元	进口值/亿美元
2004 年	33.5	2023.0	1.53	69.79
2005 年	39.6	2659.0	1.78	77.79
2006 年	37.9	2823.7	1.54	74.89
2007 年	45.6	3081.7	2.07	114.72
2008 年	46.5	3743.6	3.66	218.14
2009 年	34.6	4255.1	2.45	187.87
2010 年	16.4	5479.8	1.26	250.81
2011 年	20.8	5263.7	1.67	298.34
2012 年	32.0	5838.4	2.8	349.89
2013 年	20.9	6337.5		

数据来源：根据中国农业信息数据整理得出。

进口比重不断增加的原因有：一方面，中国的耕地面积逐渐减少，虽然中国有18亿亩耕地红线的限制，但由于存在各种经济利益的冲突与矛盾，而且中国的耕地多为山地，难以实现大规模生产，因此产值不高。再者，中国正在大力推进城镇化，城镇化每推进一步，可耕土地面积就被蚕食一口。另一方面，中国的粮食生产技术与发达国家相比生产技术低下，粮食生产效率低下。要实现粮食自给自足，则需要国家的粮食政策倾斜，扶持中国的粮食产业，使得粮食产业成为一个能够盈利并且盈利较高的产业。

（2）粮食进出口品种结构不平衡

从进口方面看，中国的主要粮食进口以大豆为主，2012年大豆进口额占中国粮食进口额的89.3%。从表7-18可知，中国的大豆进口额高速增长，2013年中国大豆进口值为小麦、稻谷和玉米进口总值的9.82倍，进口结构严重不平衡。小麦、玉米、稻谷的进口额也有明显增加，分别由2010年的3.61亿美元、3.68亿美元、2.53亿美元增加到2013年的18.81亿美元、9.37亿美元、10.52亿美元，增长5.95倍、2.55倍、2.53倍。

表7-18 中国主要粮食进口值

单位：亿美元

年份	大豆	小麦	玉米	稻谷
2004年	16.5	0.01		
2005年	77.79	7.73	0.01	
2006年	74.89	1.19	0.12	
2007年	114.72	0.29	0.07	
2008年	218.14	0.15	0.13	
2009年	187.87	2.11	0.21	
2010年	250.81	3.16	3.68	2.53
2011年	298.34	4.24	5.78	3.87
2012年	349.89	11.09	16.89	11.26
2013年	379.85	18.81	9.37	10.52

数据来源：根据中国农业信息数据整理得出。

从出口方面看，如表7-19所示，2004—2013年稻谷出口总值最大，但即便如此20.13年稻谷的出口值也仅为2.72亿美元，和稻谷的进口总值10.52亿美元相比，稻谷出口总值仅为进口值的25.86%。从4种主要粮食的总值来看，进口总值为出口总值的63.62倍，其主要原因就是大豆的贸易逆差太大。

表 7-19 中国主要粮食出口值

单位：亿美元

年份	大豆	小麦	玉米	稻谷
2004 年	1.53	1.9	3.26	
2005 年	1.78	1.23	11.08	
2006 年	1.54	2.58	4.22	
2007 年	2.07	6.91	8.75	
2008 年	3.66	1.08	0.79	
2009 年	2.45	0.98	0.32	
2010 年	1.26	1.18	0.33	4.16
2011 年	1.67	1.61	0.47	4.27
2012 年	2.8	1.5	1.01	2.72
2013 年	2.02	1.5	0.33	2.72

数据来源：根据中国农业信息数据整理得出。

（3）粮食进口占全球进口比重不断增加

首先，如表 7-20 所示：大豆在 2004 年的全球进口量为 6371 万吨，中国在当年的大豆进口量比重占世界的 31.75%，全球出口量为 6464 万吨，中国的出口比重仅为 0.54%；10 年后，2013 年全球大豆进口量为 9651 万吨，增加了 51.4%，同时，中国大豆进口量占世界比重增长到 65.67%，比重增加了 1 倍多，而且还处于不断增加的状态中。其次，再看中国大豆的出口比重，除 2004—2008 年比重有缓慢增加之外，2009—2013 年处于下降趋势，而且 2013 年出口比重仅占全球出口量的 0.21%。

表 7-20 中国大豆进出口情况

单位：万吨

年份	全球进口量/万吨	中国进口比重/%	全球出口量/万吨	中国出口比重/%
2004 年	6371	31.75	6464	0.54
2005 年	6404	41.25	6394	0.65
2006 年	6916	40.88	7150	0.55
2007 年	7812	39.45	7959	0.60
2008 年	7738	48.38	7684	0.63

续表

年份	全球进口量/万吨	中国进口比重/%	全球出口量/万吨	中国出口比重/%
2009年	8686	49.01	9285	0.38
2010年	8873	61.76	9166	0.19
2011年	9346	56.32	9126	0.23
2012年	9571	61.00	65	0.32
2013年	9651	65.67	9890	0.21

数据来源：根据中国农业信息数据整理得出。

相对于大豆来说，中国稻谷的贸易状况相对较好。从表7-21可以看出，2004年为2670万吨，当年中国的进出口比例为2.85%，全球稻谷出口量为41 510万吨，但中国稻谷出口量为0；进口量对世界的依赖性较低。但是2012—2013年稻谷的进口占比大幅增加，由2011年的1.79%突然增加到2012年的6.00%和2013年的5.91%。出口方面稍微有所改善，2008年出口比例达到最高，即3.11%。但之后有所下滑，2012年下滑至0.66%。2013年稍有好转，达到1.23%。

表7-21 中国稻谷进出口情况

年份	全球进口量/万吨	中国进口比重/%	全球出口量/万吨	中国出口比重/%
2004年	2670	2.85	41 510	0.00
2005年	2940	1.75	41 680	0.16
2006年	2920	2.46	42 670	0.29
2007年	3100	1.51	43 790	0.30
2008年	3040	0.95	3040	3.11
2009年	3050	1.07	3050	2.49
2010年	3140	1.14	3140	1.90
2011年	3180	1.79	3180	1.54
2012年	3860	6.00	3860	0.66
2013年	3760	5.91	3760	1.23

数据来源：根据中国农业信息数据整理得出。

从以上结果可以看出，中国的稻谷自给能力较强，进口比重较小，但进口不断增加，出口不断减少。而大豆的自给率严重不足，2013年的进口量已经达到了6337.81万吨，占世界的出口比重超过60%，国内的大豆生产难以实现自足。

（4）进口市场集中度高

总体上看，中国的稻谷进口主要集中在泰国、越南和巴基斯坦。从表7-24可以看出，1992—2012年，泰国占中国的稻谷进口市场比重有7年高于90%。从2010年开始，泰国的份额开始有所下降，其主要原因是近年来泰铢大幅升值且生产成本快速上升，导致了泰国稻谷生产成本和出口价格迅速上升，因此，泰国的出口受到严重的影响。另一方面，自2011年10月起，泰国实施了稻谷收购保护价格政策（稻谷典押政策），泰国稻谷价格进一步提高，出口受限，2012年出口占中国的市场份额进一步下降到7.48%。

和泰国不同的是，近几年越南国内粮食政策是通过扶持粮食生产者降低粮食企业的生产成本，通过为稻农提供良种来提高稻谷的产量和质量，在资金方面要求银行以合理的利率向稻谷出口商提供贷款、取消稻谷最低出口限价等来扶持稻谷出口企业，鼓励稻谷出口企业增加出口。由此，越南的稻谷出口价格逐年降低，出口量上升，加之泰国的稻谷典押政策的实施，越南稻谷在中国稻谷进口市场的占有率迅速升高，由2009年的0.86%上升至2012年的65.90%。

除以上两个主要的稻谷进口国之外，巴基斯坦也是中国稻谷进口主要来源国之一。由于巴基斯坦稻谷质量较好，且中国于2005年与巴基斯坦签署了允许巴基斯坦稻谷进入中国市场的协议，从2005年开始，巴基斯坦稻谷逐渐进入中国稻谷市场，并随着中国稻谷进口国政策的变化，巴基斯坦稻谷优势不断显现。截至2012年，其市场份额占到了中国稻谷进口市场的24.72%，所占份额仅次于越南。

表7-24 1992—2012年中国稻谷进口市场结构

单位：%

年份	泰国	越南	朝鲜	巴基斯坦	缅甸	美国	老挝	合计
1992年	92.51	0.97	4.75	0.00	0.75	0.05	0.04	99.07
1995年	71.07	26.54	0.00	0.00	0.21	0.03	0.03	97.99
1998年	99.45	0.01	0.00	0.00	0.00	0.22	0.12	99.88
2001年	99.76	0.00	0.00	0.00	0.00	0.06	0.09	99.91
2003年	99.71	0.05	0.00	0.00	0.00	0.00	0.08	99.84
2005年	91.74	8.08	0.00	0.02	0.09	0.01	0.06	100.00
2007年	93.10	5.79	0.00	0.06	0.06	0.02	0.93	99.96

续表

年份	泰国	越南	朝鲜	巴基斯坦	缅甸	美国	老挝	合计
2009 年	93.88	0.86	0.00	0.11	0.08	0.00	5.05	99.98
2010 年	81.68	15.32	0.01	0.12	0.67	0.12	1.87	99.79
2011 年	56.30	40.42	0.00	1.50	0.23	0.00	1.29	99.74
2012 年	7.48	65.90	0.00	24.72	0.26	0.00	0.96	99.32
平均	86.48	10.37	0.25	1.35	0.19	0.11	0.60	99.35

注：表中的"平均"指的是 1986—2012 年的平均值。
数据来源：《世界经济研究》2015 年第 2 期。

中国小麦进口来源国主要集中于美国、加拿大和澳大利亚。如表 7-25 所示，该 3 国的进口数量占中国小麦进口市场的 75% 以上。从各国占比的变化趋势看，美国占中国进口小麦市场份额呈现下降趋势，从 1986 年的 86.84% 下降到 2012 年 17.49%。加拿大占的份额为先增后减，总体变化较小，2012 年 8 月加拿大小麦局解除了加拿大对小麦出口长达 60 年的出口垄断权，因此，2012 年后中国从加拿大进口的小麦量有所增加。澳大利亚出口小麦占中国小麦进口市场份额总体上呈上升趋势，从 1986 年的 0% 上升到 2012 年的 65.75%，从 2004 年起，澳大利亚进口中国的小麦占有份额增幅较大，其主要原因是 2004 年澳大利亚小麦局（AWB）专营权逐步放开。

表 7-25　1986—2012 年中国小麦进口市场结构

单位：%

年份	美国	加拿大	澳大利亚	法国	英国	合计
1986 年	86.84	13.16	0.00	0.00	0.00	100.00
1989 年	52.05	10.86	9.66	8.05	0.74	81.36
1991 年	36.83	31.82	9.42	8.57	0.00	86.64
1993 年	32.02	45.09	1.84	10.46	0.00	89.41
1995 年	32.16	33.33	3.16	11.36	1.46	81.47
1997 年	37.78	47.67	9.66	0.00	1.65	96.76
1999 年	74.16	10.88	10.55	2.20	0.00	97.79
2000 年	60.42	32.43	7.14	0.00	0.00	99.99
2002 年	63.97	22.24	9.89	0.00	0.00	96.10
2004 年	44.04	29.68	21.80	1.23	0.00	96.75
2006 年	63.58	5.87	30.19	0.00	0.00	99.64

续表

年份	美国	加拿大	澳大利亚	法国	英国	合计
2008年	1.17	0.00	98.83	0.00	0.00	100.00
2010年	10.63	23.27	62.37	0.00	0.00	96.27
2012年	17.49	10.88	65.75	0.32	0.00	94.44
平均	41.7	25.31	20.73	2.82	0.52	91.08

注：表中的"平均"指的是1986—2012年的平均值。
数据来源：《世界经济研究》2015年第2期。

我国的玉米进口高度集中于美国，美国是世界玉米的主要出口国。如表7-26所示，1986—2012年，中国的玉米进口市场上美国占比多数在90%以上，其中，2007年、2008年中国的玉米进口市场突然转变为缅甸和老挝，但2009—2012年美国又恢复了在中国玉米市场的主导地位。

表7-26 1986—2012年中国玉米进口市场结构

单位：%

年份	美国	南非	缅甸	阿根廷	泰国	巴西	老挝	合计
1986年	85.38	13.49	0.03	0.00	1.10	0.00	0.00	100.00
1989年	93.78	0.00	0.07	0.00	0.17	0.00	0.00	94.02
1992年	95.25	0.00	0.01	4.58	0.16	0.00	0.00	100.00
1995年	97.88	0.12	0.01	1.80	0.07	0.00	0.00	99.88
1998年	77.32	0.01	0.00	20.88	0.23	0.00	0.00	98.44
2001年	98.37	0.00	0.07	0.00	0.56	0.80	0.00	99.80
2003年	94.18	0.00	0.02	5.02	0.69	0.00	0.00	99.91
2005年	97.35	0.00	0.02	2.39	0.09	0.00	0.00	99.85
2006年	99.64	0.00	0.06	0.00	0.09	0.00	0.00	99.79
2007年	10.28	0.00	42.87	0.03	0.00	0.00	46.21	99.39
2008年	9.91	0.00	49.77	0.01	0.00	0.00	39.91	99.60
2009年	80.60	0.00	0.59	0.01	0.31	0.00	0.84	95.75
2010年	95.51	0.00	1.23	0.00	0.55	0.00	2.67	99.96
2011年	73.45	3.58	0.52	2.50	0.02	16.85	0.60	97.52
2012年	98.19	0.00	0.36	0.00	0.34	0.00	1.01	99.90
平均	87.17	1.17	3.56	2.34	0.42	1.19	3.38	99.23

注：表中的"平均"指的是1986—2012年的平均值。
数据来源：《世界经济研究》2015年第2期。

我国的大豆进口来源主要集中于美国、巴西和阿根廷，其中1997年以前美国在我国大豆进口市场的份额超过90%（表7-27）。1997年以来，随着阿根廷谷物和加工油料产品市场及农业生产要素市场的开放和巴西大豆生产支持政策的实施，两国大豆出口竞争力不断增强，2001年阿根廷和巴西占中国大豆进口市场的份额首次突破50%，美国从2001年开始就基本上保持在40%~50%的份额。

表7-27　1986—2012年中国大豆进口市场结构

单位：%

年份	美国	巴西	阿根廷	乌拉圭	加拿大	俄罗斯	合计
1986年	95.84	0.00	0.00	2.11	0.00	0.00	97.95
1989年	93.38	1.83	0.00	0.00	0.00	0.00	95.21
1992年	92.09	0.42	6.86	0.00	0.24	0.00	99.61
1995年	94.77	0.23	3.25	0.00	0.25	1.50	100.00
1997年	82.39	14.13	1.29	0.00	0.25	1.18	99.24
2000年	58.45	18.12	22.39	0.00	0.45	0.59	100.00
2001年	47.70	21.35	33.63	0.12	0.19		100.00
2003年	43.11	30.42	26.40	0.00	0.06		100.00
2005年	44.14	29.27	25.89	0.00	0.06	0.00	99.36
2006年	38.41	39.51	20.36	1.64	0.07	0.00	99.99
2007年	37.54	34.34	26.85	1.20	0.06	0.01	100.00
2008年	41.22	31.13	26.31	0.00	0.04	0.03	98.73
2009年	52.42	37.00	8.34	1.53	0.70	0.01	99.99
2010年	43.06	33.92	20.42	2.46	0.14	0.00	100.00
2011年	42.91	39.44	14.20	2.61	0.72	0.02	99.90
2012年	44.48	40.92	10.10	3.26	1.08	0.16	100.00
平均	68.16	17.60	12.52	0.64	0.21	0.29	99.42

注：表中的"平均"指的是1986—2012年的平均值。
数据来源：《世界经济研究》2015年第2期。

长期以来，美国都是中国大豆和玉米的第一进口来源国，第二大小麦进口来源国。我国大豆自给率非常低，美国、巴西和阿根廷几乎垄断了中国的整个大豆市场。

中国的粮食进口市场过于集中，为保证中国粮食的安全性，一方面，通过政策调整进口市场，利用降低关税等手段培育新的进口渠道，适当扩大新兴市场的进口规模；另一方面，加大对外粮食产业的开发力度，鼓励与扶持中国的粮食企业"走出去"，保持粮食进出口的相对平衡，避免由于单一市场造成对国内粮食价格不利的局面及市场波动风险。

（三）金砖国家粮食贸易比较分析

1. 金砖国家粮食贸易总额保持快速增长态势，贸易差变化明显

2000年以来，金砖国家粮食贸易始终保持快速增长。2012年，金砖国家粮食贸易总额达到313.18亿美元，相比2000年51.44亿美元的贸易总额，增加了261.74亿美元，年均增长率达到16.2%。其中，巴西、俄罗斯、印度增长较快，2012年贸易总额分别为89.26亿美元、67.26亿美元和87.48亿美元，相比2000年分别增加76.71亿美元、60.78亿美元和80.92亿美元，年均增长率分别达到17.8%、21.5%和24.1%；中国、南非增长相对缓慢，2012年相比2000年分别增加29.76亿美元和13.57亿美元，年均增长率分别为7.4%和13.7%（表7-28）。从近年来粮食进出口贸易差来看，金砖各国差异明显，呈现出"三正两负"的发展特征。2000年，金砖国家中，印度、中国保持粮食贸易出口国地位，贸易顺差分别为6.24亿美元和10.69亿美元；巴西、俄罗斯、南非3国处于贸易进口国地位，贸易逆差分别为12.21亿美元、4.55亿美元和1.84亿美元。之后金砖各国的粮食贸易进出口结构呈波动变化。2012年，印度、俄罗斯、巴西的贸易顺差分别达到了87.11亿美元、57.67亿美元和41.78亿美元，而中国、南非的贸易逆差则分别达到43.08亿美元和8.5亿美元。12年间，金砖国家粮食贸易差额出现了两极分化的态势，巴西、俄罗斯先后由贸易逆差转变为贸易顺差；印度一直保持贸易顺差，并不断上升；而中国则由贸易顺差逐渐转变为贸易逆差，并在近年来进一步加剧。

表7-28　2000—2012年金砖国家粮食贸易额

单位：亿美元

年份	巴西		俄罗斯		印度		中国		南非	
	出口额	进口额	出口额	进口额	出口额	进口额	出口额	进口额	出口额	进口额
2000年	0.17	12.38	0.96	5.52	6.4	0.16	16.43	5.74	0.92	2.77
2001年	5.11	11.18	2.72	2.28	9.00	0.02	10.34	6.07	1.30	1.83
2002年	2.75	10.67	9.97	1.65	15.59	0.01	16.5	4.82	1.63	3.52
2003年	4.18	14.34	11.12	2.11	13.96	0.00	25.89	4.44	1.56	3.63
2004年	8.28	10.44	6.46	4.61	18.31	0.01	7.40	22.17	1.31	4.96
2005年	1.96	8.79	13.5	2.46	19.15	0.03	14.12	13.94	2.73	4.47
2006年	6.08	12.87	15.51	3.74	15.89	3.13	10.38	8.21	1.58	5.30
2007年	20.43	18.25	40.84	2.98	27.71	13.00	19.67	5.15	0.52	7.84
2008年	19.31	23.68	32.55	4.68	39.12	2.75	6.73	6.99	6.78	9.54

续表

年份	巴西		俄罗斯		印度		中国		南非	
	出口额	进口额	出口额	进口额	出口额	进口额	出口额	进口额	出口额	进口额
2009 年	16.35	17.68	34.44	2.27	29.87	0.13	6.18	8.76	4.97	7.55
2010 年	26.01	20.62	23.96	2.17	29.24	1.16	5.39	15.01	3.31	7.25
2011 年	40.33	23.73	44.39	3.71	53.71	0.13	6.09	20.16	8.43	11.9
2012 年	65.52	23.74	62.47	4.79	87.29	0.19	4.43	47.51	4.38	12.88

数据来源：根据联合国国际贸易数据库（UN Comtrade）数据计算。

2. 金砖国家粮食贸易比较优势差异明显

比较优势是贸易双方发生交易的重要基础，金砖国家地处不同区域，气候条件差异巨大，自然资源不尽相同，不同品种的粮食作物比较优势差异明显，贸易竞争优势不同。

（1）贸易显性比较优势分析

显性比较优势（RCA）指数由美国经济学家 Balassa 于 1965 年提出，并被广泛应用。RCA 指数是用历史数据来衡量某一国家出口总额中某类商品的出口份额与世界出口总额中某类商品的出口份额的比例。一般认为，如果 RCA > 2.5，则表明某国在某产品上具有极强的比较优势；如果 $1.25 \leqslant RCA \leqslant 2.5$，则具有较强的比较优势；如果 $0.8 \leqslant RCA \leqslant 1.25$，则具有中等比较优势；如果 RCA < 0.8，表明比较优势较弱。整体来看，金砖国家粮食产品显性比较优势不均衡，差异较大。一是各粮食品种的显性比较优势不同。其中，主要粮食作物小麦、玉米和稻谷具有一定的比较优势，而黑麦、燕麦、高粱等粮食作物基本上没有比较优势。二是各国粮食产品比较优势差异较大。印度、俄罗斯粮食产品的显性比较优势整体较强，并呈现逐渐增长的趋势；巴西、南非粮食产品的显性比较优势也在逐渐增强，而中国粮食产品的显性比较优势在快速下降。三是各年间粮食产品比较优势差异较大。2000 年，金砖国家中，仅有印度的稻谷及中国的玉米、稻谷和荞麦等产品的显性比较优势指数大于 2.5，具有极强的比较优势；而到 2012 年，巴西的玉米和稻谷，俄罗斯的小麦、大麦和黑麦，印度的稻谷和荞麦等农产品具有极强的比较优势，各年间的发展水平极不平衡（表 7—29）。分国别、品种看，巴西具有比较优势的粮食产品分别是玉米和稻谷。其中玉米的 RCA 指数从 2000 年的 0.12 到 2006 年的 3.03，再到 2012 年的 11.66，比较优势进一步显现；稻谷在 2012 年也表现出了极强的比较优势。俄罗斯则在小麦、黑麦、大麦及荞麦等产品上表现出比较优势，其中，小麦、黑麦和大麦的比较优势在不断加强，荞麦等其他谷物的比较优势在逐渐减弱。印度是金砖国家粮食比较优势最强的国家，其小麦、玉米、稻谷、高粱和荞麦等均表现出了不同的比较优势，其中，稻谷产品的比较优势极强，在 2000 年、2006 年和 2012 年 3 年中，RCA 指数分别达到了 15.69、13.25 和 31.95；其次是荞麦等其他谷物，2006 年和 2012 年 RCA 指数分

别为 4.58 和 2.99；小麦、玉米和高粱的比较优势也在不断增强，2012 年 RCA 指数分别达到 1.63、2.06 和 2.12。中国粮食产品的比较优势整体较弱，且在逐渐减弱。其中，小麦、黑麦、大麦和燕麦产品的 RCA 指数几乎趋近于 0；玉米、稻谷和荞麦等其他谷物曾在 2000 年时具有明显的比较优势，RCA 指数分别为 2.95、2.38 和 3.18，但近年来，比较优势几乎消失殆尽，2012 年的 RCA 指数分别为 0.03、0.20 和 0.63。南非在玉米上具有明显的比较优势，2000 年、2006 年、2012 年中，RCA 指数分别达到了 1.92、2.33 和 2.41，除此之外，其他粮食产品尚未表现出比较优势。

表 7-29 金砖国家粮食产品显性比较优势

HS 编码		HS 1001 小麦	HS 1002 黑麦	HS 1003 大麦	HS 1004 燕麦	HS 1005 玉米	HS 1006 稻谷	HS 1007 高粱	HS 1008 荞麦等
巴西	2000 年	0.00	0.00	0.00	0.04	0.12	0.12	0.04	0.00
	2006 年	0.26	0.02	0.00	0.05	3.03	0.48	0.18	0.00
	2012 年	0.86	0.00	0.00	0.16	11.66	3.40	0.00	0.23
俄罗斯	2000 年	0.18	0.00	0.94	0.00	0.00	0.05	0.01	1.39
	2006 年	2.55	0.09	1.99	0.04	0.03	0.03	0.00	0.74
	2012 年	3.02	4.43	3.77	0.24	0.57	0.49	0.05	0.89
印度	2000 年	0.04	0.00	0.00	0.00	0.07	15.69	0.00	1.29
	2006 年	0.04	0.00	0.03	0.75	13.25	0.15	4.58	
	2012 年	1.63	0.02	0.27	0.06	2.06	31.95	2.12	2.99
中国	2000 年	0.00	0.00	0.00	0.00	2.95	2.38	0.07	3.18
	2006 年	0.09	0.00	0.00	0.00	0.37	0.47	0.11	1.54
	2012 年	0.00	0.00	0.00	0.03	0.20	0.10	0.63	
南非	2000 年	0.26	0.00	0.21	1.92	0.14	0.03	0.37	
	2006 年	0.04	0.00	0.07	2.33	0.24	0.16	0.38	
	2012 年	0.03	0.47	0.00	0.15	2.41	0.51	0.04	0.27

数据来源：根据 UN Comtrade 数据库数据计算。

(2) 贸易竞争优势指数比较分析

RCA 指数作为一个与贸易总额相对的值，反映了金砖国家粮食产品的贸易比较优势，但是难以全面反映粮食产品的贸易竞争优势。为此，本研究引入贸易竞争优势（TC）指数，对粮食产品贸易竞争优势进行比较分析。TC 指数是指一个国家某类产品的净出口额与该类产品总贸易额的比例，表示一国进出口贸易的差额占进出口总额的比重，它剔除了通货膨胀、经济膨胀等宏观总量方面波动的影响，即无论进出口的绝对量是多少，它均介于 −1 和 +1 之间，因此不同时期、不同国家之间是可比的。TC 综合考虑了出口与进口两个因素，能够反映一国某一产业部门在国际市场竞争中是否具有竞争优势，反映国家生产的一种产品相对世界市场上供应的他国同种产品来说是否具有竞争优势。一般认为，如果 TC＞0，表示该国该种产品的生产效率高于国际水平，具有贸易竞争优势，数值越大，优势越大；反之，如果 TC＜0，则表示该国是该产品的净进口国，该种产品的生产效率低于国际水平，处于竞争劣势。从表 7-30 所列的金砖国家 8 类粮食产品竞争力优势指数看，俄罗斯、印度粮食产品的竞争力优势最强，2012 年，大多数粮食产品均呈现不同的贸易竞争优势。分国别和品种看，巴西在玉米、稻谷两类粮食产品上具有竞争力优势；其中玉米的 TC 指数从 2000 年的 -0.90 到 2006 年的 0.71，再到 2012 年的 0.94，贸易竞争优势从无到有，由弱到强。俄罗斯近年来粮食产品的竞争力优势有了极大的转变，2000 年，仅高粱和荞麦等其他谷物两类 TC 指数大于 0，具有竞争力优势；2012 年，8 类粮食产品的 TC 指数均大于 0，整体的竞争力优势明显增强。其中，小麦、玉米的 TC 指数分别由 2000 年的 -0.74 和 -1.00 转变为 2012 年的 0.97 和 0.70，由小麦、玉米的进口国转变为净出口国，竞争力优势提升明显。印度在小麦、玉米、稻谷和荞麦等粮食产品上的竞争力不断增强，2012 年，上述 4 类粮食产品的 TC 指数均为 1.00，出口占据绝对的贸易份额，进口极少，具有极强的竞争力优势。中国的粮食竞争力在不断弱化、消失，2000 年，中国的玉米、稻谷、高粱和荞麦等其他谷物 4 类粮食产品的 TC 指数分别为 1.00、0.67、0.98 和 0.99，具有比较明显的优势。2006 年，稻谷和高粱的 TC 指数明显下降，分别降至 0.17 和 0.75。2012 年，除荞麦等其他谷物类外，其他粮食产品（黑麦数据缺失）的 TC 指数均为负数，其中，小麦、玉米和稻谷的 TC 指数分别为 -1.00、-0.89 和 -0.61，处于明显的净进口国地位，竞争劣势明显。南非粮食竞争力整体较弱，近年来提高明显。2000 年，除玉米和荞麦等其他谷物外，其他粮食产品的 TC 指数均小于 0。2012 年，黑麦、燕麦和玉米类粮食产品的 TC 指数为 0.62、0.29 和 0.69，表现出了一定的竞争优势，整体来看，粮食产品的竞争力有了一定的提高。

表 7-30　金砖国家粮食竞争力优势指数

HS 编码		HS 1001 小麦	HS 1002 黑麦	HS 1003 大麦	HS 1004 燕麦	HS 1005 玉米	HS 1006 稻谷	HS 1007 高粱	HS 1008 荞麦等
巴西	2000 年	-1.00	—	-1.00	-0.83	-0.90	-0.91	-0.98	-1.00
	2006 年	-0.88	—	—	0.96	0.70	-0.49	0.32	-1.00
	2012 年	0.48	-0.98	-1.00	—	0.94	0.23	-0.94	-0.84
俄罗斯	2000 年	-0.74	-1.00	-0.04	-1.00	-1.00	-0.87	0.97	0.44
	2006 年	0.79	-0.87	0.70	0.76	-0.77	-0.88	—	0.96
	2012 年	0.97	0.99	0.65	0.93	0.70	0.16	0.88	0.92
印度	2000 年	0.48	—	-0.99	—	-0.19	0.97	—	0.98

续表

HS 编码		HS 1001 小麦	HS 1002 黑麦	HS 1003 大麦	HS 1004 燕麦	HS 1005 玉米	HS 1006 稻谷	HS 1007 高粱	HS 1008 荞麦等
印度	2006 年	0.94	—	−0.98	−0.87	0.99	1.00		0.98
	2012 年	1.00	—	0.45	−0.64	1.00	1.00	—	1.00
中国	2000 年	−1.00	—	−1.00	−0.97	1.00	0.67	0.98	0.99
	2006 年	0.20	−0.27	−0.99	−0.97	0.94	0.17	0.75	0.92
	2012 年	−1.00	—	−1.00	−1.00	−0.89	−0.61	−0.17	0.93
南非	2000 年	−0.69	−0.98		−0.82	0.40	−0.95	−0.77	0.06
	2006 年	−0.95	−0.92	−0.99	−0.97	0.12	−0.91	−0.79	−0.39
	2012 年	−0.97	0.62	−1.00	0.29	0.69	−0.92	−0.99	−0.56

数据来源：根据联合国际贸易数据（UN Comtrade）数据库数据计算。

（四）世界粮食贸易的未来趋势分析

1. 影响世界粮食贸易的因素

影响世界粮食贸易的因素除了影响粮食生产的资源因素、气候因素、科技因素和市场因素外，还有一个主要因素是政治因素（周曙东 等，2015）。2006—2008 年的粮食危机时期，世界主要稻谷出口国纷纷出台粮食出口的限制政策，之后由于自然灾害等原因，俄罗斯、乌克兰等国禁止小麦出口。粮食出口禁令成为中国利用国际市场保障粮食安全的隐患。

表 7–31 显示了 2007—2011 年世界主要粮食出口国的出口限制政策的实施范围和政策工具。从中可以看出，禁止出口的主要粮食品种有稻谷和小麦，主要的国家是亚洲国家和俄罗斯、乌克兰。东南亚国家由于其保障国内粮食安全压力易受国际粮价波动影响，导致出台出口禁令；俄罗斯、乌克兰则因自然灾害导致粮食减产，因而容易出台粮食出口限制政策。因此，中国在布局全球农业合作战略时，就国家而言应当适当减轻对有过出口限制先例国家的依赖，就品种而言应当降低稻谷和小麦对国际市场的依赖，保证"口粮绝对安全"。在与主要粮食出口国进行农业合作时，针对上述投资风险和粮食禁止出口风险，应当将保护投资安全和约束出口限制纳入合作框架协议（孙林等，2012），以降低上述风险。

需要指出的是，一国投资政治风险和粮食禁止出口风险与其国内政治局势、国际大环境有关，处于动态变化之中。若其国内出现政治或经济动荡、重大自然灾害、外交危机等情况，就有可能出台一些对投资国不利的政策，进而形成风险，这种风险是可以预警的。中国在农业"走出去"的过程中，应当密切关注合作国内政治外交局势，及时预警相关风险并制定相应的应对策略。

表 7-31 2007—2011 年粮食出口国的出口限制政策的实施范围和政策工具

国家	产品	限制政策
阿根廷	小麦、玉米、大豆、向日葵籽	从价税、滑准税、出口配额禁止
中国	稻谷、小麦、面粉	从价税、出口配额/许可证
印度	Basmati 稻谷	最低出口价格、特定税、STE
	普通稻谷	出口禁止、最低出口价格、STE
	小麦	出口配额、出口禁止、STE
巴基斯坦	稻谷（普通 Basmati）	最低出口价格
	小麦	从价税、出口配额、出口禁止
俄罗斯	小麦、玉米、大麦、面粉	从价税、出口禁止
	油菜籽	从价税
乌克兰	小麦、玉、大麦	出口配额
越南	稻谷	最低出口价格、出口配额、出口禁止、滑准税、STE

注：STE 指国有贸易企业。

资料来源：孙林，唐峰.粮食出口限制、粮食安全与区域合作框架下的约束机制[J].国际经贸探索，2012（10）：25-35.

2. 世界粮食贸易发展的趋势

据 OECD（经济合作与发展组织）与 FAO 联合预测，世界粮食出口将进一步增长。世界粮食贸易规模将继续呈现平稳扩大之势；但受生物燃料发展、饲用及加工用粮需求增长的影响，世界玉米（粗粮的主要构成部分）贸易将快于其他粮食品种贸易的发展，小麦和稻谷作为主要的口粮，其世界贸易量将维持小幅增长趋势，大豆（油籽的主要构成部分）贸易的增速仍将快过谷物粮食贸易平均增速；而随着以生物技术为核心的农业科学技术体系的发展，粮食贸易格局也已由传统的以自然资源禀赋为基础发展为现代的以自然资源、技术资源、资本资源等综合禀赋为基础，欧美地区的粮食出口优势将进一步凸显，亚非地区的粮食进口压力将进一步加大，粮食贸易的地区差异将更为显著。

（五）结论

第一，金砖国家粮食产量逐渐增长，生产结构不断调整。全球人口增长带来的粮食需求刚性增加，以及种植业水平的提升，带动了金砖国家的粮食生产发展，粮食产量不断增长,同时,作为主要口粮的稻谷、小麦两种作物的收获面积及产量的增速远低于玉米和大豆,在粮食作物中的比重逐渐降低,生产结构有了明显的变化。

第二,金砖国家粮食贸易规模不断扩大,贸易优势两极分化。近年来,金砖国家粮食贸易规模快速扩大,2012年贸易额达到313.18亿美元,是2000年的6倍之多,年均增长率达到16.2%。但同时,金砖国家贸易优势也在逐渐分化,巴西、俄罗斯、印度3国粮食贸易的出口国地位逐渐巩固,贸易顺差不断扩大,整体的比较优势不断扩大,竞争力日益增强;而中国、南非贸易逆差逐年加大,整体比较优势不断减弱,竞争力不断下降,形成了较为明显的对比,贸易优势呈现明显的两极发展。

第三,中国粮食生产、贸易规模不断扩大,但贸易优势逐渐减弱。中国、巴西和印度都是世界上重要的农业大国,粮食生产、贸易活动十分活跃,2012年粮食产量达到54276.3万吨,占金砖国家粮食总产量的54.13%;贸易额达到51.94亿美元,占金砖国家粮食总贸易额的16.58%。但是,伴随着人口的增长及城镇化水平的提高,粮食需求不断增加,中国逐渐变成了粮食贸易净进口国,贸易的比较优势不断减弱,竞争力逐渐消失。

五、未来我国粮食国际竞争的应对策略

通过对国际粮食生产、贸易和价格波动趋势的分析,我们已大体清楚地知道,长期以来世界上人均粮食产量持续增加的国家多于人均粮食产量减少的国家,粮食增产国家的人均粮食产量增加幅度也大大高于减产国家人均产量减少的幅度,粮食生产的增长速度总体上快于人口的增长速度(包宗顺,2011)。但另一方面我们又看到,在能源短缺和价格不断上涨、世界经济动荡加剧等许多不确定因素的影响下,粮食生产成本快速上升,国际粮食贸易和市场价格波动剧烈,粮食安全风险加大。在这种情况下,中国粮食国际贸易应采取以下策略进行积极应对。

(一)提高粮食综合生产能力

从长远看,调控粮食价格波动的根本出路在于提高粮食综合生产力,在适度进口粮食作为补充的基础上,保障国内粮食供求的基本平衡。关键性措施:一是切实加强耕地资源保护,稳定粮食播种面积;二是正确处理农业结构调整和发展粮食生产的关系,综合考虑自然和经济要素,科学选择复种的作物种类和品种,提高耕地的复种指数;三是正确处理农民增收与发展粮食生产的关系,提倡种养结合,提高耕地资源利用率,优化粮食品种,实现种粮增效,粮农增收;四是增加粮食生产投入,增加对规划基本粮田基础设施建设的投入,全面提高粮田的稳产高产和抗灾减损能力,加大对重点商品粮产区和种粮大户的扶持力度;五是加大农业科技投入,培育与推广抗灾、抗病、优质、高产

品种，建立健全农业灾害监测预报网络，及时科学防灾减灾。

（二）确保合理的粮食自给率和储备规模

我国耕地和水资源短缺，进口粮食相当于进口耕地和水资源。适度进口粮食对我有利。问题的关键是何为适度？1996 年我国政府发表的《中国的粮食问题》白皮书提出，在正常情况下，我国粮食自给率不低于 95%。但近几年由于大豆进口的迅猛增加，实际上粮食自给率已经低于这一标准。若以当年产量和净进口量为国内消费量粗略计算，2009 年我国粮食净进口量已占国内消费量的 7.4%。然而在 2008 年前后世界粮食价格大幅波动的冲击下，我国政府通过加强农产品市场监管、动用国家粮食储备、控制粮食出口规模等有效手段，成功避免了国内粮食市场的大幅波动。结合我国近几年的粮食库存消费比已在 40% 以上（远高于国际公认 17%～18% 合理水平）、国家粮食调控能力非常强大的情况，表明我国广义粮食的自给率还可在原定 95% 的标准上再适度放宽，以不低于 90% 为宜。由于国际稻谷市场的供需弹性远低于其他粮食品种，一定要稳定国内稻谷种植面积，坚持稻谷生产国内自给自足，并在国际稻谷价格高企时能适当出口，从而实现名利双收。

（三）制定主动的农产品进口策略

一是要有意识地培养国际资源能够提供的具有比较优势的农产品产能。合理增加某些品种的粮食及饲料作物的进口量，减少国内产量，从而把中国的耕地置换出来用于生产更具战略重要性的农产品。制定主动的进口策略就是有意识地合理安排粮食进口的数量、规模、来源，把握好进口及投资的方向和节奏。二是与重点国家合作。即与各个粮食品种中最具发展潜力的国家合作，如未来我国大豆的重要合作国是巴西、阿根廷、巴拉圭和美国，稻谷的重要合作国是泰国、巴西和越南，小麦的重要合作国是澳大利亚、俄罗斯、法国和阿根廷，玉米的重要合作国是巴西、阿根廷、美国和南非。三是根据全球各区域的不同情况实施不同的农业合作政策。例如，对于非洲国家而言，其本身粮食短缺，中国应积极帮助非洲国家生产粮食，减少其对国际粮食市场的依赖；对于南美洲，则要加强对这些国家的投资，加大农产品进口，立足于把粮食拿回来；对日本与韩国，则是要打开它们的市场，把中国的优质农产品出口出去；对于独联体国家，要对其出口所急需的轻工业产品来换取小麦；对于泰国、越南和哈萨克斯坦等周边国家，则应遵循互利互惠的原则，用我国的科技产品换取他们的农产品。四是在与南美洲、东南亚、中亚和东欧地区国家展开农业合作时，应当完善与这些国家的农业合作机制，在农业合作框架中纳入保护投资安全和约束出口限制的条款，完善相关的关税协议、放宽签证限制；同时增加对这些国家的基础设施和农业相关领域投资，实现利益互换，尽量保持贸易平衡。五是在粮食进口的过程中,应合理布局进口来源国,避免某种粮食过度依赖某个国家。中国应当就重点品种与不同国家展开农业合作和贸易。由于南北半球粮食收获时间的差异,与南半球国家开展农业合作能够在一定程度上加强粮食供应的平稳性。六是在逐步扩大农产品进口的同时,应主动调整国内相同粮食品种的产能,从而避免因国际粮食大量进入,打压国内粮食价格而导致的农民被动承受价格下滑带来利益受损的情况。

(四)建立健全粮食安全监测应急机制

为了确保我国粮食市场免受国际粮价大幅波动的强烈冲击,同时防止国内粮食市场受国际国内游资哄抬价格,恶意炒作,牟取暴利,应尽快建立和健全粮食安全监测预警机制和应急体系。特别是要加强对粮食期货这类金融衍生工具的研究和关注,加强对国际国内粮食期货市场的监测,及时预警、提早准备、积极应对、谨慎参与,避免在未来金融战争中处于被动挨打地位。同时,加强权威性农产品供求和价格信息的发布,严厉打击擅自发布虚假信息的不法分子,维护市场稳定。

六、本章小结

粮食安全不仅仅是一个国家和地区的问题,而是关系到全人类的生存和发展。面对当前复杂多变的自然条件和国际形势,正确认识世界粮食生产和加工的生产布局与趋势展望,把握国际粮食贸易的演变、现状及趋势,分析我国粮食在国际上的竞争力,对于进一步理解和把握我国的粮食安全,加强国家的粮食储备、增加粮食产量、统筹布局安排粮食作物的生产与贸易具有重大的意义。

第一,从世界粮食的生产布局来看,除了产量增长之外,世界粮食的生产格局地理分布更加趋于分散,主产国所占比重下降。美国依然是世界上最大的粮食生产国,但在全球所占份额显著下降。欧洲的小麦和玉米产量在世界所占份额也有不同程度的下降。从总产量来看,玉米已经超过了小麦和稻谷,成为产量第一大的作物品种。总的来说,世界粮食生产仍有增长潜力,但受有限的土地资源、水资源和农业科技发展水平限制,增产空间有限,速度将放缓,同时全球极端气候频现使得供应的不确定性增大。

第二,从世界粮食生产的成本比较分析来看,中国粮食生产成本结构中,劳动力费用占比过高(最低的小麦为31.8%),而且近两年还存在快速上升的趋势;从国际比较来看,除日本的稻谷(26.2%)外,美国、日本的粮食生产成本结构中劳动力费用占比均低于10%。随着粮食生产规模的扩大,土地成本在粮食生产成本构成中的相对占比存在上涨的趋势,但在当前中国农业发展形势下,控制流转地租金的非理性上涨;给定粮食价格前提下,保持单产增长率超过流转地租金增长率可以实现土地成本的真实下降,为粮食生产成本的降低贡献力量。在中美日3国粮食生产成本构成中，农机作业费和肥料费是将粮食生产成本控制在合理范围内的关键控制点。随着粮食生产规模的扩大，农机作业费相对会提高。但是仍存在成本降低的空间。

第三，从世界粮食加工看来，中国粮食加工业总体运行平稳，经营状况整体向好，粮食价格下跌，企业盈利情况好转，主要加工产品价格相对平稳，副产品价格走低，粮食及其制品进口量持续扩大，进口结构有所变化。世界粮食加工业呈现规模化生产和集约化经营，不断采用新技术、提高资源利用率，营养、卫生、安全和绿色成为加工产品的主流，深加工、多产品是高效增值的重要途径，产品标准体系和质量控制体系越来越完善五大发展特点与趋势。

第四，从世界粮食贸易来看，全球粮食贸易总量虽然巨大，但是出口来源相对集中。分国家来看，美国由于其优越的自然条件、先进的农业技术水平、完善的农产品运销体系，是世界头号农业强国，是玉米、小麦和大豆的最大出口国，稻谷第五大出口国。通过对金砖国家的粮食贸易比较分析，发现金砖国家粮食产品显性比较优势不均衡，差异较大。一是各粮食品种的显性比较优势不同。其中，主要粮食作物小麦、玉米和稻谷具有一定的比较优势，而黑麦、燕麦、高粱等粮食作物基本上没有比较优势。二是各国粮食产品比较优势差异较大。印度、俄罗斯粮食产品的显示比较优势整体较强，并呈现出逐渐增长的趋势；巴西、南非粮食产品优势也在逐渐增强，而中国粮食产品的显性比较优势在快速下降。三是各年间粮食产品比较优势差异较大。此外，研究发现，俄罗斯、印度粮食产品的竞争力优势最强。

第五，从提高粮食综合生产能力、确保合理的粮食自给率和储备规模、制定主动的农产品进口策略和建立健全粮食安全监测应急机制4个方面提出了中国未来粮食国际竞争的应对策略。

第八章 粮食安全、生态保护与宏观调控

粮食安全是经济和社会发展的基础。过去几十年里，我国在农业领域取得了举世瞩目的成就，不但解决了十几亿人口的温饱问题，提高和改善了几亿农民的收入和生活水平，而且为在全球范围内消除饥饿和贫困做出了重要贡献。然而，由于一味追求粮食的数量，而忽视农业生产资源与生态环境的可持续发展，我国在取得这些成就的同时付出了巨大的代价，环境污染、资源浪费、气候变化等问题逐渐显现出来（姜春云，2011）。这不但制约了我国农业生产的可持续发展，更威胁到我国粮食的质量安全。分析和解决粮食生产中的资源保护和环境污染问题成为当前亟须解决的问题。

一、粮食安全与生态保护的演进逻辑：一个理论框架

在漫长的历史时期，关于粮食安全与生态保护的关系一直是一对矛盾综合体。农业革命之前，农业生产没有摆脱"马尔萨斯陷阱"，战争、瘟疫一次次粗暴地调整着人口与生活资料之间的平衡。为了满足食物的需求，人们不得不通过毁林开荒、围湖围海造田等形式来扩大粮食作物的种植面积，结果造成了生态环境的巨大破坏。改革开放 30 多年来，我国的粮食供给能力大幅提高，逐渐摆脱了"马尔萨斯陷阱"，推动了人民生活水平从温饱向小康过渡，粮食安全取得了巨大成功。然而，如果从历史角度来看当前的粮食供求状态，就会发现，实际上我国并没有完全摆脱粮食安全的威胁，只是短期内通过石油农业将粮食安全问题转化为生态安全问题。

本章采用历史分析方法，将粮食安全与生态保护问题置于同一分析框架中，尝试通过理性分析的方法来分析粮食安全与生态保护之间的关系。通过历史梳理，发现其中隐含的逻辑结构（图 8-1）。

首先，以石油农业为内核的农业技术进步对缓解粮食供给压力的贡献，自 20 世纪 90 年代中期以来，粮食供求发生了根本性转变，由长期短缺变为相对过剩（胡元坤，2001）。

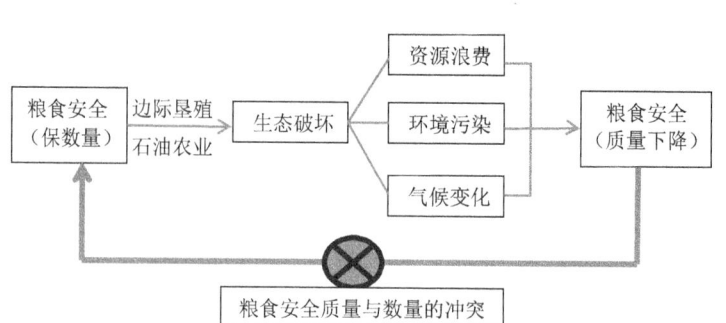

图 8-1 粮食安全与生态保护的演进逻辑

其次，为了保障粮食安全，石油农业的开展对生态环境造成了巨大破坏。这种破坏主要表现在：第一，粮食自给自足仍然依赖于大量本不适宜耕作的边际土地，以及抽取深层地下水灌溉等不可持续的生产方式，水土资源流失严重，土地荒漠化和石漠化仍在继续；第二，以化肥、农药、动植物激素大量使用为代表的石油农业不仅会造成土壤毒化、水体污染等环境灾难，而且孕育了食品安全的系统性风险；第三，石油农业带来了碳排放量的增加，以及有毒、有害气体和物质的排放，造成了天气变暖等气候变化。

最后，生态环境的破坏反过来影响粮食生产，特别是粮食质量逐年下降，目前已经成为粮食安全中的一大隐患，蕴含着长期风险。

研究将从粮食生产造成的生态破坏入手，着重从人地关系、边际垦殖、石油农业及可持续发展等角度来探讨粮食安全、生态破坏的逻辑关系，最后通过宏观调控的作用提出相应的对策建议。

二、历史时期粮食生产对生态环境的破坏

在我国历史上，为了满足粮食安全，农业生产中"边际垦殖"及现代要素的使用，在给人类带来巨大的经济和社会效益的同时，对生态环境产生的负面影响也相当深远。

（一）新中国成立前的漫长历史时期："马尔萨斯陷阱"中的生态危机

新中国成立前漫长的历史时期，我国农业生产对生态环境的不同影响主要是由当时的人口规模和人口迁徙决定的。自有人类活动至先秦时期的 300 万年左右的时间里，我国人口数量不到 2000 万，由于人口规模较小，农业生产活动规模不大，对生态环境的影响较小。但是秦汉时期，人口总量急剧增长，甚至西汉的人口峰值接近 6000 万人（郭志勇，2012）。张之恒（1989）分析认为，秦汉至民国的历史期间，我国居民不合理的生产活动对生态环境的破坏，主要表现在 3 个方面：第一，历代的筑堤围垸，几乎把可开垦的河湖漫滩全部围成坑田，使湖泊面积大大缩小，也导致很多湖泊的消失。以东晋时期南迁

的北民大量筑堤围垸,造成江汉平原很多湖泊缩小和湮废为典型代表。第二,大规模的垦殖活动,使黄河中游地区的许多森林、草原遭到严重破坏,水土流失严重,河水泥沙含量越来越高,造成黄河的泛滥。汉武帝时移民70万到黄土高原进行垦辟等活动,导致黄河开始泛滥。第三,不合理的垦殖,造成历史上许多著名的森林、草原地区变成了荒漠,沙漠地区不断扩大,如河西走廊沙漠化的扩张、楼兰古城的湮灭、科尔沁草原的沙漠化等。

粮食生产活动范围随着人口规模的扩大而扩大,"马尔萨斯陷阱"一次次地改变着人与自然间的平衡,人类对生态环境的影响增强,主要表现为自然环境的破坏与水、旱灾害的频发。

(二)新中国成立后至改革开放前:人口压力下的边际垦殖

新中国成立后,我国农业生产对生态环境的不同影响是由国家政策和经济发展水平、人口压力共同决定的。新中国成立后,我国人口死亡率大幅下降,出生率稳步提高,人口因此大幅增加。1952年,中国人口为5.7亿,1958年增至6.5亿,到1978年增加到9.6亿。由于人均生活水平始终没有突破温饱线,粮食安全问题日益严峻。面对严峻的粮食供给压力,新中国一方面进行了大量的农田水利建设,另一方面亦开始积极引入化肥、农药等现代农业生产要素。然而,总体上看,从新中国成立到改革开放前,粮食供给依赖于传统农业,大规模的边际垦殖是中国面临温饱困境时的无奈之选。即使南方宜耕地区,生态环境亦呈恶化趋势。以生态条件较好的四川、江西两省为例,过度毁林伐樵造成四川省森林覆盖率从20世纪50年代末的22%左右下降到80年代初的13%左右,并有13个县森林覆盖率不足1%;江西省森林覆盖率则从20世纪50年代的50%下降到80年代的33%(张玉玲等,2007)。

二十世纪五六十年代,围湖造田、毁林开荒、任意改变耕作类型(如单季稻改双季稻)和土地利用方式(如旱改水)造成水土流失加剧,这是当时粮食生产活动造成生态恶化的主要表现。蒋万胜等(2011)认为,新中国成立初期我国处于最基本生理需要未得到满足的阶段,政府和老百姓都比较关注生活条件的改善,而忽视了环境保护的意义。在农业"以粮为纲"的号召下,不少地区为了完成国家规定的粮食产量指标,想方设法扩大耕地面积,以增加粮食产量,于是出现了十分普遍的大规模毁林毁草开荒、扩大边际土地(如陡坡开垦)、围湖造田现象,导致植被严重破坏,水土大量流失,自然灾害频发。据一些学者估计,在"大跃进"刚开始的几个月里,全国有1/10以上的森林遭到砍伐(陈劭锋,2010)。

20世纪50年代至70年代中国土地沙漠化发展速率达每年1560平方公里。以科尔沁沙地为例,1959年,土地沙漠化面积为42 300平方公里,到1975年则增加到51 384平方公里,增加了近10 000平方公里。王涛(2007)根据野外调查及卫星遥感技术,从土地利用角度对土地沙漠化的原因进行分析,发现过度农垦导致的土地退化占土地沙漠化面积的25.4%,过度放牧占28.3%,过度樵采占31.8%。水资源利用不当及工矿建设破坏植被占9%,而单纯由风力作用的沙丘前移所形成的土地沙漠化面积仅占5.5%。由此可见,人口压力下的边际垦殖是导致土地沙漠化最为活跃的主要因素。

(三)从1978年至今:边际垦殖与石油农业并存

改革开放后,随着联产承包责任制的成功实施及化肥、农药等石油农业生产要素的大规模引入,中国实现了人口不断增长背景下的粮食供需紧张平衡。自20世纪90年代中期以来,粮食供求发生了根本性转变,由长期短缺变为相对过剩(胡元坤,2001)。然而,人们必须清醒地认识到,边际垦殖仍在继续,石油农业不可持续且已经成为粮食安全的系统性风险源。

首先,边际垦殖的继续加剧了水土流失与土地荒漠化。20世纪80年代,自农村实行家庭联产承包责任制以来,农民的生产积极性得到了空前的提高。但是在粮食的产量与农民收入迅速提高的同时,从前一些未被利用的土地资源,如荒地、坡地、河漫滩地被迅速开垦,一些林地被砍伐(王跃生,1999)。20世纪80年代,中国土地沙漠化以每年2100平方公里的速度扩展,90年代初期以每年2460平方公里的速度扩展,90年代后期每年扩展速度达3436平方公里。20世纪90年代,林、草地被大量开垦,我国耕地面积的扩张是耕地的粮食生产潜力增长的主要原因,占到81.5%,尤以东北的平原地区和北方的干旱、半干旱地区最为明显(刘洛 等,2014)。以作为"农业国家队"的黑龙江省农垦为例,"三江"湿地面积由新中国成立前的500万公顷,下降到20世纪80年代的200万公顷,如今已不足100万公顷。大量的沼泽变成耕地,沼泽生态环境遭到破坏,区域干旱趋势明显(王友富 等,2014)。"棒打狍子瓢舀鱼,野鸡飞到饭锅里"的良好生态环境已成为历史。据农业部软科学委员会课题组(2000)统计,截至2000年,全国水土流失面积已达367万平方公里,占国土总面积的38%;每年流失土壤达50多亿吨,相当于全世界水土流失总量的1/5。

其次,石油农业的实施造成了环境恶化和生态紊乱。1978年以后,随着农业生产关系的逐渐理顺,制约粮食供给的制度性约束逐渐消除,加之边际垦殖、化肥、农药、良种等因素共同作用,粮食产量逐年增加,粮食供需实现了紧平衡。虽然短期内粮食自足弱化了人们对粮食安全的担忧,但长期内粮食安全问题却以生态安全问题的形式呈现出来。石油农业的迅速推进,以农业技术进步形式出现的化肥、农药、除草剂、地膜及各类激素成为支撑粮食及农副产品数量供给的重要因素。我国每公顷土地化肥施用量从20世纪50年代的4公斤增加到2010年的434公斤，增幅超过100倍，是国际公认的化肥施用安全上限（每公顷225公斤）的1.93倍。农药施用总量从20世纪50年代初的几乎为零（束放 等，2010）增加到2009年的170多万吨，平均每亩施用0.96公斤，其中有60%～70%残留在土壤中。2009年，中国地膜使用量为113万吨，构成严重的"白色污染"，更加速了耕地的退化（蒋高明，2011）。近60年来兴起的石油农业用化肥取代了传统有机肥，并通过添加生长助剂将目标作物催熟催大，各种残留物及废弃物最终都成为水体、土壤及大气的污染源。在此过程中，大量石油化工产品被用来保墒、增肥、除草、灭虫、催熟、增大，有些地区还使用大型动力设备抽取深层地下水灌溉，构成了如下的循环模式：采用化肥、农药、地膜及各类激素—粮食及其他农作物增产—农业面源污染—土壤毒化且肥力下降—加大化肥、农药及各类激素的用量。大量化肥、农药、地膜残留在土壤中，不仅造成严重的农业面源污染，而且导致土壤理化性质恶变，发生板结、酸化及重金属化，这个循环本质上是把亿万年演化所形成的化石能源及土壤有机成分转化为水体、土壤及大气污染物，结果是造成了环境的恶化和生态的严重紊乱。

三、生态破坏对粮食安全构成的威胁

边际垦殖和石油农业确实能够缓解中国工业化进程中面临的劳动力成本上升和农产品需求增加的双重压力。然而，既能节约劳动又能增加数量的"两全"结局不仅不可持续，而且是以牺牲质量为代价，这从根本上造成了粮食安全的系统性风险。要数量不要质量的粮食安全毕竟不可持续，生态环境恶化、水土资源趋紧对粮食安全构成了威胁与制约。从目前来看，生态破坏主要影响了粮食质量，但随着时间推移及资源约束的趋紧，最终必将对我国粮食产量产生巨大制约。

（一）水土资源短缺制约了粮食生产的数量和质量

我国水资源人均拥有量不足世界的1/4，而且南北分布不均，又加上近几十年来浪费严重，导致了我国水资源短缺问题日益严峻，严重威胁着粮食生产。水资源短缺会对小麦和玉米的单产造成显著的负面影响。水资源越短缺，农民就越可能倾向于种植对灌溉依赖程度低、需水量小的作物，减少稻谷的种植（李玉敏 等，2013），也会因此改变粮食作物的种植结构。

随着生态的恶化，我国耕地地力明显下降，加之土壤中的农药及重金属污染等问题，严重影响了粮食的单产。例如，在东北冷凉区，多年玉米连作造成土壤板结、除草剂残留药害严重，影响单产提高和品质提升（李建明，2010）。耕地重金属污染严重影响农产品品质，尤以南方多地的重金属污染问题最为突出。重金属污染主要表现为镉超标，如近年来广受关注的"镉稻谷"事件，就是南方酸性土壤生产中重金属镉在酸性条件下活性增加的结果。

（二）环境污染对粮食安全构成了直接威胁和潜在风险

近年来，我国粮食数量安全主要建立在大规模农业面源污染的基础之上，农业面源污染对粮食质量安全构成了直接威胁。据环保部发布的《第一次全国污染源普查公报》显示，2007年，农业面源污染已经超过工业污染，成为中国第一大污染源。在全国七大流域中，有近50%的河流受到不同程度的污染，湖泊富营养化加剧。地下水和地表水的污染，使中国许多地方的饮用水不符合卫生标准。刘毅（2005）的调查显示，累积于饮用水源特别是井水中的化肥氮磷和农药对至少13个省份、数以百万计居民的健康构成威胁。农药表面残留物直接对粮食质量安全构成威胁。根据姚建仁（2004）的研究，我国每年农药中毒者超过10万人，死亡约1万人。近年来，政府治理力度的加大使得农药残留合格率逐渐上升，然而，农药使用量仍在增加，农药残留对食品安全的威胁仍然存在。

除了直接威胁之外，农业面源污染还给粮食质量安全带来了隐形危险。化肥、农药、除草剂、地膜及其衍生污染物中有些残留在农产品表面，对粮食质量安全构成直接威胁；但绝大部分残留在土壤、水体或大气中，通过生态循环系统进入动植物体内，构成食品安全的隐性威胁。以重金属污染为例，国务院发展研究中心国际技术经济研究所发布的《我国农业污染的现状分析及应对建议》黄皮书指出："目前全国有1/5耕地受到重金属污染，每年被重金属污染的粮食多达1200万吨。"这些污染物通过食物链最终在人体内累积，超过一定阈值后，将引起中毒。闫赖赖等（2011）曾对成都、镇江、太原、天津4城市的成人膳食和血液中主要重金属含量的差异及二者的相关性进行了研究，结果表明：4城市成人血液、膳食中重金属比值含量差异均有统计学意义。

此外，近年来在我国多地区频现的雾霾天气也对粮食生产产生了重大影响。雾霾天气通过对光照、温度、光合速率等产生的负面作用，对农业生产造成一系列影响。雾霾天气发生时，空气中较大的细颗粒物浓度大大增加，影响农作物植株的呼吸，而且导致弱光寡照、光周期不足等逆境条件的发生，而影响植物的光合作用，严重影响了农作物的生长发育和优质高产（周洁，2014）。

（三）气候变化对粮食生产的影响

以全球变暖为主要特征的气候变化是当代国际事务的重要议题之一。在气候变化的大背景下，我国热量资源总体呈增加态势，但时空分布极不均匀，其中北方地区增加幅度大于南方地区，北方地区气候变暖突出表现为最低气温升高；降水量区域性变化明显，西部和华南地区降水增加，华北和东北大部分地区降水减少。气候变化通过影响作物生长进程、适宜种植区和灾害性因子等的变化，对粮食生产产生重要影响（周洁，2014）。热量条件的增加促使东北地区作物春季物候期提前和秋季物候期推后，使大田作物播种期提早、收获期推后，作物适宜生育期延长，如东北大部分地区玉米生育期天数增加10天左右（潘根兴，2011）。对于稻谷来说，近十几年来我国适宜种植区域有所扩大，东北适宜区向北扩展，江淮以南地区的双季稻潜在适宜面积将增大，这必将有利于稻谷总产量的提高；而对于小麦产量的影响尚无明确定论。另外，近年来全球极端天气、气候事件增多，对全球粮食产量带来的不稳定性增强。

四、粮食宏观调控政策体系中的生态功能设计

粮食宏观调控要立足于保障粮食安全，充分发挥粮食的生态功能，减少直至消除石油农业。为了实现我国农业的可持续发展与粮食安全的代际公平，我们应该放弃粮食安全即是数量上安全的狭隘安全观，而应该把农业生态的可持续发展与粮食数量安全一起纳入粮食安全的范畴。

（一）加强制度保障，形成政府投入、市场主导、多主体参与的生态农业局面

农业生产具有巨大的正外部性和弱质性，这一点就决定了不能简单地把生产中对生态环境产生的负外部性内部化。例如，反映水资源稀缺程度的价格机制不能增加农民的成本，所以应积极探索相应的鼓励支持政策。从需求端入手，根据"谁受益、谁付费"的原则，不断完善绿色、优质粮食的品牌认证、开发、推广工作，推动绿色、无公害品质粮食市场的形成和完善。从供给端入手，使相关概念深入人心，提高农民从事生态农业生产的积极性。具体来说：

一是要求政府投入、政策鼓励，条件保证。生态资源环境保护与农业生产兼具极强的正外部性和弱质性，具有一定的公共产品属性，这种属性决定了政府在处理好二者的关系中的重要地位和作用。政府要完善粮食主产区的利益补偿机制，尤其是农业生产中的生态保护补偿与激励机制，在加大总体投入的同时，重点向可持续的农业生产模式倾斜。在耕地保护方面，严禁"占多补少、占优补劣"，并有条件地放开对跨省占补平衡的限制。但同时，不能一味地强调粮食生产与耕地面积的绝对关系，对于不适宜耕作的生态脆弱区要退耕还林、还草、还湖、还湿地。长期以来，我国耕地保护始终把数量和管理放在首位，而随着耕地污染状况日益严重及农产品质量问题频现，着力提高耕地质量、全面巩固耕地生态基础成为当前耕地保护和管理的核心（赵秀兰，2010）。加强"藏粮于

地"战略的实施工作，保护和培植耕地的综合生产能力，用土壤的再生产能力（包括自然再生产和经济再生产）支撑粮食的可持续性供给。

二是要加强市场引导，农民自觉，主体落实。农业生产可持续发展是一个系统工程，与2亿农户的行动逻辑密切相关。积极引导农村电子商务、冷链物流、仓储的发展，顺畅农产品流通渠道，实现生产与消费之间的"无缝对接"，从而利用消费观念的转变引导生产观念的转变，提高农民科学、绿色生产的积极性，最终实现农业生产的可持续发展。

三是要加强各类主体参与的积极性。充分利用新型农业经营主体的规模经营优势，加强对该类主体在农资投入、粮食产出与售卖等方面的管理与监督，并利用政策资金其在节水灌溉、耕地保护与质量提升等方面加以引导。

（二）加强环境污染监测和治理，以技术创新支撑粮食安全

制度常常需要技术来支撑。在水资源的保护与利用方面，技术的进步和灌溉条件的改善，才是提高水资源利用率与保护水平的治本之策；在耕地的保护方面，需要提高农户施肥的知识与技术，继续推广测土配方施肥、水肥一体化等，以减少化肥使用量；在空气质量提升方面，加大对工业、汽车尾气等污染过滤技术的研发与推广，以减少雾霾对农作物的负面影响。

具体对策来说，一是建立污染监测体系，全面监测农田环境容量和耕地质量。农村环境状况调查是一项基础性工作，是科学解决农村环境污染问题的前提。应尽快开展农业污染环境状况的调查，重点是农村面源污染和土壤污染的状况。同时，逐步建立健全农村的环境污染监测体系，为制定政策和科学决策提供全面可靠的信息。二是建设高效的农业技术推广体系，改革庞大的推广系统，并提升科技推广人员的素质，提高农业技术推广队伍的工作效率。并将技术推广活动和各种商业活动（如经营销售等）严格分开，提升推广体系的运行效率。鼓励恢复使用农家肥、有机肥，提高秸秆还田的比例，减少直接焚烧，保护好农业生态环境，提高生物防治的水平，减少使用化学农药，提高农产品质量，实现经济效益、生态效益和社会效益的协调统一。三是积极推广成熟的化学品使用技术。建立农药化肥清洁生产的技术规范，鼓励生产高效、长效、低残留的化肥、农药产品；因地制宜地推广成熟的化肥农药使用技术，采用平衡施肥、改良施肥方法和施肥时间等措施减少农药化肥的施用量。提高能源使用效率，降低单位粮食产量的能源消耗。转向生态友好型的生态农业生产方式要求减少化肥、农药的使用，鼓励秸秆还田及提高能源使用效率等都能降低粮食生产过程总碳排放量，从而也可以减少吸收固定碳排量的森林面积，减少粮食生产的生态足迹。

（三）鼓励粮食生产"走出去"，借助全球资源保障我国粮食安全

我国是一个人多地少的国家，单位耕地面积需要养活的人口数量是世界平均水平的2倍以上。为了弥补耕地资源的不足，在粮食生产中通过大量使用化肥、农药等要素来替代耕地资源。这虽然缓解了粮食与耕地的矛盾，但却加剧了粮食生产对资源的耗竭和生态的破坏。导致我国的粮食生产又处于"粮食—生态"的矛盾之中。因此，如果要解决"粮食—生态"之间的矛盾，我们不但需要把粮食生产模式从"石油农业"转变为"生态农业"，而且需要更多地依赖外部资源来实现我国的粮食安全，以缓解我国农业资源与生态环境的压力。

具体操作上，一方面积极鼓励我们的农业企业尤其是粮食生产企业"走出去"，到耕地资源相对丰富的国家投资粮食生产，适当减少国内粮食种植面积。利用农业技术及资金上的优势与他国合作，实现全球资源的合理配置。这不但可以提高合作双方的农业资源生产效率，提高粮食产量，而且可以间接地增加全球粮食产量，提高全人类的总福利水平。张燕林（2010）研究指出，中国积极参与国际农业合作对于保障我国未来的粮食安全不但是可能的，而且是必要的，且认为适当降低我们的粮食自给率并不会增加粮食危机的风险。此外，黄季等（2000）从农产品生产成本的国际比较视角分析，提出中国适当减少粮食生产，进口饲料粮、增加畜产品生产不但可以降低粮食成本，发挥相对优势，而且可以减轻种植业对耕地的压力。不管是增加粮食进口还是参与国际农业合作，都可以降低国内的粮食种植面积，进而降低国内粮食生产活动的生态足迹。

（四）借鉴国外先进经验，将相应政策措施法律化

不止中国，发达国家在农业生产发展历程中也都经历过生态环境的恶化问题，它们的一个共同的经验就是将相应的政策措施进行法律化，从而使得措施固定化和程序化。比如，美国农业发展强调政府补贴的广泛运用，农业生态环境保护存在很大的正外部性，导致政府补贴成为一种必要的措施，美国的土地保护是通过农业法案的形式将以地租补偿为主的资金补贴变为对土地休耕项目的最大支持（李靖 等，2015）。法国的"理性农业"同样具有代表性。20世纪80年代，法国也面临着农业生产所造成的一系列生态环境恶化问题，90%的地表水受到农药残留的污染（张芸，2015）。为此，法国率先提出"理性农业"的概念，并先后制定一系列制度和法律法规，如土地休耕制度和《全国生态农业规划》《新农业指导法》《法国2020环保农业生产国家计划》等，用制度和法律来指导环保农业的生产，最终促进了农业的可持续发展（胡博峰，2013）。我国在制定粮食生产生态功能设计时，也应该参考和借鉴发达国家的相关经验，通过立法形式将政策规定化和程序化，从而达到更有效实施的目的。

五、实现粮食安全生态功能的尝试：生态利益补偿

粮食生产不仅会对生态造成一定的破坏，也会对生态产生正向影响。粮食作物的生产过程既是碳源也是碳汇，碳源主要包括粮食作物生产过程中化肥、农药、柴油等投入物生产形成的碳排放，粮食作物农田土壤呼吸碳排放及粮食作物的秸秆焚烧碳排放。在粮食作物生长过程中，其碳汇作用十分显著，主要包括作物自身生长碳吸收、农田土壤固碳和秸秆还田的固碳效应。粮食作物的碳汇和碳源相抵可得到净碳汇。在当前全球温室效应加剧、环境不断恶化的背景下，粮食作物的碳汇作用凝结了人类劳动，具备了一定的生态环境价值。而长久以来这种生态服务没有得到应有的补偿，形成了外部正效应，因此粮农应该得到一定的生态补偿（李颖 等，2014）。

（一）粮食作物碳汇生态补偿的理论依据和现实要求

粮食是人类生存发展最基础的必需品，不仅具有经济价值，还具有一定的战略意义，需要政府进行补贴。粮食作物不仅具有经济价值和社会价值，还具有生态价值。粮食作物的生态服务功能主要包括制造氧气、净化空气、土壤保护、涵养水源、维护生物多样性功能及碳汇功能等（赵荣钦 等，2007）。因生产粮食而致利益（或机会）受损者，以及在粮食生产过程中起到积极作用或做出贡献者，都应该得到相应的补偿（王建中，2011）。2004年以来，我国出台了一系列粮食生产保护政策，逐渐形成了综合性收入补贴和生产性专项补贴相结合的粮食补贴政策体系，对保护种粮农民的积极性、保障和发展粮食生产起到了明显的作用。但从总体来看，补贴力度仍然不够，伴随农民收入提高及种粮生产资料价格的上涨，种粮补贴在农民总收入中的比例不断降低，边际效应也不断递减，对种粮农民的激励作用有限。入世以后，按照我国加入WTO的承诺，政府对于粮食补贴的综合支持量（AMS）将保持为0，而仅仅协商保留8.5%的微量允许。也就是说，我国农业补贴已经不能再使用"黄箱"，政府对于粮食种植业的直接补贴不可能大幅提高。因此，必须探寻粮食种植补贴的其他途径，从碳汇功能的角度对粮食作物进行生态补偿。这一策略属于"绿箱"政策，不受8.5%微量允许的限制。目前，美国等发达国家正积极探索实施农业生态补偿措施，尤其是农田土壤固碳减排的碳汇补偿，使粮农看到了碳汇作用的经济效益，从而促使他们采用低碳模式进行生产，如采用低碳耕作模式，少用化肥、多用农家肥，实行秸秆还田等固碳减排行为，从而获得更多的碳汇补偿，形成一个良性发展的循环过程。为此，我国应该用基于碳汇功能的粮食作物生态补偿替代现存的粮食直补政策，促进绿色、生态农业的发展和农作物质量的提高，进而提高农产品价格和粮农收益，维护我国食品安全。

(二)粮食作物生态补偿机制的设计

建立粮食作物生态功能补偿机制需要解决谁补偿谁(补偿主体)、补偿多少(补偿标准)及如何补偿(补偿方式)等问题,其中补偿标准的确定是机制构建的关键(李颖 等,2014)。

1. 补偿原则

补偿原则的确定是粮食作物碳汇功能生态补偿机制的构建前提,也是补偿机制构建的指导性理念。补偿机制的构建首先要合乎社会公平与正义,其次要体现受益者付费的原则,再次要能够保障农业的可持续发展。因此,建立粮食作物生态功能补偿机制要遵循公平原则、受益者付费原则、可持续发展原则等。

2. 补偿主体

粮食作物的生态功能补偿主体包括受偿主体和补偿主体。受偿主体是补偿机制的权利主体,补偿主体是义务主体。

受偿主体应该是对生态保护产生积极影响的行为主体。粮食作物生态功能补偿的受偿主体应是粮食作物的种植者。由于粮食作物所具有的生态功能属于生态效益,同森林碳汇功能一样,具有显著正外部性。这种外部性如果得不到补偿,必然导致粮食作物生态产品供给不足、市场失灵。因此,粮食作物种植者在得到粮食生产正常经济回报的同时,应该得到粮食作物生态功能的补偿,从而调动种粮积极性,保证粮食作物生态产品的供应。

从理论上讲,补偿主体是生态保护的受益者,但由于生态产品具有的公共产品特性,所有人都是环保行为的受益者,因此,政府作为国民的代表成为补偿主体。地方政府担负着在本辖区搞好生态保护和建设的责任,因此也属于补偿主体的一类。公共产品根据受益的范围,可以分为全国性公共产品和地方性公共产品,两者的区别主要在于是否受地理空间的限制。全国性的公共产品由中央政府提供,而地方性的公共产品由地方政府提供。粮食作物的生态功能作为一种公共产品,使全社会从中收益,其生态效益显然具有全国性,因此,粮食作物的生态功能补偿应主要由中央政府来承担。

除此之外,另一主要补偿主体是企业组织。这是由于企业所从事的经营活动一般都会牵涉自然资源的利用或者对自然环境产生一定的影响。在获取经济利益的同时,企业组织往往在环境污染排放上超过排放指标。本着"谁破坏,谁恢复""谁污染,谁治理""谁受益,谁付费"的原则,这些企业组织也应当是主要的补偿主体。

3. 补偿标准

目前,对在森林的碳汇功能补偿研究较多、较为完善,而农业方面尤其是粮食作物的碳汇补偿研究还处于起步阶段。由于粮食作物与森林产品相比在生长发育和管理方面存在较大差异,因此,粮食作物的生态补偿很难借鉴森林碳汇补偿的经验,需要建立适合自身情况的补偿标准。粮食作物本身具有经济价值,粮农可以通过出售粮食产品来实现其经济价值、补偿生产和管理成本。粮食作物的碳汇效应是其副产品，其生态补偿的额度也应根据粮食作物产生的净碳汇量来确定。粮食作物既是碳源也是碳汇，因此需分别计算粮食作物的碳排放量和碳吸收量，两者相减来确定粮食作物的净碳汇量。

4. 补偿方式

粮食作物碳汇功能生态补偿机制的补偿方式，从运作主体上说可分为以政府为主体的运作方式和以市场为主体的运作方式。

（1）以政府为主体的运作方式。政府补偿是以政府为主体的一种强制性的、命令控制式的补偿方式，属于间接生态补偿。以政府为主体的粮食作物生态补偿方式主要有资金补偿、实物补偿、政策补偿和技术补偿。

政府的资金补偿也可以称为财政补偿。财政补偿属于直接公共支付，政府直接向农村土地所有者及其他生态服务提供者进行补偿，实质是由政府购买生态系统服务并无偿提供给使用者。直接公共支付是农业生态补偿最主要的支付方式，依靠政府的强力推行，能够产生较大的规模效应，取得的生态、经济、社会效果都比较显著。具体方式主要有专项补助、财政转移支付等，其中，财政转移支付是目前国内最主要的政府生态补偿方式，主要包括税收返还、专项拨款、财政援助、财政补贴、对综合利用和优化环境予以奖励等形式（张锋 等，2010）。财政转移支付制度是政府补偿最经常采用的补偿措施，可以是中央政府对地方政府的转移支付，也可以是地区政府间的转移支付。通过这样的财政资金转移支付，有利于区域间各项社会经济事业的协调发展。财政转移支付分为一般性转移支付和专项转移支付，可以把农业生态补偿资金纳入专项转移支付之中，提高用于农业生态环境建设和保护的资金比重，可以在一定程度上提高地方生态建设和保护的能力，是政府补偿的首选。

农业生态补偿的专项资金是国家用于生态补偿项目的专项拨款，为生态补偿项目的实施提供物质保证，在各国都被普遍采用。对于一些大的生态保护工程，国家可以设立专项资金为其顺利实施提供资金保障。退耕还林项目就是由国家设立专项资金，用于原粮和种苗费及生活补助，退耕还林项目期满后国家还设立后续专项建设资金用于巩固退耕还林的成果。对于粮食作物的碳汇功能，可以通过政府专项拨款对粮食种植者进行直接补贴的方式来实现对其生态效益的补偿。

农业生态补偿基金也是政府资金补偿的方式之一。农业生态补偿基金的建立可以有效弥补国家生态补偿财政资金的不足，是专用于农业生态补偿的政府性基金。农业生态补偿基金一般由各级政府的涉农部门或环保部门牵头设立，筹资方式包括政府财政拨款、捐赠和援助，以及基金本身运行取得的投资收益和利息收入。农业生态补偿基金主要用于农村生态环境建设的投入、农村新能源开发利用、农业生态补偿机制的科研项目等工作。我国已建立"中国绿色碳汇基金"，该基金是国家性基金，以减排增汇、改善气候条件为目的，主要工作是普及节能减排的相关知识、开展相关减排增汇活动、向社会募集资金等。目前该基金偏重于森林碳汇项目的支持和辅助。

政府对粮食作物生态功能的实物补偿主要是对粮农直接提供实际物品，以帮助粮农减源增汇，保护和促进粮食种植的碳汇功能，从实物的角度对粮农进行激励。具体的实物补偿包括节能减排的相关机械、设备的提供，如新型节水灌溉设施、秸秆还田的机械设备等。对于农业生态补偿的基础设施建设方面的一些实物需要进行扶持，降低粮农的生产成本，提高粮农积极性。

政府对粮食作物生态功能的政策补偿主要是政策倾斜。根据生态保护的需要，对有利于生态环境的地区进行适当的政策倾斜，主要包括对当地税收实现减免优惠、优先安排该地区基础设施建设、鼓励绿色农业发展和清洁项目的开展，以及实现生态优先的政绩考核政策等。这种差异性的区域政策具有运作成本小、财政压力小等优势。

技术补偿是指中央和当地政府以技术扶持的形式对生态环境的综合防治给予支持（王欧 等，2005）。在粮食作物的生态补偿方面，政府可以为粮食作物的种植者提供无偿的低碳知识培训，提高广大种粮者的低碳意识和农田管理水平，在粮食生产过程中自觉减少农药、化肥的使用，多用农家肥。政府还可以无偿推广测土配方技术、秸秆还田技术及土壤固碳技术等，进一步提高农田固碳潜力，增加农田的碳汇作用，推进生态农业、循环农业的发展。

（2）以市场为主体的运作方式。市场补偿是指在政府的"弱干预"（弱干预与政府的"强干预"补偿相对而言，后者是指通过政府的转移支付实施生态保护补偿机制）下，以市场交易主体在各类生态环境标准、法律法规、政策规范的调控范围内，利用经济手段参与环境市场产权交易，从而自发参与生态环境改善活动的总称（朱广芹 等，2010）。

针对粮食作物的碳汇功能，可以建立一个碳汇交易平台，把粮食作物产生的净碳汇作为生态产品通过平台交易。企业、社会团体等市场主体可以按照卖家最低价与买家最高价相符时成交的交易规则进行碳汇交易。政府也可以在碳汇市场成立初期，以平等的市场主体的身份参与碳汇交易，通过收购和卖出粮食碳汇来调整区域产权交易量，稳定碳汇市场秩序，间接地对粮食碳汇生态效益进行补偿。

由于以政府为主导的资金补偿存在着资金短缺、效率低、不透明的问题，加之政府财政资金有着许多重要的竞争性用途，如教育、医疗、社会保障等（陈红枫 等，2007），因此，在政府为主体的补偿方式之外，尝试通过市场机制为粮食作物碳汇功能补偿筹集资金，是对可持续的生态补偿资金机制的有益探索。

六、本章小结

粮食安全是经济和社会发展的基础。我国在农业领域取得了举世瞩目的成就，但也由于一味追求粮食的数量安全而忽视农业生产资源与生态环境的可持续发展，我国在取得这些成就的同时付出了巨大代价。农业革命之前，为了满足食物的需求，人们不得不通过毁林开荒、围湖围海造田等形式来扩大粮食作物的种植面积，结果造成了生态环境的巨大破坏。改革开放30多年来，我国的粮食供给能力大幅提高，截至2015年年底，全国粮食产量实现"十二连增"，粮食供求状况明显改善，逐渐摆脱了"马尔萨斯陷阱"，推动了人民生活水平从温饱向小康过渡，粮食安全取得了巨大成功。

然而，实际上我国并没有完全摆脱粮食安全的威胁，只是短期内通过石油农业将粮食安全问题转化为生态安全问题。从目前来看，生态破坏主要影响了粮食质量，但随着时间推移及资源约束的趋紧，最终必将对我国粮食产量产生巨大制约。一方面，随着生态的恶化，我国耕地地力明显下降，加之土壤中的农药及重金属污染等问题，严重影响了粮食的单产。近年来，我国粮食数量安全主要建立在大规模农业面源污染的基础之上，农业面源污染对粮食质量安全构成了直接威胁；尤其是绝大部分污染物残留在土壤、水体或大气中，通过生态循环系统进入动植物体内，构成食品安全的隐性威胁。另一方面，在气候变化的大背景下，我国热量资源总体呈增加态势，气候变化通过影响作物生长进程、适宜种植区和灾害性因子等的变化，对粮食生产产生重要影响。比如，热量条件的增加促使东北地区作物春季物候期提前和秋季物候期推后，使大田作物播种期提早、收获期推后，作物适宜生育期延长，如东北大部分地区玉米生育期天数增加10天左右。此外，近年来全球极端天气、气候事件增多，对全球粮食产量的不稳定性增强。

因此，为了实现我国农业的可持续发展与粮食安全的代际公平，应该放弃粮食安全即是数量上安全的狭隘安全观，而把农业生态的可持续发展与粮食数量安全一起纳入粮食安全的范畴。一是加强制度保障，形成政府投入、市场主导、多主体参与的生态农业局面；二是加强环境污染监测和治理，以技术创新支撑粮食安全；三是鼓励粮食生产"走出去"，借助全球资源保障我国粮食安全；四是参考和借鉴发达国家的相关经验，通过立法形式将政策规定化和程序化，达到更有效实施的目的。

在此基础上，研究建议我国应该用基于碳汇功能的粮食作物生态补偿替代现存的粮食直补政策，促进绿色、生态农业的发展和农作物质量的提高，进而提高农产品价格和粮农收益，维护我国食品安全。

第九章　粮食安全和宏观调控面临的新形势

长期以来，中国粮食安全最主要的内涵是"粮食自给"。2008年《国家粮食安全中长期规划纲要（2008—2020年）》中提出，保证中国粮食安全的目标是粮食自给率需维持在95%以上。之后，国际、国内粮食市场供需关系发生巨大变化，国内农产品成本激增，导致粮食进口量（主要是大豆）激增。无论如何计算，95%的粮食自给率的目标实际上已经不可逆转地被突破了。在此形势下，中央对粮食安全战略目标做出了调整，2013年中央农村工作会议上提出："要依靠自己保口粮，集中国内资源保重点，做到谷物基本自给、口粮绝对安全。"这一新的粮食安全战略目标也被写进了2014年中央一号文件。这就是说，"粮食自给"的含义变为"谷物基本自给"，粮食安全的内涵是"口粮绝对安全"，也可以理解为"口粮自给"是中国粮食安全的底线。

自2004年以来，中国的粮食产量连续12年增产，粮食总产量从4亿吨，越过5亿吨，2013年突破了6亿吨。与此同时，供需缺口也在加大，以大豆、玉米为主要品种的进口粮大增，到2015年，粮食净进口量达到2.2亿吨。而令人费解的现象是，国内粮食库存量也同时激增。据有关部门透露，截至2016年年底，我国粮食库存已经超过了3亿吨，库存消费比高达45%，远远高出国际通行的20%左右的库存消费安全线（中国作为一个大国，从国际战略安全角度，通常认为中国的库存消费安全线在25%左右比较合适）。供需缺口加大和粮食生产过剩并存，这种悖论的深层次原因是粮食生产结构出现了问题。也就是说，市场需要的粮食品种供给不足，而市场不需要的粮食品种还在拼命生产。这说明已经不能再简单地用"粮食生产总量自给"的概念，来审视中国的粮食安全问题了。

党的十九大报告强调，坚守"确保国家粮食安全，把中国人的饭碗牢牢端在自己手中"的战略底线，同时承诺"保持土地承包关系稳定并长久不变，第二轮土地承包到期后再延长三十年"。不仅如此，报告还明确提出"乡村振兴战略"，首次在全国人民面前为近6亿中国农村人口擘画了宏伟而美好的蓝图。这些都说明，新时代背景下影响我国粮食供求格局的国内外环境和主要因素也都发生了深刻改变，我国粮食领域的主要矛盾已经由总量矛盾转变为结构性矛盾，矛盾的主要方面在供给侧。因此，未来一段时期，如何在贯彻执行严格的生态环境保护政策的前提下，进一步实现粮食稳产增产、总量平衡，促进粮食产业提质增效、提高产业竞争力，构建起供给稳定、储备充足、结构合理、调控有力、运转高效的宏观调控体系和粮食安全保障体系，已成为国家长远发展所面临的严峻挑战。

一、我国粮食供需结构特征

我国粮食生产属于典型的传统产业。改革开放以来，通过实行家庭承包经营制度、发展新型经营主体、提升科技支撑能力、改革粮食流通体制、加强农业基础设施建设，我国在粮食消费量较快增加的背景下实现了供求关系基本平衡。当前，我国经济发展进入了社会主义市场经济新时代，受特定发展阶段、现行国际贸易格局的影响，粮食供求结构呈现出非常复杂的特征。

（一）我国粮食供给情况

从粮食供给数量看，据国家统计局公布数据，2000—2014 年，全国粮食增产 0.67 亿吨，2014 年，全国粮食总产量为 6.07 亿吨。其中，谷物总产量 5.57 亿吨。值得注意的是，2014 年也是我国粮食产量增速连续第三年出现下滑。

从粮食种植情况看，我国现阶段粮食种植主要有两种模式，一是国有农场，二是建立在家庭承包责任制基础上的以农户为单位的种植。目前阶段，建立在家庭承包责任制基础上的以农户为单位的种植是我国粮食生产的主要模式。2014 年，农户种植粮食总产量占全国粮食产量的比重高达 94.2%，粮食播种面积占比 95.7%（图 9-1、图 9-2）。单个农户生产规模小，资金能力有限，很难实现规模化和机械化，仍然处于粗放式的生产阶段；国有农场因其种植面积较大，故能够较好地实现机械化和规模化作业，但受限于其在粮食总产量中的比重小，并非我国主要种植模式。

从粮食供给结构看，正常年份的粮食产量基本足以支撑国内消费。以 2014 年三大谷物为例，稻谷、小麦、玉米合计产量 5.08 亿吨，足以覆盖 2014 年 4.63 亿吨的国内消费量（图 9-3）；三大谷物进口量合计仅 0.11 亿吨，主要用作粮食储备的辅助手段及平抑国内外价差。

第九章　粮食安全和宏观调控面临的新形势

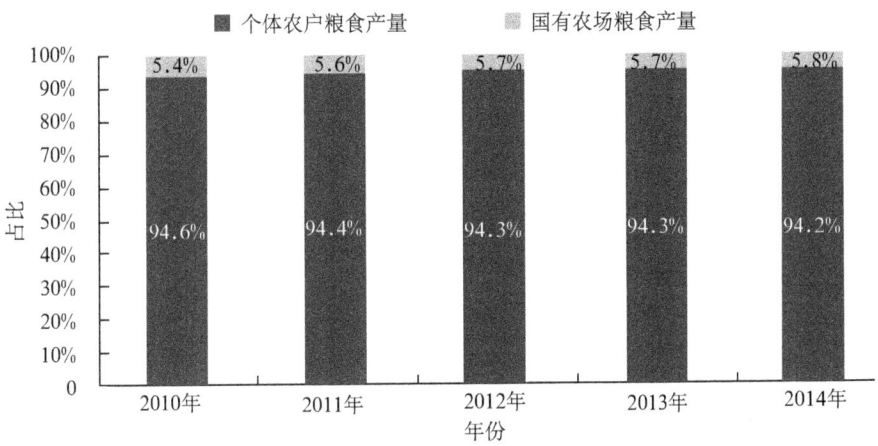

图 9-1　2010—2014 年农户与国有农场种植产量比重情况

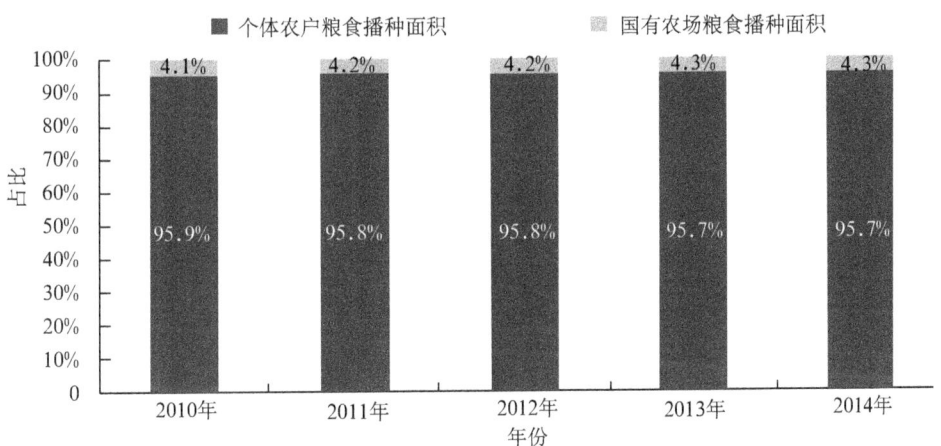

图 9-2　2010—2014 年农户与国有农场种植面积比重情况

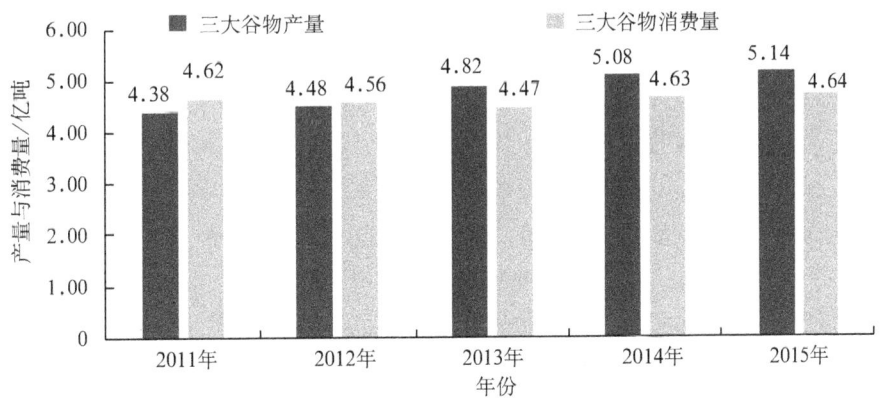

图 9-3　2011—2015 年中国三大谷物产量与消费量对比

1. 粮食产量、进口量、库存量"三量齐增"

一方面，全国粮食产量实现连续12年增产，即2015年全国粮食总产量62 143.5万吨（12 428.7亿斤），比2014年增加1440.8万吨（288.2亿斤），增长2.4%，连续3年稳定在1.2万亿斤以上。其中，玉米产量逐渐超越稻谷成为第一大粮食作物，播种面积于2002年超过小麦，2007年超过稻谷，总产量在2012年超过稻谷，2015年总产量达到2.25亿吨，也成为粮食"十二连增"和粮食产量成功跨越6亿吨的主要动力。与此同时，我国的粮食库存也达到了高峰值。另一方面，与增产同步，我国粮食进口量也持续增加。据海关统计数据，2015年1—11月，我国进口粮食1.13亿吨，同比增加27.3%；其中，进口大豆7257.3万吨，同比增加15.4%。并且，玉米、DDGS、小麦、稻谷、大麦和高粱等粮食品种都较2014年有不同程度的上涨，刷新了进口的历史记录。由此可见，尽管粮食连年增产，但相对于需求还是有缺口，如大豆和一些需要品种调剂的稻谷、小麦和玉米，这部分需求必须通过进口来满足。

2. 单产水平稳步提升，但增速有限

我国粮食总产量在播种面积基本稳定的情况下能保持增长，粮食单产提高起到了重要作用。2015年，我国粮食单产达到5482.9公斤/公顷，为1978年的2.1倍，这主要得益于农业科技水平的提高、农业技术推广体系的完善和农业基础设施的改善。但是，粮食单产增速有限，2003—2007年，稻谷、小麦、玉米和大豆的年均单产增幅分别为2.3%、1.5%、4.0%和1.8%，而2008—2012年，年均增速分别为1.7%、0.8%、1.2%和1.4%，均呈现下滑趋势。

3. 粮食生产布局发生明显改变

一是粮食生产重心由南向北转移。近年来，随着南方工业化和城镇化的推进，其粮食产量在全国粮食产量中所占的比重越来越小，目前已不足30%，而北方各省份在全国粮食产量中所占的比重不断提高，2015年已占全国粮食产量的48%以上。我国粮食生产重心变动轨迹沿"西南—东北"方向往复推进，历史上的南粮北调格局转化为北粮南运格局。二是主产区粮食生产能力越来越强。1978—2015年，我国13个粮食主产区生产了全国70%~75%的粮食，主销区粮食生产所占的比重仅为5.4%，与1978年相比下跌了近10个百分点。三是东北地区的重要性大为提升。根据国家统计局发布公告，2015年，全国粮食总产量62 143.5万吨。其中，黑龙江、吉林、辽宁、内蒙占粮食总产量14 800.5万吨，4省区粮食总产量占全国比重从2003年的17.7%提高到2015年的23.8%。东北地区成为全国粮食增长最快、贡献最大的区域，进一步发挥了"大粮仓"和"粮食市场稳压器"的重要作用。数据还表明，2015年全国粮食总产量比2014年增加1440.8万吨，增长2.4%。其中，东北4省区粮食总产量比2014年增加519.5万吨，占全国粮食增加量的36%以上。东北地区的粮食除供本地使用外，大部分销往华东、华南和

华北等地区，粮食外调量占全国的 60% 以上。

（二）我国粮食需求情况

从粮食消费数量来看，近年来，随着我国粮食生产能力持续提高，粮食消费水平稳步提升。根据国家粮油信息中心数据，受刚性需求增加、饮食习惯逐步改变、饲料消费波动明显、加工消费不断升级等因素综合影响，近 10 年我国粮食消费总量呈先大幅增加后小幅回落的态势。其中，2012 年国内消费总量达到 51 965 万吨，比 2007 年增加 8771 万吨，增幅达到 20.3%，年均增速为 3.38%；2013 年后在饲料消费回落的带动下，国内粮食消费总量连续 3 年小幅回落，且降幅呈逐渐缩小态势。2015 年国内粮食消费降至 46 937 万吨，比 2014 年下降 0.2%，降幅较上年缩小 4.1 个百分点；较 2012 年减少 5028 万吨，累计降幅 9.7%。

从粮食消费用途来看，由于种子消费稳定且占粮食总消费比例较小，约占总消费的 1.6%，本研究不做专门分析。粮食消费首先要保证食用消费的充足，在食用消费得到保证的前提下，再发展饲料消费和工业消费。2007—2015 年，食用、饲料、工业消费分别增长 8.9%、0.5% 和 24.3%（表 9–1）。其中，食用消费在刚性需求支撑下，占粮食需求的比重超过 50%，占据粮食消费的主要地位；饲料消费量波动较大，受畜禽业扩大养殖带动，2011 年饲料消费量大幅增长，占粮食消费总量的比重达到 30.3%，首次突破 30%；工业消费增幅最大，但受总量有限影响，占比不超过 20%。截至 2015 年，我国食用、饲料、工业消费结构比例约为 7:3:2。

表 9–1　2007—2015 年国内粮食分用途消费情况

年份	食用消费		饲料消费		工业消费	
	数量/万吨	占比/%	数量/万吨	占比/%	数量/万吨	占比/%
2007 年	24 385	56.5	12 010	27.8	6080	14.1
2008 年	25 035	57.7	11 750	27.1	5880	13.6
2009 年	25 640	55.1	13 100	28.1	7090	15.2
2010 年	26 240	54.4	13 760	28.5	7530	15.6
2011 年	27 490	52.9	15 718	30.3	8000	15.4
2012 年	28 650	55.1	14 876	28.6	7700	14.8
2013 年	27 277	55.5	13 820	28.1	7300	14.9
2014 年	26 753	56.9	12 420	26.4	7130	15.2
2015 年	26 566	56.6	12 070	25.7	7556	16.1

数据来源：国家粮油信息中心。

从粮食消费结构看，随着国内人口的增长，饮食结构的变化，农产品加工、能源产业的发展，我国包括口粮消费、饲料消费、工业消费在内的粮食需求持续增长。三大类消费中，工业消费和饲料消费增长较快，近几年增速保持在6.0%、1.5%；而口粮消费增速缓慢，同比保持在0.7%。从消费结构占比看，2014年口粮消费、饲料消费、工业消费占比分别为49.2%、29.0%、21.9%（图9-4）；分粮食品种看，目前稻谷仍是第一大消费品种，2014年占比为38.9%，玉米、小麦分别占37.6%、23.5%（图9-5）。

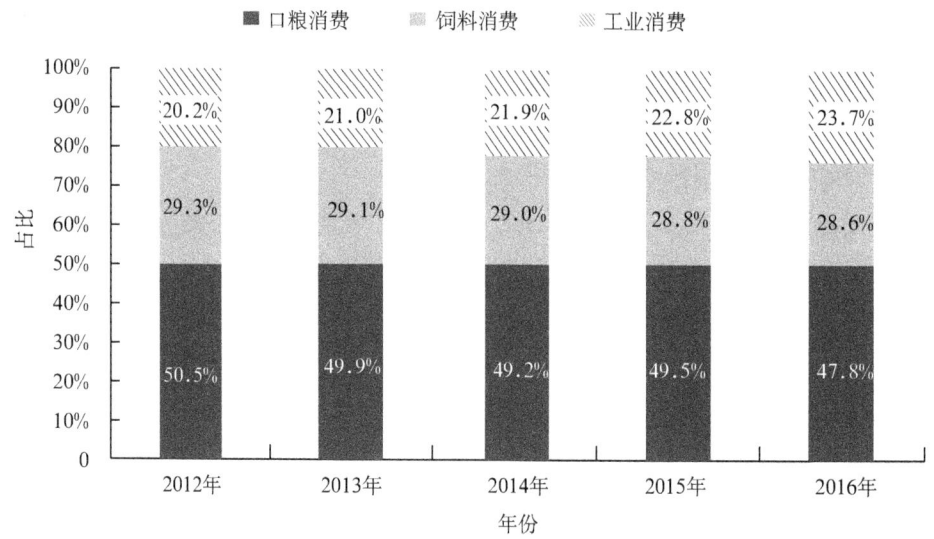

图9-4　2012—2016年粮食用途消费结构占比

从粮食消费品种结构来看，稻谷、小麦、玉米在消费上存在不同程度的替代性，且由于消费的主要方向不同，存在一定的需求刚性。稻谷、小麦以食用消费为主，受刚性需求支撑难以被大规模替代，其消费量占粮食消费总量的比重保持在60%以上；玉米以饲料消费和工业消费为主，消费量和国内畜禽养殖业、燃料等行业发展关系密切，2015年其消费量占粮食消费总量的38%，比稻谷少1.2个百分点，较2011年扩大2.6个百分点（图9-5）。另外，玉米消费受价格波动影响较大，易与小麦、大麦、高粱等其他品种形成替代关系。2012年，由于国内玉米价格大幅上涨，玉米消费量占比小幅回落，较2010年下降1.6个百分点。目前，国内稻谷、小麦、玉米消费结构比例约为2∶1∶2。

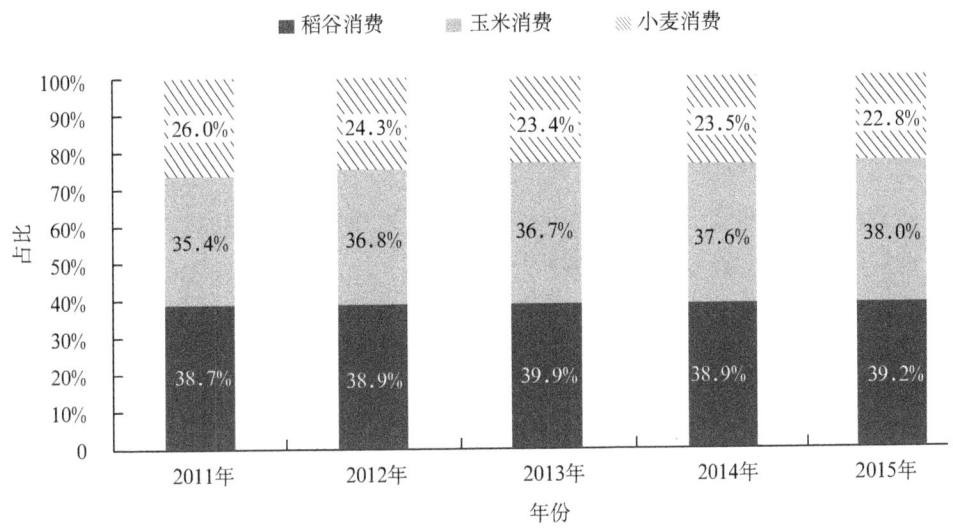

图9-5 2011—2015年粮食品种消费结构占比

（三）我国粮食供求结构变化与价格波动的新趋势

1. 国内外农产品价格倒挂日趋明显，进口粮食冲击国内市场

2004年以来，我国实行最低收购价和临时收储政策，借此提高农民种粮积极性、稳定粮食生产。随着收购价的逐渐上涨，国内粮食市场价格随之水涨船高。而近年国际市场粮食价格却掉头向下，国内外农产品价格倒挂日趋明显，导致更多来自国际市场的粮食进入中国市场。从2012年起，国内粮价开始逐渐高于国际市场，到2015年上半年，稻谷、小麦、玉米等主粮价格均超过国际市场的50%，粮棉油糖等大宗农产品的进口完税价每吨大体比国内低1000元，导致粮棉油糖等进口量不断增加，出现了"边进口、边积压""洋货入市、国货入库"的现象。

2. 整体供给长期偏紧与具体品种阶段性过剩的矛盾交织

2015年，我国粮食生产实现"十二连增"后，供求关系发生重大变化。一方面，近年来国际国内粮食连年丰收，国内政策性粮食收购量、库存量不断增加，部分粮食品种如玉米、稻谷呈现高产量、高收购量、高库存量"三高叠加"的状况，一些粮食主产区面临巨大的收储压力；另一方面，粮食总产量虽已超过1.2万亿斤，但粮食供应仍处于"紧平衡"状态，主要表现在区域分布不均衡，品种间差异大。从区域分布看，我国13个粮食主产区粮食产量占全国总产量的73%，其中冀、内蒙古、辽、吉、黑、鲁、豫7个北方主产区占全国总产量的近5成。主产区和主销区粮食库存分别占全国的71%和9%，消费量分别占62%和17%。从品种结构看，除玉米、稻谷呈现阶段性供过于求的特征外，小麦已连续4年产不足需，大豆产需缺口仍然很大，对外依存度非常高。随着人口增长、城镇化快速推进、粮食工业用途拓展和消费结构升级,未来粮食消费将继续刚性增长,"紧平衡"将是我国粮食供求的长期态势。

3. 稳定粮食生产难度加大与粮食价格下行压力并存

一方面,粮食生产实现"十二连增"后,进一步发展粮食生产的制约因素不断增多。受耕地、淡水等资源环境约束,连续增产的难度越来越大,粮食产量进一步增长的空间受限,2014年我国粮食产量增幅连续3年下滑。另一方面,国内外粮食价格倒挂导致粮食大量进口,而国内农业生产成本又居高不下,单纯依靠提高托市收购价格促农增收、保护农民种粮积极性的空间越来越小,粮价下行压力较大。

二、国际粮价波动对国内市场的影响

近些年,国际粮食价格波动越来越大。联合国粮农组织认为,自1990年以来,国际粮食价格波动率逐年增加,2009年国际粮食价格的年波动率上升至30年最大。此外,国际粮食价格的影响因素越来越复杂,不仅受传统的供需基本面影响,还会受一些"新兴因素"的影响,如能源、金融等因素。而我国的粮食进口量逐年递增,国内粮食价格受国际粮食价格影响越来越明显。

(一)国际粮价波动的阶段特征

从国际市场来看,2003年以来,由于气候变化和生物燃料占用的粮食比重上升、供给波动、需求增加及投机性买盘等因素导致了国际粮食价格开始上涨,2006年快速飙升,2008年5月达到历史高点,之后受金融危机的影响迅速回落。到了2010年又开始呈现上涨趋势,2011年4月达到了新的历史峰值,之后再次下降。2012年由于主产国美国和俄罗斯都遭遇了异常干旱天气,5月国际粮食价格又出现新一轮的上涨,2012年8月再次达到高点,之后慢慢回落,但至今仍高于2003年水平。2002—2012年,国际食品价格指数上升了100.5%,其中,小麦、玉米、稻谷和大豆价格涨幅分别为115.96%、161.12%、130.17%和159.91%。从2013年初开始,国际粮食价格略有下降,一直持续到2014年1月才开始回升,但之后便是小幅回落。

(二)国际粮食价格波动的原因

国际粮食价格波动呈现了一定的规律性,由于受到突发事件影响,粮食现货期货变动幅度较大。要想把握粮食价格和中国经济的影响应,当准确把握价格波动原因,从而更好地调节国内经济发展战略,维系国民经济的健康发展。

1. 供求关系影响

国家粮食价格波动受到供求关系的影响，粮食属于市场商品的范畴，当商品供不应求时粮食价格就会上扬，而粮食产量超过市场需求时，粮食价格就会急剧下降，这是影响粮食价格波动最主要的原因。从粮食供给方面来看，由于国际气候变化幅度较大，再加上发达国家在WTO约束下削减农业补贴，全球粮食产量呈现下降的趋势。同时，全球范围内库存水平下降，农作物产量下滑。从粮食需求方面来看，由于原油价格大幅降低，粮食转乙醇加工产业陷于停滞，对粮食的需求量也有所降低，从而造成粮食库存量增大，世界粮食价格逐步回落。

2. 期货投机因素

全球范围内期货投机导致粮食价格急剧上升，很多期货操作者把投资重点从能源期货逐渐转向农产品期货，粮食作为市场商品的属性更加凸显。从全球粮食市场来看，粮食等大宗农产品进出口贸易以期货市场价格作为现货定价基础，粮食农产品成为投机炒作热点，在一定程度上提高了国际粮食价格。

3. 国家政策调整

各个国家都很重视粮食政策调整，国家针对粮食生产出台了相应的粮食贸易政策，各国政府采用粮食储备、进出口补贴的政策来平抑市场价格，而粮食消耗和生产大国政策调整对于世界粮食价格的影响较大。当前，世界粮食价格上扬趋势明显，粮食出口国都出台了粮食出口禁运的政策，这在短时间内必然会导致需求增加，粮食供给量下降。再者，各国政府采取了粮食价格管制政策，政府干预粮食市场的力度增大，从而影响了正常的粮食市场，甚至在一定程度上损害了农民的积极性，伤害了本国农民的利益。

（三）国际粮食价格波动对我国经济的影响

1. 对我国粮食价格的影响

我国是粮食生产和消耗的大国，粮食产量占全球总产量的19%左右，而消耗量占总量的17%，国际粮食价格波动对我国粮食价格产生较大的影响。通过数据对比显示，国内外粮食现货市场价格调整具有一致性，其价格联动性较为明显，我国粮食价格和国际市场价格走势基本一致，尤其是小麦和玉米的关联度较强。由于我国粮食市场并没有完全开放，国内外粮食市场的隔离性较强，我国粮食市场具有相对独立的一面，小麦和玉米能够实现自给自足，与国际价格的关联性不密切；而进口依赖程度较高的大豆品种则和世界粮食市场的关联性较强，实现了与国际价格接轨，因此，国内粮食在中长期时间内将与国际价格趋平。

2. 对中国通货膨胀的影响

国家粮食价格对中国通货膨胀的传导性显著，粮食价格变化首先影响国内粮食价格，并渗透到我国农产品深加工行业内,对上下游的企业产生影响,最终影响我国通货膨胀。世界粮食市场价格变动直接推动我国物价上涨,拉高了食品类商品的价格,从而波及其他的商品。同时,由于我国粮食商品在食品类商品中占据了较大的份额,根据资料统计显示,我国的CPI中食品类价格占比约为33%,粮食价格上涨势必会带来通货膨胀的压力。再者,国际粮食价格上涨过高,提高了农业经营成本,引起成本推动性的通货膨胀,国际粮价上涨加大了食品行业的成本压力,从而增大了经营风险。

3. 对投资渠道的影响

国内外粮食价格波动的影响传导至投资渠道,农业经济波动势必会引发工业波动,农产品市场波动对粮食生产、产品流通和劳动力转移等方面影响深远,而这些都是工业发展的动力所在。粮食作为支撑经济发展的生存资料,其市场波动和经济周期性波动密切相关,粮食产量充足,市场供给充裕,则工业生产的成本降低,企业加大投资势必会进一步促进农业经济的发展;而粮食产量歉收时,市场价格就会明显波动,影响当期和下期的工业生产。

4. 对金融市场的影响

具体的表现为中国粮食进出口贸易额规模较大,国际粮价波动势必会形成一定外汇成本压力,引发国家外汇储备波动,从而或多或少地影响人民币中长期稳定。再者,国际粮食价格波动其中一个关键因素是由于投机性资金在国际粮食市场炒作,这种投机氛围肯定会很快扩散到中国粮食市场,导致国内粮食期现货市场随之波动,同时股票市场也会给消费品行业上市公司的绩效预期带来负面影响。

(四)国际粮食价格波动对国内粮食安全的影响

1. 国际粮食价格的波动将直接影响我国粮食进口数量的增减

王锐(2015)以2003—2014年的数据为基础,采用非结构化的向量自回归模型,对我国粮食进口增长特征及趋势进行理论和实证分析后发现:国际粮食价格是我国进口增长最主要的影响因素,粮食进口需求的价格弹性较大。当前,我国粮食市场最突出的矛盾是国内粮食价格变化趋势与国际市场严重背离,国内外粮食价格倒挂问题日益突出。2013年以来,大宗农产品国内市场价格普遍高于进口价格,导致很多用粮企业转向国际市场进口更便宜的农产品或替代品,国内生产的高成本粮食由国家托市收购,结果就出现了粮食产粮、进口量、库存量"三量齐增",库存积压严重,财政负担加重。

2. 国际粮食价格波动对我国粮食价格会产生间接影响

近年来,我国粮食进出口总量逐年增加,使得我国粮食价格与国际粮食价格呈现更多的一致性。丁守海(2009)通过Johansen检验和VEC模型发现,无论是国际粮食价格长期波动还是短期波动,国际粮食价格都会在一定程度上影响国内粮食价格;而且,小麦和稻谷价格变化不是由直接贸易导致的，而通过玉米和大豆贸易间接传导的。

3. 国家粮食价格波动会导致伙伴国之间贸易隔离度增加

研究发现，国际粮食价格波动程度加剧，会引起中国及其12个主要粮食贸易伙伴国的贸易隔离程度显著增加。例如，1992—2011年，国际小麦、稻谷和玉米价格波动程度增大1%，分别引起以上各国贸易隔离程度增大1.64%、1.60%、0.45%。随着国际粮食价格波动加大，主要粮食贸易伙伴国都增强了对本国粮食贸易的干预，采取贸易隔离政策来稳定国内价格，将吸收国际价格波动的负担转嫁给别国。在现有的国际环境下，各国政府都认为采用以邻为壑的贸易隔离政策来维护本国价格稳定是最优选择，奉行"隔离防守式"的粮食安全模式；通过关税、补贴、进出口限制等贸易政策及国内农业政策等，高度隔离国内外粮食市场，防守本国粮食安全。有学者认为，贸易隔离政策短期而言有利于各国利益，但长期而言会形成无效的集体行动，将进一步推高国际粮食价格，加剧国际市场的动荡。

三、我国粮食安全面临的新形势

保障粮食安全是转变农业发展方式的首要任务。当前，我国粮食安全形势总体向好，粮食综合生产能力稳步提高，食物供给日益丰富，粮食供需基本平衡。但必须认识到，新形势下我国农业生产既面临着食物消费结构加快转型升级、农业政策体系不断完善等有利条件，也面临着农业资源和生态环境的制约日益突出、农业生产结构优化不够和国内外农产品价格倒挂等重大挑战，因而保障粮食安全的形势依然严峻。

1. 国际粮食市场价格波动频繁，对我国的粮食安全的冲击更加明显

近些年来，价格剧烈波动成为国际粮食市场运行的基本特征。生物质能源发展大幅增加了对农产品非传统需求，增强了农产品市场与能源市场的互动。目前，美国每年用于生产液态生物燃料所消耗的粮食超过1亿吨，相当于2.5亿人的口粮。而投机资本在农产品市场的大进大出，进一步加剧了国际农产品价格波动。2008年下半年至2012年6月，国际粮价已出现3次大起大落。国际粮食市场价格长期低迷对国内粮食安全的冲击风险不可忽视。据联合国粮农组织资料，美国出口玉米价格在2012年11月曾达到324美元/吨，到了2014年9月则下降到164元/吨，下降近50%。而我国玉米价格在托市收购政策作用下相对稳定。当前国际市场粮价低迷，粮食出口国家通过多种手段想要扩大我国市场，粮食消费总体上缺乏弹性。当粮食进口规模过大时，国内粮食生产势必会萎缩，这对国家粮食安全的冲击不能低估。

2. 自然资源和生态环境压力接近极限，积极利用国外市场与资源将成常态

当前，我国农业发展始终面临两个"极限"，一是生态环境压力到了极限。在土地等资源不断减少的情况下，粮食"十二连增"是以化肥、农药等投入增加，农业开发强度濒临极限，生态环境牺牲为代价的。数据显示，2013年我国中重度污染耕地达到5000万亩左右，耕地污染超标率为19.4%，超标面积达3.5亿亩。我国每亩耕地化肥施用量是发达国家的3倍左右，化肥单季利用率仅为30%左右，低于发达国家20个百分点以上。农药利用率仅为33%左右，低于发达国家20～30个百分点，全国约有1.4亿亩耕地受农药污染，土壤自净能力受到严重影响。二是自然资源的开发利用接近"极限"。土地资源自给率只有80%，只能满足国内90%谷物、油料等农产品的消费需求。截至2014年年底，中国人均耕地面积减少至1.52亩，仅是世界平均水平的40%。而中国人均水资源拥有量不到世界平均水平的1/4，是全球13个人均水资源最为贫乏的国家之一。为此，2013年底，中央政府重新界定了粮食安全的内涵与边界，从保障"全部"转向保障"重点"：即谷物基本自给、口粮绝对安全，并第一次把适度进口作为粮食安全战略的内涵之一，要求更加积极利用国际农产品市场和农业资源，有效调剂和补充国内粮食供给。

3. 区域性和结构性的严重不平衡将倒逼农业生产结构的深入调整

2016年中央一号文件明确提出"面向整个国土资源，全方位、多途径开发食物资源，满足日益多元化的食物消费需求。在确保谷物基本自给、口粮绝对安全的前提下，基本形成与市场需求相适应、与资源禀赋相匹配的现代农业生产结构和区域布局，提高农业综合效益。"当前，我国粮食价格下跌，进口和库存都创历史新高，迫切需要加快调整农业生产结构。经济新常态下的农业生产，不能单纯以增加产量为中心，还要考虑提供的农产品在品种上、质量上能否适应市场需求。十九大报告强调，"完善农业支持保护制度，发展多种形式适度规模经营，培育新型农业经营主体，健全农业社会化服务体系，实现小农户和现代农业发展有机衔接""促进农村一二三产业融合发展"，因此，粮食调控政策要在引导农民优化农业的生产结构上下功夫，对有需求的产品增加产量，对没需求的产品要逐步调减，优化农业资源的配置，扩大农产品的有效供给，增强供给结构的适应性和灵活性，真正做到"调结构，提品质，促融合，去库存，降成本，补短板""构建现代农业产业体系、生产体系、经营体系"。

4. 坚持"市场决定"为取向将成为新时期粮食宏观调控的根本着力点

党的十八大以来，国内外经济形势发生深刻变化，改革发展进入关键时期。面对国内外错综复杂的形势，过去关于宏观调控的思维和模式亟待创新与改革。在我国，由于市场经济体制还不完善，存在市场规则不统一、秩序不规范等问题，加上社会主义体制和国有经济占主导地位的特点，使得整个社会对政府干预市场（即宏观调控）具有很强的依赖性，政府对微观经济干预过多、管得过死，宏观调控的程度及范围相当广泛，严重影响资源配置效率和经济发展方式的转变。例如，在粮食调控领域，近几年国家通过托市收购等政策，依靠增加直接补贴刺激粮食生产，但是随着补贴的投入，边际效果明显递减,对粮食市场的过多直接价格干预抑制了市场机制作用,有时甚至扭曲了市场,粮食库存过多集中在政府特别是中央政府手中,粮食价格和市场调控机制需要加快完善;而且,大量的粮食仓储企业对政策性粮食过于依赖,导致缺乏市场竞争力。为此,近两年国家层面进行了多种实践和探索,更多地依靠市场化手段调控农业生产和社会经济发展。例如,实行了目标价格改革试点;又如,2009—2013年国务院安排中央预算内投资70多亿元补助各地和中央企业建设仓容共8000多万吨,2014年又部署2014—2015年新建5000万吨仓容,此次建仓将鼓励和引导社会资本建设仓储设施,可以预见未来建仓中央补助资金将会减少。

5. 小康社会对粮食质量安全高度重视,绿色生产和储粮将成大势所趋

加强国家粮食安全建设,不仅是全面建设小康社会的基础工程,而且是维护社会稳定的必要条件。党的十八届五中全会提出"创新、协调、绿色、开放、共享"五大发展理念,绿色、健康、可持续的发展模式上升为国家战略,将极大地推动农业生产方式、经营模式的调整,促进农业一二三产业的融合发展。农业部相关数据显示,截至2016年年底,我国对畜禽粪污的资源化利用率达到60%以上,秸秆综合利用率达到80%以上,有力地推动了农业绿色发展。"十三五"时期,我国城乡一体化、公共服务均等化、农民工市民化进程大大加快,也更加重视社会民生的改善。在工业化和城镇化不断加速的双重作用下,我国城乡居民收入快速增长,生活水平不断提高,消费结构迅速升级,公众对粮食食品营养化、方便化、多样化、健康化、安全化的要求日益增强。十九大报告强调指出,要实施"乡村振兴战略",加强农村基层基础工作,培养造就一支懂农业、爱农村、爱农民的"三农"工作队伍。根据十九大精神,未来几年中国将会重点突破一批关键技术成果,研发推广一批试用成熟的绿色生产技术,进一步推动农业的绿色发展。

四、本章小结

保障粮食安全是转变农业发展方式的首要任务。在中国特色社会主义市场经济迈进新时代的背景下,影响我国粮食供求格局的国内外环境和主要因素都发生了深刻改变,粮食领域的主要矛盾已经由总量矛盾转变为结构性矛盾。未来一段时期,如何在贯彻执行严格的生态环境保护政策的前提下,进一步实现粮食稳产增产、总量平衡,促进粮食产业提质增效,提高产业竞争力,构建起供给稳定、储备充足、结构合理、调控有力、运转高效的宏观调控体系和粮食安全保障体系,已成为国家长远发展所面临的严峻挑战。

第十章 新形势下我国粮食宏观调控的机制设计与政策创新

一、总体思路与基本目标

（一）总体思路

粮食问题一直是我国经济社会发展的根本问题。当前，我国粮食存在供求结构失衡、生产成本过高、资源错配及透支利用等突出问题。此外，粮食生产还受价格"天花板"封顶、生产成本"地板"抬升等因素影响；国内外农业资源配置扭曲严重，国内过高的粮食生产成本在海外不具备竞争优势，增产越多亏损越多等。解决这些问题，迫切需要政府加快调整农业生产结构，从顶层设计上对我国粮食安全问题进行科学系统性规划。

基于此，建立和完善粮食宏观调控体系至关重要，2015年年底的中央经济工作会议提出，要引领经济发展新常态，加大结构性改革力度，继续抓好农业生产，保障农产品有效供给，保障口粮安全，保障农民收入稳定增长，加强农业现代化基础建设，落实"藏粮于地、藏粮于技"战略，把资金和政策重点用在保护和提高农业综合生产能力及农产品质量、效益上。同时，2016年中央一号文件提出，落实发展新理念，破解"三农"新难题，推进农业供给侧结构性改革，保持农业稳定发展和农民持续增收。到2020年，粮食产能进一步巩固提升，国家粮食安全和重要农产品供给得到有效保障。2017年，党的十九大报告进一步强调，农业、农村、农民问题是关系国计民生的根本性问题，要"确保国家粮食安全，把中国人的饭碗牢牢端在自己手中"，要坚持农业、农村优先发展，实施"乡村振兴战略"，按照"产业兴旺、生态宜居、乡风文明、治理有效、生活富裕"的总要求，建立健全城乡融合发展体制机制和政策体系，加快推进农业、农村现代化。

因此，我国粮食宏观调控的基本思路是：面对错综复杂的国际形势和艰巨繁重的粮食生产任务，按照创新、协调、绿色、开放、共享的发展理念，毫不动摇地坚持立足国内实现粮食基本自给的方针，坚定不移地提高统筹利用国际国内两个市场、两种资源的能力。在理论上做出创新性概括，在政策上做出前瞻性安排，加大粮食结构性改革力度，坚持粮食市场化改革方向，以市场机制为导向，充分发挥市场机制在粮食资源配置和利益分配中的基础性作用，矫正要素配置扭曲，扩大有效供给，提高供给结构适应性和灵活性，提高全要素生产率；按照"市场定价、价补分离"的原则，有效发挥粮食储备吞吐、加工转化的调节作用和财政补贴的导向作用，完善推进最低收购价政策、目标价改试点及临时收储制度，确保粮食市场基本稳定；以建立统一开放、竞争有序的现代粮食市场体系为支撑，强化粮食供给保障与储备体系为基础，提高政府宏观调控力和调控主体执行力为重点，加快构建供给稳定、储备充足、调控有力、运转高效的宏观调控体系和粮食安全保障体系。

（二）基本原则

统一规划、突出重点。构建中国粮食宏观调控体系和机制，既要统筹兼顾，更要突出重点。统筹生产与消费、近期与长远、中央与地方、产区与销区、国内市场与国际市场，进行统一规划，并衔接行业及各类专项规划。必须牢牢把握粮食市场的重点难点，紧紧围绕保护种粮农民利益、强化粮食生产与储备等关键领域，更加注重粮食市场调控措施的针对性、及时性和有效性，把调控重点集中到主要口粮品种、保护种粮农民利益、粮食储备与应急、保持市场稳定等核心环节和关键领域。

深化改革、完善体制。全面深化粮食管理体制改革，使市场在资源配置中起决定性作用，并更好发挥政府作用。粮食宏观调控体系的建设要与全面深化农村改革、加快推进农业现代化相适应，与协同推进新"四化"相适应。要用改革的思路推进粮食安全建设，既要加大政府投入，也要积极引导社会力量、民营等多元主体参与粮食建设。

科技支撑、创新驱动。坚持高标准、高起点，注重用高新技术改造传统粮食行业，用信息化引领带动粮食流通现代化。实施科技兴粮和创新驱动发展战略，健全技术创新市场导向机制，加快粮食科技支撑新突破。进一步推进产学研用相结合，大力提高粮食行业的科技含量。

（三）主要目标

粮食宏观调控作为国家宏观调控的重要组成部分，其目标的制定应服从和服务于国家宏观调控的总体目标。为确保社会主义市场经济新时代背景下国家粮食安全，从我国国情、粮情出发，粮食宏观调控的主要目标是：保证粮食供求基本平衡和价格基本稳定，确保国家粮食安全基础不动摇，维护经济社会持续健康发展大局。具体来说，一是防止粮食价格降低，解决农民"卖粮难"问题，保护农民种粮积极性，即防止"谷贱伤农"；二是防止成品粮价格过高，规范市场流通秩序，维持粮食市场稳定，即防止"米贵伤民"；三是疏通粮食流通体系，配合国有粮食部门改革，促进粮食市场化配置，即防止"与民争利"。

保持全国粮食供求总量基本平衡。在保护耕地面积、增加农业基础设施建设和推动科技进步等方面制定长远发展规划，提高粮食综合生产能力。确保谷物基本自给、口粮绝对安全，粮食生产、库存和进出口等方面形成符合我国具体国情的产量目标。到2020年，全面建成售粮便利、储存安全、物流通畅、供给稳定、应急高效、质量安全、调控有力的粮食收储供应安全保障体系，形成布局合理、结构优化、竞争有序、监管有力的现代粮食流通新格局。到2020年，粮食市场决定价格机制基本完善，科学、规范、透明的价格监管制度和反垄断执法体系基本建立，价格调控机制基本健全。改变粮食安全观念，由仅关注粮食数量安全，转向数量和质量并重，并适当进口一定数量的粮食，通过调整补贴政策使我国的耕地得到适度的休整，做到"藏粮于地。有关部门按照职责分工，实施具体调控，使粮食调控的目标函数效益最大化。

二、机制设计与制度构建

在市场经济条件下，中国粮食调控应以财税、金融、保险、补贴等经济手段为主体，法律手段为辅助，必要的行政手段为补充，充分发挥市场机制在粮食资源配置中的基础性作用，探索实施针对性更强、指向性更明确、效果更显著的调控机制，最大限度减少对市场的干预和扭曲，形成粮食供给管理与需求管理并举，储备吞吐轮换、物流加工与进出口协调配合，供给稳定、储备充足、调控有力、运转高效的调控体系。概括而言，当前应着力加强粮食宏观调控的顶层设计、深化建立种粮利益保护机制、探索建立粮食等重要农产品价格制度、完善粮食储备调节机制、完善粮食进出口调节机制、建立粮食需求管理机制及深化粮食终端市场调控机制，综合运用市场机制和市场化导向的调控手段，稳定粮食市场供应和价格，确保国家粮食安全。

（一）加强粮食宏观调控的顶层设计

粮食宏观调控的基本出发点虽然是保持国内粮食供求基本平衡和价格基本稳定，但涉及粮食产业链各环节的多个主体，如粮食生产者、消费者、加工企业、贸易企业，以及作为监管部门的各级政府机构。因此，粮食宏观调控是一项系统性、动态性、探索性的工作，涉及粮食产业链环节的方方面面，必须做好这方面的顶层设计工作。所谓顶层设计，其基本的内涵就是综合采用系统性、整体性、全面性的方法体系，从研究对象的最高端开始对其进行总体性设计、战略性构想、宏观性规划。

一是加强组织领导。建立健全粮食宏观调控的组织体系。首先，在中央农村工作小组领导小组下设专门的粮食宏观调控领导小组办公室，主要负责两方面的内容：一是统筹粮食安全的总体设计工作，加强对粮食调控的宏观指导；二是围绕粮食宏观调控，深化粮食管理改革，破除束缚粮食发展的观念和体制机制障碍。在领导领导小组办公室由专职人员负责粮食调控重点领域的指导和协调工作。其次，与中央和地方政府有关部门设立联络员，各部门联络员主要负责部门之间的协调与联络工作，建立起高效协调，部门之间上下联动、横向融合的组织机制。领导小组办公室与各部门联络员的设立为粮食调控政策的实施提供了成熟的工作组织体系，解决了在粮食调控过程中的资源分散、行政分割、管理分治的格局和"孤岛现象"。

二是制定出台战略规划。任何顶层设计的实现都必须通过实践，只有把整个宏观设计的目标与任务落实成具体的行动，才可能真正实现这一顶层设计。因此，在粮食宏观调控过程中适时出台有关粮食发展的战略规划。要用全球视野、战略眼光和全局思维，从我国基本国情、粮情出发，抓紧谋划研究粮食宏观调控的总体设计，进一步界定新形势下我国粮食宏观调控的目标取向、战略重点，既要坚持立足国内实现粮食基本自给方针不动摇，又要统筹利用国际国内两个市场、两种资源，实现粮食供求紧平衡目标；既要充分发挥市场配置资源的基础性作用，又要着力增强政府粮食宏观调控能力；既要立足当前，又要兼顾长远，设计提出我国粮食宏观调控的制度框架、运行机制和政策体系，为全面增强粮食调控的预见性、针对性和有效性，确保粮食供求基本平衡和粮价基本稳定奠定战略基础。

目前，我国已出台《粮食安全省长责任制考核办法》，在一定程度上对粮食安全起到了积极的促进作用，但是，还需要从顶层设计加强粮食安全。首先，在国家层面上，中央应制定出台粮食安全发展方面的整体性规划文件，摸清我国粮食的基本情况，明确我国粮食发展的目标、任务和措施。其次，在地方层面上，第一，地方政府应根据各个地区不同的资源禀赋、农业发展基础、区域功能定位，制定差异化、个性化的规划文件，明确粮食发展重点；第二，各级政府应出台粮食发展规划，加强对粮食发展的财政支持。最后，要加强各规划之间的统筹和衔接。各执行部门要加强部门之间的联动和协调，加强粮食总体规划、土地利用规划等的有机衔接，提升各部门的执行效率。

（二）深化建立种粮利益保护机制

调动农民种粮积极性，稳定发展粮食生产，确保国家粮食安全，关键要完善种粮利益保护机制。通过完善和落实粮食补贴政策，提高补贴精准性、指向性，引导和支持金融机构为粮食生产者提供金融服务，完善农业保险制度等措施，落实和完善粮食扶持政策；要进一步完善最低收购价、临时收储等价格支持措施的操作规程，最大限度地避免由此导致的粮食市场政策化倾向。应积极推动改革现行粮食价格支持措施，逐步向市场扭曲较小的直接补贴转型，试点探索差价补贴、与粮食生产挂钩的直接补贴等符合WTO

国际规则的支持政策，尽可能地减少粮食支持保护制度对市场的干预和扭曲。例如，探索研究与农民种植稻谷等主粮产品的种植面积或交售商品粮的数量挂钩的专项直接补贴办法，与已有的种粮补贴相配套，建立农民"种粮不赔本、种好粮不吃亏、多种粮多赚钱"的政策支持新机制。抓好粮食收购，强调地方要统筹设立收购网点，落实收购资金，要严厉打击"转圈粮"和"打白条"、压级压价等坑农害农行为；要完善粮食市场价格形成机制，采取让粮食生产者分享加工销售的收益、稳定农资价格、努力提高种粮比较收益等措施，保护种粮农民利益，提高种粮农民的积极性。

（三）探索建立粮食产品目标价格制度

坚持市场定价、价补分离原则，探索建立粮食等重要农产品目标价格制度，健全主要由市场决定的农产品价格形成机制。由于目标价格补贴操作难度大，2014年开始在我国部分地区的部分产品推行试点。这种补贴制度是在粮食购销放开、价格由市场形成的前提下制定和展开的，与以往的托市和临时储备等对市场直接进行价格干预的政府定价形式不同，通过直接补贴给农民间接作用于市场，是对市场价格的间接调控，有利于避免市场价格的失真和扭曲。由于目标价格补贴制度建立的难点在于如何确定目标价格，如何测算农户接受补贴的范围和强度，是按照面积、产量还是商品数量进行补贴，目前尚无定论。同时，由于补贴政策具有刚性特征，具有明显的路径依赖，往往只能增加不能减少，对于此项改革决策部门比较谨慎。基于此，一是在稳步推进大豆目标价格试点的基础上，适时启动实施玉米等重要农产品的目标价格政策，并审慎探索目标价格政策对稻谷、小麦等口粮的适用性和出台时机。同时，要从严控制最低收购价和临时收储范围。二是尽快设计启动新一轮农业信息工程。三是建立健全目标价格政策执行绩效评估体系。四是出台配套相关的财政支持政策，中央需要在春耕之前将上一年的目标价格补贴拨到地方，同步实施生产补贴、农业保险、营销贷款、对主产区利益补偿等政策，预留财政资金专门应对市场过度波动。

（四）调整完善粮食储备调节机制

粮食储备是中国粮食宏观调控的基本手段，是稳定粮食市场供应和价格的基础支撑。要进一步强化粮食储备体系建设，优化粮食储备品种结构和区域布局，建立科学规范、灵活高效的储备吞吐运作和轮换经营制度，坚持高抛低吸，实施灵活吞吐，把握轮换时机，控制轮换节奏，发挥储备经营对粮食市场的调节作用。在粮食市场波动的敏感时期，通过调整储备吞吐和轮换的节奏、力度、方式，及时调节粮食供求，稳定粮食价格。因此，一方面，要着力改革现行储备管理体制，变计划管理为动态的市场管理，增加储备调节的灵活性，增强对粮食市场波动的快速反应能力和及时调节能力，科学设计储备竞拍销售及出库等政策与操作规程,增强储备调节的及时性和有效性;另一方面,要逐步解决中央储备和地方储备定位不清、结构趋同等问题,减少逆向调控效应。中央储备应在原粮储备的基础上,适当储备成品粮油,既保障向市场供应原粮,又满足终端市场调控及应急调控的需要;地方储备应以成品粮油为主,集中力量确保区域市场稳定。中央储备与地方储备要合理分工、功能互补,增强调控的整体合力。

(五)完善粮食进出口调节机制

粮食进出口是中国粮食宏观调控的重要手段,是调节农产品品种余缺、保障国内粮食供给的重要补充,是统筹利用国际国内两个市场、两种资源,发挥中国农业比较优势的关键举措。要根据国际国内粮食供求和价格变化趋势,建立健全科学、安全、灵活的粮食进出口调节机制,探索将进出口贸易、储备运作与粮食市场调控有机结合,实行有进有出、有度有序的进出口战略。要加快实施农业"走出去"战略,构建持续、稳定、安全的农产品进口渠道,建立全球农产品进口供应链,统筹全球农业资源服务于中国粮食宏观调控。特别是对供需紧平衡的、储备库存不足的粮食品种,以及需求迅速增长的饲料粮,应建立稳定进口调节的常态机制,健全进口监测体系、产业损害预警系统、快速反应机制和应急救济机制。同时,要减少粮食进出口贸易中"买涨卖跌"现象;要针对粮食形势变化,适时调整粮食深加工产品出口政策,严格限制粮食加工产品出口。

(六)探索建立粮食需求管理机制

加快探索粮食需求管理机制,加大粮食供给侧改革,对粮食尤其是玉米等需求快速扩张的粮食品种适时实施需求管理。坚持玉米优先满足畜牧业发展需求的原则,适度控制高能耗、高污染的粮食深加工业发展,如取消财政补贴及税收优惠,实施定期限产,征收环境税、出口税等。特别是要综合运用经济和法律手段,严格控制粮食用于工业酒精、燃料乙醇、涂料等非食品生产,适度控制粮食深加工产品出口,推动粮食深加工业结构调整和产业转型。

(七)深化粮食终端市场调控机制

中国粮食市场正发生深刻变化,长期以来依靠投放原粮的储备调节机制将面临严峻挑战,原粮储备经过拍卖、出库、物流、加工等环节进入消费市场,一方面需要较长运转时间,另一方面还可能被加工企业、贸易企业截留,由于不能直接作用于消费终端,对市场粮价影响十分有限,严重影响粮食调控的时效性、针对性和有效性。因此,必须加快探索创新粮食终端市场调控机制。今后可考虑,政府面向所有符合一定标准和要求的粮食企业,实行招标采购、委托投放,将粮食调控向粮食加工和终端市场销售拓展,充分借助粮食企业的加工能力、物流配送能力及覆盖重点销区和核心都市群的营销网络,提高成品粮油加工调控和终端市场的调控能力。鼓励支持粮食企业建立"从农田到餐桌"全产业链,拓展粮食经营领域。加快制定粮食终端市场调控的制度法规及操作规程,充分发挥终端市场调控的及时性和有效性作用,切实保障粮食市场和价格的基本稳定。

三、政策选择与思路创新

(一)进一步深化粮食流通体制改革

打通粮食的流通渠道,增加粮食流通能力是粮食调控的重点。为了有效推进粮食流通体制的改革,第一,深入推进粮食国有企业改革,妥善有效解决政策性亏损、经营性挂账、职工分流等遗留问题。根据《关于深化国有企业改革的指导意见》,分类推进粮食国有企业的改革,保留必要数量的地方国有粮食企业,强化国有粮食企业的主渠道作用。同时,促进多种所有制企业健康发展,为粮食市场的稳定发挥积极作用。第二,塑造多元化市场主体。支持组建集团性的粮食经营主体,提高粮食企业的竞争能力。对外资企业进入国内粮食流通领域要予以引导和管理,涉及国家粮食安全的业务要予以专门审查。第三,加强储备粮管理。实行承储企业资格认定制度,对储备粮进行严格监督管理。第四,加强市场规制。打破地方利益格局,严禁粮食流通区域性封锁。对粮食收购实行许可证制度,从事粮食加工、经营的企业,要建立粮食经营台账。建立全国统一规范的竞价交易系统,规范发展收购、批零和期货市场。第五,加强粮食仓储、物流、市场等流通基础设施的科学规划、布局、建设和保护,形成政府、企业、合作经济组织和社会共同参与的活跃局面。第六,建立与粮价上涨紧密挂钩的社会救助机制,确保困难群体、特殊群体不因粮价上涨而出现饥饿、营养不良的现象。第七,健全应急机制。建立统一领导、分级负责、属地为主的应急管理体制。

(二)政策支持粮食加工等关联产业发展

实行产业化经营,延伸产业链,推行基地化生产,完善龙头企业与粮食生产主体之间的利益联结机制等问题。大力支持粮食加工企业发展,实施主食加工业提升行动,促使农产品产地初加工惠民工程向粮食加工企业倾斜。结合农产品初加工税费改革,切实减轻企业负担,对加工能力强、资信状况好、在区域粮食供给保障中有贡献的企业进行财政奖励。通过定向降准、财政贴息等货币金融政策,结合税收、补贴等财政杠杆,动态调节燃料乙醇、稻谷油等粮食深加工企业的产能,发挥其对粮食市场的调控作用。支持具有粮油收购资质的各类粮油企业入市收购；加大对订单生产基地、物流项目、产业园区、仓储基础设施和技术改造项目等的贷款支持力度。积极争取商业银行对粮油基础建设项目直接贷款。重点扶持符合产业政策、产品竞争力强、具有良好发展前景和增长潜力的粮油企业进入重点上市后备资源库，支持企业上市融资。在适宜的地区大力发展优质粮食订单交易，积极促进农户、合作社、家庭农场等生产主体与企业对接。对粮食产地进行分级管理，提高粮食质量安全水平。

（三）实行多元化收储机制，多措并举解决储粮问题

一是改革国家收储体制，将每年国家收储任务主要由国有企业承担，逐渐过渡到向社会竞争招标，最终实现国有企业与民营企业同等待遇。为此，改革国有收储、加工企业，实行混合所有制改造，吸收国内社会资本参与国有粮食企业改革。鼓励发展粮食领域的民营企业，放宽市场准入条件，简化注册手续，提供政策性金融支持，提高它们的市场竞争力。

二是对三大品种实施最低收购价或临时收储政策。第一，改变最低收购价、临时收储价不降只升的价格确定方式。可以考虑根据实际市场价格将最低收购价、临时收储价定在比往年略低的水平，引导产量较低的边际土地退出生产。第二，基于不同区域生产条件差异大、成本差异大的实际，采取分区域确定价格的方式。第三，对垦荒面积大、水资源缺乏、地下水下降快、发展方式不可持续的区域，收购价格可以低一些，或者暂停临时收储。

三是完善吞吐储备调节机制。第一，扩大价格波动的"容忍区间"，只有在绝大多数粮食生产者的成本得不到补偿的情况下，政府才启动入市收购机制。第二，合理调整储备布局。赋予经济发达地区更多建立储备点的责任，费用由地方财政承担。在缺粮的西部地区、"老少边穷"地区，适当增加储备点，费用由中央财政承担。第三，适度降低拍卖价格，鼓励流通、加工经营主体积极参与竞购。对于价差部分，中央财政给予必要补贴。第四，释放稳定、明确的价格信号，鼓励引导加工、流通企业入市收购粮食。

（四）建立市场波动预警机制和调控预案

制定市场过度波动的预警机制和调控预案，创新农业风险管理工具，防止农产品和农业生产要素价格大起大落。一是健全完善市场风险管理策略，创新农产品价格风险管理工具，支持新型经营主体利用期货、远期交易等新型市场交易方式规避市场风险。二是完善粮食等重要农产品储备调节政策，合理确定储备规模、品种结构及区域布局，进一步加强仓储物流建设，制定市场过度波动调控预案，科学确定市场收储、投放的时机和交易底价。三是调整国家临时储备粮食收购计划。把粮食临时收储政策恢复为市场过

度波动的应对预案。四是完善粮食应急保障体系。根据《国家粮食应急预案》，形成布局合理、运转高效的粮食应急网络。加强对大中城市及其他重点地区的粮食应急加工、储运和供应等设施的建设和维护。完善对特殊群体的粮食供应保障制度。五是完善粮食生产、流通、消费统计监测制度，改进统计调查手段，健全粮食监测预警体系和市场信息会商发布机制。以稻谷、小麦、面粉、食用油、大豆等为主要监测品种，进行全方位的持续性动态监测，初步建立省、市两级粮食监测预警机制和预警信息网络，推进建立粮食主产区粮食收购信息联动网络，加强对粮食市场供求形势的监测、分析和判断，为科学决策提供依据。

（五）扩大农业对外开放，完善粮食进出口政策

一是制定我国扩大农业对外开放、实施全球农业战略的总体规划。从中国国情、粮情出发，结合国际的实际情况，研究出台符合未来发展要求的全球农业战略专项规划，指导各个方面参与全球农业资源的开发利用和全球农产品供应链建设。

二是建立市场导向、企业主导、政府支持的境外农业投资与合作机制。在系统梳理我国与境外农业投资相关政策的基础上，创新相关的体制机制，减少政府有关审批，简化有关程序，放宽境外农业投资的准入条件。根据WTO有关规则，采取国际农产品贸易、境外投资与合作等方式，与全球主要粮食贸易网络形成有机整体，探索建立政府与企业共同建立全球农产品进口供应链的运作机制，保证我国粮食的供需平衡。完善和创新援外方式，将经济援助和境外农业投资与合作在机制、政策等方面衔接、配套，充分发挥援外资金、优惠贷款等政策作用，将境外农业投资与合作作为援助重点领域。

三是强化和完善有关政策支持体系。粮食企业境外合作是财政、税收、金融等政策共同作用的结果。因此，要加强和完善相关政策。第一，合理有效加大财政投入。通过创新政策支持方式，如设立境外农业投资建设基金，加强对农业境外合作的资金支持。同时，通过直接注资、主权基金入股、长期无息或低息贷款等方式给予企业并购或新建项目资金支持。第二，加强金融支持。对境外农业投资，尤其是基础设施的建设，从贷款利率、期限、额度上给予重点倾斜，鼓励和支持商业投资公司对境外农产品基地建设企业提供担保；鼓励具备条件的企业在境外上市和发行股票、债券，直接进行国际资本市场融资。第三，完善税收优惠政策。在现有税收政策基础上，探索和研究符合WTO规则的其他税收优惠政策，同时注意避免国内外的双重征税。第五，积极培育境外农业投资主体。从全球粮食产业链的完善、海外农业投资行业协会和海外农业企业协会的组建方面积极培育完善企业主体，保护投资主体的利益。第六，制定促进国内粮食企业"走出去"的配套政策措施。制定国际农业合作支持政策目录，对参与农业合作开发投资的企业优先给予配套支持。对战略性的、投资回收期较长的境外农业投资项目，在国有企

业考核政策上必须给予区别对待。

四是加强境外农业投资与合作的公共服务。充分发挥与拓展驻外使领馆服务职能，在部分国家如俄罗斯、泰国、缅甸、越南、乌克兰等国家大使馆，增设农业参赞或农业专职工作人员，为我国企业参与国际农业合作提供良好的公共服务。加强境外投资协调、规范投资秩序，推进与重点国家签订双边"投资保护协定"，在国民待遇、基础设施建设、土地购买租用、雇佣劳工、双重征税、企业利润汇出，以及境外政策、信息、公关、媒体等方面提供服务，改善我国企业在境外的投资经营环境。建立和完善农业投资、技术合作和农产品进出口摩擦报告机制和农产品争端应诉机制。

四、本章小结

粮食问题一直是我国经济社会发展的根本问题。在中国特色社会主义市场经济进入新时代的背景下，建立起完善的粮食宏观调控体系，从顶层设计上对我国粮食安全问题进行科学系统性规划，对于应对当前及今后一段时期内国内外复杂环境、确保国家粮食安全，有着积极且重要的作用。

在粮食宏观调控的总体思路上，应当做到理论研究具有创新性、政策安排具有前瞻性，坚持粮食市场化改革方向，有效发挥粮食储备吞吐、加工转化的调节作用和财政补贴的导向作用。一方面，完善推进最低收购价政策、目标价改试点及临时收储制度，确保粮食市场基本稳定；另一方面，以强化粮食供给保障与储备体系为基础，提高政府宏观调控力和调控主体执行力为重点，加快构建供给稳定、储备充足、调控有力、运转高效的宏观调控体系和粮食安全保障体系。

在粮食宏观调控的基本原则上，一是坚持统一规划、突出重点。既要统筹生产与消费、近期与长远、中央与地方、产区与销区、国内市场与国际市场，做好统一规划，衔接行业及各类专项规划；又必须更加注重粮食市场调控措施的针对性、及时性和有效性，把调控重点集中到主要口粮品种、保护种粮农民利益、粮食储备与应急、保持市场稳定等核心环节和关键领域。二是坚持深化改革、完善体制。粮食宏观调控体系的建设要与全面深化农村改革、加快推进农业现代化相适应，与协同推进新"四化"相适应。要用改革的思路推进粮食安全建设，既要加大政府投入，也要积极引导社会力量、民营等多元主体参与粮食建设。三是坚持科技支撑、创新驱动。注重用高新技术改造传统粮食行业，用信息化引领带动粮食流通现代化。实施科技兴粮和创新驱动发展战略，健全技术创新市场导向机制，加快粮食科技支撑新突破。进一步推进产学研用相结合，大力提高粮食行业的科技含量。

总之，为确保社会主义市场经济条件下国家粮食安全，从我国国情、粮情出发，粮食宏观调控的主要目标是保证粮食供求基本平衡和价格基本稳定,确保国家粮食安全基础不动摇,维护经济社会持续健康发展大局。对此,一是要进一步深化粮食流通体制改革;二是要政策支持粮食加工等关联企业发展;三是要实行多元化收储机制,多措并举解决储粮问题;四是要建立市场波动预警机制和调控预案;五是扩大农业对外开放,完善粮食进出口政策。

参考文献

[1] Michael Ollinger, Sang V Nguyen. Structural change in the meat, poultry, dairy, and grain processing industries[R]. Economic Research Report Number 3/USDA, 2005 (4): 1-25.

[2] Tomás Norton, Da-Wen Sun. Recent advances in the use of high pressure as an effective processing technique in the food industry[J]. Food Bioprocess Technol, 2008 (1): 2-34.

[3] Manning L, Baines R N, Chadd S A. Quality assurance models in the food supplychain[J]. British Food Journal, 2006, 108 (2): 91-104.

[4] R Akkerman, D P van Donk. Analyzing scheduling in the food-processing industry: structure and tasks[J]. Cogn Tech Work, 2009 (11): 215-226.

[5] M X Quintanilla, B H Camacho, L S Meraz-Torresetal. Nanoencapsulation: A newtrend in food engineering processing[J]. Food Eng Rev, 2010 (2): 39-50.

[6] 蓝海涛. 当前我国粮食加工业利用外资的突出问题及对策[J]. 宏观经济研究, 2011 (5): 25-30.

[7] 丁华, 汪俊枝. 粮食主产区发展粮食加工产业的挑战与机遇[J]. 粮食加工, 2010 (5): 16-18.

[8] 刘奇洪. 粮食加工企业发展方向及战略分析[J]. 粮食加工, 2009 (2): 12-15.

[9] 黄汉权, 朱晓乐. "三化"同步推进过程中粮食加工业的发展思路[J]. 中国发展观察, 2012 (11): 19-22.

[10] 蔡世忠. 中原经济区建设中"三化"协调发展问题研究[J]. 河南农业科学, 2011, 40 (6): 1-4.

[11] 姚惠源. 我国粮食加工业发展的新机遇与新挑战[J]. 粮食加工, 2010, 35 (6): 9-12.

[12] 张华, 屈宝香. 我国粮食加工业现状、问题与对策[J]. 中国食物与营养, 2003 (11): 34-36.

[13] 黄汉权. 粮食加工业发展的新情况、新问题及对策建议[J]. 宏观经济研究, 2008 (12): 64-69.

[14] 白新平. 浅析河南粮食加工业发展面对的有利条件与挑战[J]. 财经界: 学术版, 2009 (10): 50-51.

[15] 崔银太, 朱宝成. 河南粮食加工业的历史回顾现状分析与发展思考[J]. 中国粮食经济, 2002 (8): 4-6.

[16] 余静, 施丽敏. 我国粮食加工业发展趋势简析[J]. 黑龙江粮食, 2005 (6): 13-14.

[17] 杨祖庆. 发展粮食加工产业的思考[J]. 粮油仓储科技通讯, 2005 (6): 4-7.

[18] 丁华, 汪俊枝. 粮食主产区发展粮食加工产业的挑战与机遇[J]. 粮食流通技术, 2010, 35 (3): 16-18.

[19] 剧义文,李恒.粮食主产区的工业化及其实现机制[J].经济学动态,2011(12):85-88.

[20] 佚名.2014年全国粮食加工与制造行业运行分析[J].农业工程技术,2015(11):10-13.

[21] 佚名.2015年上半年全国粮食加工与制造行业运行分析[J].农业工程技术,2015(26):21-23.

[22] 晓航.2015年上半年我国农产品加工业发展稳中有进[J].农业工程技术·农产品加工业,2015(9):19-20.

[23] 罗守全.中国粮食宏观调控的目标[J].中国市场,2005(23):74-75.

[24] 彭超.粮食市场调控政策改革取得有益效果[N].中国经济导报,2015-09-02.

[25] 程国强,朱满德.中国粮食宏观调控的现实状态与政策框架[J].改革,2013(1):18-34.

[26] 马晓河.新常态下保障粮食安全的战略思路[N].中国经济时报,2016-02-01.

[27] 陈洁.粮食安全调控需要解决的重点问题[N].中国经济时报,2016-02-01.

[28] 程国强.我国实施全球农业战略的政策与保障措施[N].中国经济时报,2013-09-13.

[29] 曾艳华,黎桦,张秉德.浅论基于粮食市场安全的我国粮食流通体系建设[J].广西大学学报:哲学社会科学版,2012(5):25-31.

[30] 刘玲.基于粮食安全的市场调控政策研究[D].北京:首都经济贸易大学,2015.

[31] 任正晓.深刻认识新常态 准确把握新形势 扎实做好粮食流通工作[J].中国经贸导刊,2015(6):7-12.

[32] 孟智,李青贤,张莹.粮食批发市场在粮食流通环节中的定位及发展方向刍论[J].天津经济,2014(4):19-21.

[33] 王新,颜繁宝.健全全国粮食统一竞价交易平台势在必行[J].农业展望,2013,9(2):44-47.

[34] 顾莉丽.中国粮食主产区的演变与发展研究[D].长春:吉林农业大学,2012.

[35] 黄威.进一步完善我国粮食市场体系研究[D].长沙:湖南农业大学,2014.

[36] 兰录平.我国粮食最低收购价政策的效应和问题及完善建议[J].农业现代化研究,2013,34(5):513-517.

[37] 李蔚.我国粮食期货市场的发展与粮食安全[J].中国证券期货,2013(3):11-12.

[38] 沈大平.新时期粮食经纪人发展趋势与市场定位[J].中国粮食经济,2015(3):20-22.

[39] 宋廷明.汇集粮源,服务社会——14省市粮食经纪人现状综合调研报告[J].中国粮食经济,2015(5):55-59.

[40] 尹惠斌.粮食安全视域下的湖南粮食专业合作社发展研究[J].湖南财政经济学院学报,2012,28(5):20-26.

[41] 温晓平,张士杰.培育粮食合作社在粮食流通中的市场主体地位[J].中国粮食经济,2014(3):32-35.

[42] 王薇薇.基于效率视角的粮食流通主体利益协调及政策优化研究[D].武汉:华中农业大学,2011.

[43] 丁华,吴法振.我国粮油加工企业发展之现状、挑战与机遇研究[J].粮食加工,2015(6):6-11.

[44] 翟书斌，蔺长平. 中国现代粮食流通产业支持政策研究 [J]. 粮食科技与经济，2013，38（4）：14-16.

[45] 杨婧，马惠兰，杨雪峰. 新疆粮食流通体系发展分析 [J]. 粮食科技与经济，2014，39（1）：25-27.

[46] 李志林. 对加强粮食流通体系建设的几点思考——以湖南省常德市为例 [J]. 中国粮食经济，2015（9）：55-58.

[47] 卜蓓. 粮食生产者利益补偿问题研究 [D]. 长沙：湖南农业大学，2013.

[48] 周晓红. 试论粮食产销区协调机制的建立 [J]. 湖南农业大学学报：社会科学版，2006，7（3）：12-15.

[49] 夏玉莲. 粮食主产区利益补偿机制构建研究 [D]. 长沙：湖南农业大学，2011.

[50] 焦晋鹏. 粮食主产区动态补偿机制的演化博弈分析 [J]. 江西社会科学. 2014（11）：41-47.

[51] 沈琼. 粮食主产区利益补偿的经济分析 [J]. 世界农业，2014（5）：1-5.

[52] 马文杰. 粮食主产区利益补偿问题的博弈分析 [J]. 湖北社会科学，2010（2）：81-85.

[53] 余亮亮，蔡银莺. 粮食主产区和主销区发展非均衡的表现及根源分析 [J]. 水土保持研究，2014，21（4）：208-214.

[54] 李锐. 农村公共基础设施投资效益的数量分析 [J]. 农业技术经济，2003（2）：5-9.

[55] 张谋贵. 建立粮食主产区利益补偿长效机制 [J]. 江淮论坛，2012，253（3）：36-42.

[56] 杨建利，靳文学. 粮食主产区利益补偿机制研究 [J]. 农村经济，2015（5）：9-14.

[57] 张忠明. 食主产区利益补偿机制研究 [D]. 北京：中国农业科学院，2012.

[58] 顾莉丽. 中国粮食主产区的演变与发展研究 [D]. 长春：吉林农业大学，2012.

[59] 穆中杰. 粮食主产区利益补偿机制研究现状及法理反思 [J]. 河南工业大学学报：社会科学版，2014，10（2）：30-37.

[60] 乔鹏程. 我国粮食主产区利益补偿政策研究 [J]. 河南社会科学，2014，22（6）：81-85.

[61] 蒋和平. 完善我国粮食主产区利益补偿的政策建议 [N]. 中国农业信息，2013-03-07.

[62] 贺军伟，杨春华，李冠佑. 粮食主产区深层次矛盾亟待重视——河南省滑县、鹿邑、延津三县的调查 [N]. 农民日报，2013-09-17.

[63] 张立迎，李翠霞. 中国粮食主产区利益补偿的制度困境与路径选择 [J]. 求是学刊，2015，42（5）：72-78.

[64] 贾贵浩. 粮食主产区利益补偿机制的创新与完善 [J]. 内蒙古社会科学，2012，33（1）：101-106.

[65] 杨建利，靳文学. 粮食主产区和主销区利益平衡机制探析 [J]. 农业现代化研究. 2012，33（2）：129-135.

[66] 孙奕航. 我国农户对粮食补贴政策的反应与评价研究——以浙江、安徽、江西的水稻种植农户为例 [D]. 杭州：浙江大学，2013.

[67] 刘培生. 我国粮食补贴政策的绩效研究 [D]. 昆明：云南大学，2015.

[68] 朱满德. 中国粮食宏观调控的成效和问题及改革建议 [J]. 农业现代化研究, 2011, 32 (4): 390-394.

[69] 刘清娟. 黑龙江省种粮农户生产行为研究 [D]. 哈尔滨: 东北农业大学, 2012.

[70] 刘倩. 农业补贴政策调查及农户的满意度研究——基于山东省济阳县垛石镇的实地调研 [D]. 北京: 北京林业大学, 2010.

[71] 廖梅芬. 我国粮食补贴政策的框架、问题及探讨 [J]. 山西农业经济, 2015 (2): 48-49.

[72] 孙昊. 我国农户种粮收益问题实证研究——基于全国农村固定观察点数据 [D]. 北京: 中国农业大学, 2014.

[73] 刘超, 朱满德. 我国粮食价格支持政策: 实施效果与当前挑战 [J]. 价格月刊, 2015 (5): 55-59.

[74] 张红梅. 不同粮食产销区粮食直补政策实施效果评价及其政策优化 [D]. 杨凌: 西北农林科技大学, 2013.

[75] 王宇露. 粮食主产区农民收入构成及其对比分析 [J]. 安徽农业科学, 2006, 34 (20): 5408-5411.

[76] 杨彩虹. 粮食安全视角下粮食主产区粮农增收问题研究 [D]. 长沙: 湖南农业大学, 2013.

[77] 徐永金. 粮食价格波动中主产区、产销平衡区和主销区的福利效应分析 [M]. 杨凌: 西北农林科技大学, 2013.

[78] 孙昊. 我国农户种粮收益问题实证研究——基于全国农村固定观察点数据 [D]. 北京: 中国农业大学, 2014.

[79] 陈秧分, 李先德. 中国粮食产量变化的时空格局与影响因素 [J]. 农业工程学报, 2013, 29 (20): 1-10.

[80] 鲁莎莎, 刘彦随, 关兴良. 粮食主产区农村经济发展态势及其政策影响分析 [J]. 经济地理, 2011, 31 (3): 483-488.

[81] 崔奇峰, 周宁, 蒋和平. 粮食主产区利益补偿必要性分析——基于主产区与非主产区粮食生产及经济发展水平差距的视角 [J]. 中国农学通报. 2013, 29 (32): 118-124.

[82] 赵波. 中国粮食主产区利益补偿机制的构建与完善 [J]. 中国人口资源与环境, 2011 (21): 5-90.

[83] 马远, 龚新蜀. 城镇化财政支农与农民收入增加的关系 [J]. 城市问题, 2010, (5): 60-66.

[84] 郭燕枝, 刘旭. 基于格兰杰因果检验和典型相关的农民收入影响因素研究 [J]. 农业技术经济, 2011 (10): 92-97.

[85] 房民, 孙国贵, 汤成国, 等. 粮食直接补贴政策的效应及其完善 [J]. 现代经济探讨, 2008 (10): 44-47.

[86] 朱红根, 王雅鹏, 翁贞林, 等. 粮食安全战略背景下粮食扶持政策评价及其完善——基于江西省农户问卷调查分析 [J]. 经济问题探索, 2007 (4): 66-69.

[87] 赵海东. 农业补贴方式的创新与"三农"问题的破解——兼论当前对农民直接补贴的效应 [J]. 江海学刊, 2006 (2): 91-97.

[88] 马爱惠, 张安录. 农业补贴政策效果评价与优化 [J]. 华中农业大学学报, 2012 (3): 33-37.

[89] 张继承. 粮食补贴效应与粮农生产行为选择研究——基于河南省747个定点农户的调查[J]. 价格理论与实践, 2011 (6): 10-11.

[90] 余航. 公共财政支持中国农业可持续发展——以山东寿光大棚蔬菜产业为例[J]. 兰州学刊, 2011 (9): 111-115.

[91] 王向辉. 新阶段中国粮食安全问题探讨——中国粮食安全专题研讨会"综述[J]. 中国农村经济, 2015 (7): 93-97.

[92] 蒋黎, 朱福守. 我国主产区粮食生产现状和政策建议[J]. 农业经济问题, 2015 (12): 17-26.

[93] 仇焕广, 李登旺, 宋洪远. 新形势下我国农业发展战略的转变——重新审视我国传统的"粮食安全观"[J]. 经济社会体制比较, 2015 (4): 11-20.

[94] 李晖. 粮食价格波动与政府调控[J]. 农村经济, 2004 (11): 39-40.

[95] 程国强. 中国粮食调控: 目标, 机制与政策[M]. 北京: 中国发展出版社, 2012.

[96] 余志刚, 金成晓. 我国粮食宏观调控的系统构建——基于公平效率协调统一视角的分析框架[J]. 哈尔滨商业大学学报: 社会科学版, 2012 (5): 117-122.

[97] 邓大才. 粮食宏观调控的运行机制研究[J]. 经济问题, 2005 (5): 49-51.

[98] 张璟, 倪国华, 郑风田. 2030年世界粮食发展战略选择及其对中美两国国家的影响[J]. 世界农业, 2014 (3): 1-11.

[99] 孙林, 庞冠琪, 王健. 国际粮食价格对粮食主产国实施出口限制的影响——损失规避视角[J]. 中国农村经济, 2015 (8): 76-88.

[100] 包宗顺. 世界粮食生产、贸易、价格波动与中国的粮食安全应对策略[J]. 世界经济与政治论坛, 2011 (1): 134-146.

[101] 杨传丽. 大型跨国粮食企业发展模式对中国粮食企业发展的启示与借鉴[D]. 昆明: 云南大学, 2015.

[102] 陈红枫, 李芬. 森林生态保护创新资金机制的思考[J]. 生态经济, 2007 (2): 18-22.

[103] 郭志勇. 中国历史人口之数量分析[J]. 华北水利水电大学学报: 社会科学版, 2012, 28 (2): 36-39.

[104] 胡博峰. 法国"理性农业"带来的启示[N]. 经济日报, 2013-12-10.

[105] 胡元坤. 论农业发展新阶段的粮食安全问题[J]. 中国农村经济, 2001 (3): 16-17, 57.

[106] 蒋高明. 中国60年化肥施用量增百倍有毒物质危及食品安全[N]. 中国新闻网, 2011-5-27.

[107] 黄季焜, 马恒运. 中国主要农产品的生产成本与主要国际竞争者的比较[J]. 中国农村经济, 2000 (5): 17-21.

[108] 姜春云. 以生态文明引领农业、农村发展——关于建设生态化现代农业和农村的探索[J]. 中国农业大学学报: 社会科学版, 2011 (4): 6-10.

[109] 蒋万胜, 李小燕. 建国以来我国农民环保观念的变迁及其影响[J]. 华南师范大学学报: 社会科学版,

2011（1）：125-132.

[110] 李建明. 平原农业区生物多样性变化趋势调查——以衡水为例 [J]. 衡水学院学报，2010，12（1）：54-56.

[111] 李靖，于敏. 美国农业资源和环境保护项目投入研究 [J]. 世界农业，2015（9）：36-39.

[112] 李颖，葛颜祥，刘爱华，等. 基于粮食作物碳汇功能的农业生态补偿机制研究 [J]. 农业经济问题，2014（10）：33-40.

[113] 李玉敏，王金霞. 水资源短缺状况及其对农业生产影响的实证研究 [J]. 水利经济，2013（5）：49-52，62.

[114] 刘洛，徐新良，刘纪远，等. 1990—2010年中国耕地变化对粮食生产潜力的影响 [J]. 地理学报，2014，69（12）：1767-1778.

[115] 刘毅. 由"点"到"面"治理农业污染 [N]. 人民日报，2005-02-02.

[116] 农业部软科学委员会课题组. 中国农业发展新阶段 [M]. 北京：中国农业出版社，2000.

[117] 潘根兴. 气候变化对中国农业生产的影响 [J]. 农业环境科学学报，2011，30（9）：1698-1706.

[118] 束放，唐启义，邵振润，等. 我国农药需求影响因子分析 [J]. 农药，2010（4）：241-245.

[119] 王建中. 当前我国粮食补偿政策的成效、问题及改进建议 [J]. 价格理论与实践，2011（6）：7-9.

[120] 王欧，宋洪远. 建立农业生态补偿机制的探讨 [J]. 农业经济问题，2005（6）：22-28，79.

[121] 王涛. 我国沙漠化现状及其防治的战略与途径 [J]. 自然杂志，2007（4）：204-211.

[122] 王友富，栾燕云. 论北大荒农业开发的成就与失误 [J]. 农业考古，2014（4）：36-40.

[123] 王跃生. 家庭责任制、农户行为与农业中的环境生态问题 [J]. 北京大学学报：哲学社会科学版，1999，36（3）：43-50.

[124] 闫赖赖，欧阳荔，解清，等. 4城市成人膳食和血液中重金属差异及关系研究 [J]. 实验技术与管理，2011（8）：29-33.

[125] 姚建仁. 点击农药污染 [J]. 中国农村科技，2004（7）：15-17.

[126] 尹成杰. 粮安天下 [M]. 北京：中国经济出版社，2009.

[127] 张锋，曹俊. 我国农业生态补偿的制度性困境与利益和谐机制的建构 [J]. 农业现代化研究，2010，31（5）：538-542.

[128] 张燕林. 中国未来粮食安全研究研究基于虚拟耕地进口视角 [D]. 成都：西南财经大学，2010.

[129] 张玉玲，吴宜进，原惠绣. 长江流域生态安全与可持续发展研究 [J]. 资源环境与发展，2007（3）：11-14，26.

[130] 张芸. 欧盟共同农业政策支持农业可持续发展的措施 [J]. 世界农业，2015（10）：83-86.

[131] 张之恒. 历史时期不合理的生产活动对生态和农业的影响 [J]. 农业考古，1989（1）：115-123.

[132] 赵荣钦，秦明周. 中国沿海地区农田生态系统部分碳源/汇时空差异 [J]. 生态与农村环境学报，2007，23（2）：1-6.

[133] 赵秀兰. 近50年中国东北地区气候变化对农业的影响 [J]. 东北农业大学学报, 2010, 41 (9): 144-149.

[134] 中华人民共和国国务院新闻办公室. 中国的粮食问题 [M]. 北京: 中国人民出版社, 1996.

[135] 周洁. 浅析北京市雾霾天气对农业生产的影响 [J]. 农林科技, 2015 (7): 62-62.

[136] 朱广芹, 韩浩. 基于区域碳汇交易的森林生态效益补偿模式 [J]. 东北林业大学学报, 2010, 38 (10): 109-111.

[137] 陈劭锋. 建国以来中国环境影响因素演变的历史分析（上）[J]. 科技促进发展, 2010 (3): 7-14.

[138] 王锐. 我国粮食进口增长特征及影响因素分析——2003至2014年的实证研究 [J]. 经济问题探索, 2015 (6): 25-30.

[139] 丁守海. 国际粮价波动对我国粮价的影响分析 [J]. 经济科学, 2009, 31 (2): 60-71.

[140] 钟少杰. 广东省粮食宏观调控问题与对策研究 [M]. 广州: 华南理工大学, 2012.

[141] 朱晓东. 中国粮食市场宏观调控政策研究 [M]. 长沙: 湖南科技大学, 2010.

[142] 王娜, 高瑛, 王咏红. 中国粮食主产区粮食生产和农民收入影响因素分析 [J]. 青海社会科学, 2015 (2): 49-53.

[143] 蒋黎, 朱福守. 我国主产区粮食生产现状和政策建议 [J]. 农村经济问题, 2015 (12): 17-21.